Glasynys

Ann Pierce Jones

bwthyn
GWASG Y BWTHYN

ISBN: 978-1-912173-17-4

Cyhoeddwyd gyda chymorth ariannol
Cyngor Llyfrau Cymru

Dyluniad y clawr: Sion Ilar
Llun yr awdur: Mark Allan

Cyhoeddwyd ac argraffwyd gan
Wasg y Bwthyn, Caernarfon
gwasgybwthyn@btconnect.com

GLASYNYS

I Mirain ac Euryn

Diolch . . .

. . . i Meinir, Gwyneth a Bleddyn am gyd-gerdded efo fi drwy'r chwedegau a'r saithdegau. Faswn i ddim wedi medru cael gwell cwmni;

. . . i George am fod yn gefn i mi, bob amser;

. . . i Casia am ddarllen rhan agoriadol y nofel a rhoi sylwadau, ac i Lois am ddarllen yn y lansiad;

. . . i Marred Glynn Jones o Wasg y Bwthyn am ei brwdfrydedd a'i chefnogaeth drwy gydol y broses, ac i bawb yno am eu gwaith trylwyr.

Ac, am mai stori am ffarm a theulu ffarmio ydi hon, rhaid rhoi bach ddiolchgar i Pero'r ci!

1965

Mawrth

Agor y papur pinc gloyw a dadorchuddio'r cyntaf. Un melyn, efo sgwennu gwyrdd. "Too much." Gormod. Doedd o ddim wedi gweld un o'r rheina o'r blaen. Ond erbyn meddwl, un addas iawn oedd o. Roedd pob dim wedi bod yn ormod ers dechra'r gaea diwetha. Gormod o le yn y gegin, lle mawr rhyngddo fo a Mari ar y fainc. Gosododd y fferin ar ei dafod am eiliad fer. Yna crensiodd y cylch caled a sugno'i surni siwgwrllyd.

Aeth y fan drwy dwll, a bownsiodd ei ben ôl ar y gwaelod metel. Un pinc efo sgwennu gwyrdd. "Dream girl." Mi oedd rhai'n dweud bod Anwen Godre'r Mynydd yn gariad iddo fo, ond doedd hi ddim. Y genod hŷn oedd wedi mwydro am y peth, am mai wrth ochor Anwen yr eisteddai yn y dosbarth, y naill yn helpu'r llall efo syms, a sibrwd tu ôl i gefn tenau Miss Wilias. Byddai'n rhyfedd heb Anwen, ar ôl iddynt symud. Sylweddolodd y byddai'n colli'r ogla ar ei gwallt a'r ffordd oedd ganddi o hymian dan ei gwynt.

"Funny Face" y tro hwn. Am dynnu wynebau y cawson nhw chwip din gan Dad. Doedd o ddim isio meddwl am y peth. Llyncodd o'n sydyn.

"Sbïwch rŵan! I fyny, ffor'cw – Emyr a Mari! Mae'r tŷ i'w weld o'r lôn. Welwch chi o?"

"Na ..."
"Welist ti o, Lil?"
"Wel – rhyw gip."
"Ond mae o i'w weld yn blaen. Be s'arnoch chi i gyd?"

Roedd Dad yn gweld petha yn blaen nad oeddynt yn amlwg i neb
arall.

"Dad! Welish i o! Tŷ mawr cerrig ..."
"Da was."

Dim ond dau oedd ar ôl yn y paced. "Hello" oedd hwn. Ia, byddai
wrthi'n dweud helô wrth lwyth o blant newydd. Doedd hynna'n
mynd i boeni dim ar Mari. Un fela oedd hi. Ond byddai rhain i
gyd yn nabod ei gilydd yn barod, pawb yn ei ddosbarth. Yr un
fath â pan gyrhaeddodd yr hogyn sipsiwn, yn Ysgol Dryslwyn, a
neb isio ista wrth ei ymyl o. Doedd o ddim isio bod yn ei le o.

"Crazy." Sgwennu coch ar wyn. Blas gwahanol ar hwn, 'fath ag
eisin, mwy melys a ddim mor asidaidd. Oedd taflu llestri yn
"crazy"? Fedra fo ddim gofyn i neb. Dim i Mam reit siŵr. Digwydd
dod i mewn wnaeth o, a gweld y bowlen yn dipia ar y llawr, a reis
crisbis soeglyd ymhlith y darnau. Roedd ar fin gofyn be oedd
wedi digwydd, pan welodd o'r patsh mawr gwlyb a'r llefrith yn
rhedeg i lawr y wal. Roedd o isio gwybod pam oedd hi wedi torri
hoff bowlen Mari, yr un efo llun cwningod ar y gwaelod a rheini
wedi malu rŵan, ond doedd o ddim isio clywed yr ateb, felly
gadawodd hi yn rhythu ar y llanast ac allan trwy'r drws â fo.

"Wyt ti di gorffan? Ma gin i ddau ar ôl!"

Trodd y fan yn ddirybudd a taflwyd y ddau yn erbyn ei gilydd
nes oeddynt yn chwerthin. Syrthiodd y paced Fruit Gums allan
o afael Mari, a sgrialodd yntau amdano.

"Ww, un du! Jest y peth!"
"Paid ti!"
"Ond nesh i rannu Love Hearts efo chdi."
"Dim ond un."

Roedd Mam yn dweud rhywbeth am fod bron â chyrraedd, ond erbyn hyn roedd ei ddannedd yn y jiw-jiw cyraints duon a Mari yn gynddeiriog, yn bytheirio a phoeri nad oedd hi ddim yn deg.

"Be ddiawl sy haru'r ddau yma? Welan ni ddim joe am wsnosa pan oeddan ni'n blant."

Y fan yn stopio. Ac yna'r drysau cefn yn agor, a'u tad yn sefyll yno.

"Dowch!"

Yn y cynnwrf o gyrraedd, a'i hawydd i fod yn gynta, anghofiodd Mari am y fferin, a cafodd fwynhau gweddill y da-da gludiog wrth ddringo allan o'r fan.

"Dowch!"

Agorodd ddrws cefn yr Austin a neidiodd y ddau allan. Safai Lil yn ei hunfan, yn edrych arno fo i weld pa ffordd oedd o am fynd â hi – tuag at y cefn ynte ffrynt y tŷ. Camodd tua'r giatiau gwyn llydan efo'r enw wedi ei lunio ar un ohonynt. Arhosodd Emyr i'w ddarllen. "Glasynys." Mari gododd y glicied. Cododd llu o frain o'r coed dan grawcian eu protest.

"Ffwrdd â chi! Di ddim yn amser cysgu eto!" galwodd Guto arnynt.

Mi oedd hi'n dal yn olau dydd, er bod yr haul yn isel. Safai'r tŷ yn urddasol, er mai o'r ochor yr oeddent yn ei weld, y ffenest fwa agosaf atynt yn disgleirio'n fudur yng ngolau'r hwyrbnawn. Yn lle mynd draw at wyneb y tŷ, agosáu at honno wnaeth Lil a trio sbio i mewn. Gafaelodd yn ei braich a'i thywys, "Tyd, Lil." Rhedodd y plant yn eu blaenau.

"O, mae o'n fawr! Lot mwy nag adra!" meddai Mari.
"Mae o bron cymaint â plasty, Guto," meddai Lil hitha wrth iddynt ei wynebu.

11

Ia, roedd o bron yn gymaint tŷ â Phlas Trefnant, cartref Lilian, ac yn fwy o lawer na Hendre. Tŷ isel oedd hwnnw; roedd hwn yn uchel a sgwariog, efo tair ffenest fwaog grand i lawr grisia. Byddai'n dŷ golau. Yn enwedig ar ôl iddo dorri'r coed o flaen y tŷ i lawr. Ywen! I be gythral oedd isio plannu rheinia mewn gardd? Mewn mynwent y dylent fod. Dyna Lil yn craffu trwy'r ffenestri unwaith eto.

"Efo'r haul ma ... fedra i mond gweld fy llun. Ond dwi isio cael rhyw fath o syniad – sut le sy na tu fewn."
"Tro nesa mi fydd y goriad gynnon ni."

Dŵad ar hap a wnaethant heddiw, heb amser i fynd i nôl y goriad gan Robin Hughes y gwerthwr. Ar ôl i'r ffariar adael, wedi achub yr heffar, diolch i'r drefn, aeth Guto am y gegin i gael llymaid a hwylia da arno. Gwelodd wyneb llwm Lil a'r ddau blentyn yn chwarae yn rhy ddistaw ar y llawr. Gormod o gysgodion, a wnaeth iddo ddatgan,

"Awn ni am dro! Rŵan hyn! Pawb i'r fan."

Dim ond wedi eistedd tu ôl i'r llyw, a gadael y tri arall i redeg a chwilio am gotia a sgidia, y penderfynodd o ddod yma. Wedyn stopio yn siop y pentra am betrol, a phrynu joe i bawb. Lloyd yn holi lle oeddan nhw'n mynd.

Edrychodd ar gefn ei wraig; edrychai'n dalsyth, gref, siapus. Dyna lle roedd hi, yn trio edrych i mewn eto. Biti am yr hen sgert frown flêr oedd hi'n wisgo. Ar ôl iddynt symud caent fynd i siopa yn Llandudno neu'r Rhyl. O leia roedd hi'n dangos diddordeb, yn edrych o'i chwmpas. Edrychodd yntau i weld be oedd yn tyfu yno.

"Yli, Lil, mae na ddigon o fint yn tyfu yma. Handi, at ginio dydd Sul."
"Oes na gwt glo?"

Roedd y cwt glo wedi ei roi o'r golwg, yr ochor draw i'r wal a arweiniai at y berllan. Addawodd y byddai'n cario glo iddi.

Roedd y plant wedi mynd i ben draw'r ardd, lle roedd mieri

wedi tyfu'n fawr, ac wrthi'n gwneud eu ffordd tua'r clawdd. Roedd hwnnw'n glawdd praff, a digon o le i sefyll a hyd yn oed cerdded ar hyd ei grib. Wrth gwrs, mi ddechreuodd Mari redeg, dan weiddi,

"Trên bach Ffestiniog ydw i!"
"Wel watsia ta, achos trên fawr i Rhyl ydw i!" atebodd Emyr.

Rhedodd yntau i'w chwfwr o'r cyfeiriad arall, a'r ddau ohonynt yn codi stêm wrth fynd.

"Na, na, peidiwch!"

Roedd eu mam yn rhedeg tuag atynt, y sgarff oedd dros ei gwallt yn dod yn rhydd a'r gwallt tywyll yn chwipio ar draws ei hwyneb. Gwaeddodd arni,

"Gad lonydd iddyn nhw, Lil!"

Roedd hi'n sefyll yng nghanol y mieri, ac Emyr erbyn hyn wedi sylwi ac arafu.

"Be 'sa un ohonon nhw'n syrthio, a torri coes neu fraich? Neu waeth? Bai pwy fasa hynny? Be fasa pawb yn ddeud?"
"Bod nhw wedi cael damwain, siŵr Dduw!"
"Does na'm digon o ddamweinia wedi bod?"

Roedd y ddau blentyn wedi stopio ac yn edrych tuag atynt.

"Fedri di ddim stopio bob damwain o rŵan tan ebargofiant!"

Gwelodd Emyr yn paratoi i neidio dros y mieri, ac yna yn penderfynu peidio, ei lygaid yn chwilio am lwybr. A rŵan dyma fo'n stryffaglio drwy'r brwgaets atyn nhw, a Mari tu ôl iddo.

"Dan ni'n iawn, ylwch Mam."
"O'n i am stopio yn stesion, Mam."
"Ond doedd na ddim lle i'r ddau ohonoch chi, nac oedd?"

Rŵan roedd Mari'n edliw i'w brawd mai fo oedd isio bod yn drên fawr, a panig ei wraig wedi troi'n fwy cwynfanllyd. Clywodd y brain yn dod yn eu holau, ac yn ailsetlo ar y brigau. Roedd hi'n prysur dywyllu, y dydd yn dal yn fyr mor gynnar yn y flwyddyn, ond roedd o'n benderfynol o wneud un peth cyn ei throi hi.

"Tyd, Lil."

Hebryngodd hi i lawr y llwybr yr oedd y plant wedi ei greu, a dringo i ben y clawdd efo Lil yn glòs tu ôl iddo. Chwiliodd – ia, dacw hi, er mai dim ond stribed arian oedd i'w weld. Roedd o wedi gwirioni efo'r syniad o gael afon yn rhedeg drwy ei dir, yn ffin i'r ffarm.

"Yli, dyna i chdi afon Gyffin. Mae na frithyll ynddi, meddan nhw. Mi soniodd Bob Owen yr ocsiwnïar ei fod o a'i frawd yn mynd i sgota."
"Ei di i bysgota?"
"Af, trwy'r nos, a dod adra efo gwala o bysgod i ti ffrio i frecwast i ni."

Chwarddodd hithau. Roedd o wedi codi chwant bwyd arno'i hun, yn meddwl am y brithyll yn ffrio mewn menyn, a llond plât o fara ffres. Wrth hel pawb yn ôl i'r fan cafodd ei hun yn gaddo tsips ar y ffordd yn ôl. Roedd yr antur wedi bod yn llwyddiant, wedi'r cyfan. Dim ond unwaith oedd o wedi dal ei hun yn edrych i lawr, yn mestyn i godi rhywbeth nad oedd yno ddim mwy.

Awst

Diwrnod mudo. Y nhw oedd yn mudo heddiw. Roedd eu trugareddau, fel yr oedd Taid yn eu galw, wedi bod yn mudo fesul tipyn ers wythnosa. Bob diwrnod y dôi Emyr adre o'r ysgol, roedd yna le gwag newydd yn ei gartre. Hirsgwar o deils coch glân lle bu'r dresel. Awyr iach yn lle cwpwrdd llestri. Cornel efo papur wal a'r patrwm adar yn dal yn glir, yn hytrach na'r cloc mawr.

Roedd Mari wedi dweud ei bod hi fel chwarae tŷ bach, tu mewn i Hendre,

"Am bod ni'n gorod cogio, yn lle cael petha go iawn."

Pan glywodd hi hyn, chwarddodd Mam – roedd hi ar ei glinia, wrthi'n lapio platia dresel mawr glas mewn papur newydd. Er ei bod hi'n edrych braidd yn drwm a thrwsgl, roedd hi hefyd yn "fwy ysgafn ei byd", chadal Taid.

Roedd Dad a Wil Rhosgell Fach wedi llwytho bwrdd gegin, cadeiria, dau rolyn mawr o garpad, cadair freichia, y gwely mawr a dau wely bach ar gefn y trelar. Ar ôl bystachu i gael y cwbwl at ei gilydd, roedd rhaid ffendio mwy o le i'r matresi, a bu llawer o gerdded o gwmpas, a trafod be i'w wneud rhwng Dad a Wil. Daeth Mam i'r golwg yn ei brat.

"Dwn i'm wir, Guts, does gin ti'm troedfadd i sbario, was."

Wil yn crafu ei ben.

"Be nawn ni, Guto? Ma raid i ni gal matresi ar y gwelâu! Sut fedar neb ohonon ni gysgu heno?"
"Peidiwch chi â phoeni Lilian bach, mi nawn ni rwbath."

Yn y diwedd bu raid nôl llinyn belar a'u clymu ar ben y llwyth. Os oedd Emyr wedi meddwl amdano'i hun ar gefn y trelar yn gwmni i'w dad, bu raid iddo roi gora i'r syniad ar ôl gweld ochrau serth y matresi.

"Fath â Moel Hebog, was," oedd sylw Wil.

Dad oedd yn tynnu'r trelar efo'r Ffergi bach. Mam oedd yn dreifio'r fan, ac efo nhw oedd y clustoga, llwyth o ddillad gwely, dau ges, a Fflei yr ast yn mynd. Roedd Fflei wedi synhwyro bod rhywbeth ar droed ac yn tuthian o gwmpas yr iard, gan roi ambell i gyfarthiad bach ysgafn nawr ac yn y man.

"Ma Fflei yn deud, 'Be dach ni'n neud?'" meddai Mari.
"Na, mae hi'n deud, 'Peidiwch â mynd hebdda i.'"

"Ond dan ni'n mynd heb Dylan. A dw i'n i weld o yn fama bob dydd, ond di o rioed wedi bod yn Glasynys."

"Paid â deud hynna wrth Mam."

Roedd llygaid Mari yn llawn dagra a roedd peryg i Mam weld a wedyn bydda pob dim yn difetha, y teimlad newydd yma bod pob dim yn ffres. Doedd dim amdani, ond,

"Yli, cyma hwn."

A tynnodd y *gobstopper* mawr o waelodion ei boced, a'i stwffio i geg Mari. Am eiliad meddyliodd y byddai'n tagu, ond caeodd ei cheg amdani a dechreuodd sugno fel babi ar ddymi.

Erbyn cyrraedd eu cartre newydd roedd hi'n rhyfedd gweld rhai o'r dodrefn wedi cyrraedd o'u blaena. Roedd rhai ohonynt yn edrych yn gartrefol, fel y cloc, a gymerai ei le yn y neuadd lydan fel petai wedi bod yno erioed. Ond yn y gegin newydd sgleiniog roedd golwg bwdlyd ar y cwpwrdd llestri, a marcia hyll i'w gweld ar ei ochrau.

"Hen beth rhad oedd o," meddai Mam. "Mi wneith am rŵan, ond ella cawn ni un newydd yn ei le."

Rhedodd Emyr i fyny'r grisia, oedd yn llawer lletach na rhai adre, a sŵn ei draed yn diasbedain trwy'r tŷ. Yn y llofft gefn oeddan nhw, a dim ond dau wely oedd yno, a ches ar y llawr. A bocs – cododd y caead, a cael tri phâr o lygaid gleision yn rhythu arno. Dora, Elsie a Nansi. Teulu dolia Mari. O, byddai'n braf peidio gorfod rhannu efo *nhw* pan gâi'r llofft drws nesa, ar ôl iddynt gael gwarad ar y tamprwydd. Ac eto, byddai'n rhyfadd achos roedd o wedi arfar galw ar Mari os oedd o'n cael hunlle, a roedd hitha yn dringo i mewn ato fo os oedd hi'n methu cysgu.

Aeth draw at y ffenest. Dyna'r ardd gefn gul, a'r berllan tu draw iddi. Aeth i lawr grisia i ddweud wrth y lleill,

"Hei, mae na fala cochion yn y berllan! A gellyg! Gawn ni ..."

"Dim ar unrhyw gyfri, heddiw, ngwas i!" meddai llais anghyfarwydd. "Wyt ti'n fy nghofio i, Emyr Caradog? Dy Anti Megan?"

Safai dynes nobl wrth ochor ei fam yn y gegin. Roedd ganddi wallt cyrliog yn dechrau gwynnu, wyneb clên, a llewys wedi eu torchi.

"Mae Anti Megan wedi dŵad â deunydd swper i ni, yli. Chwaer Anti Jên, ac Anti Iona, Morfa Fawr."

"O. Dach chi'n byw yn bell iawn."

Chwarddodd yr anti newydd yma, a teimlai'n wirion, achos roeddan nhw eu hunain yn byw yn bell iawn felly. Roedd ei fam wrthi'n egluro ei fod wedi bod yng nghartre Anti Megan ac Yncl Ben pan oedd o'n fabi blwydd, ond nad oedd disgwyl iddo gofio. Roedd eu cartref nhw yn weddol agos i Glasynys, ar y ffordd i dre o'r enw Llanrwst.

"Babi mewn cari-cot oeddat ti," meddai Anti Megan wrth Mari. Roedd y ddwy yn gosod y bwrdd, ac yn edrych fel petaent yn ffrindia yn barod. Am eiliad doedd o ddim isio'r ddynes ddiarth yma yn eu cartre.

Ond erbyn meddwl mi oedd o bron â llwgu, a cymerodd ei le wrth y bwrdd. Roedd ei dad wedi gorffen dadlwytho'r trelar erbyn hyn, ac eisteddodd yn ei gadair freichia wrth ben y bwrdd. Yn y gegin yma, fo oedd y gosa at y stof Aga fawr wen. Roedd Mam wrth ei ochor, a'i chefn at y gegin newydd (oedd yn debyg i'r pantri yn Hendre, ond yn fwy). Wrth ei hochor eisteddai Anti Megan. Roedd dwy stôl newydd sbon ar gyfer Mari ac ynta, gyferbyn â Mam.

Cafodd pawb flas ar y sgleisys o ham cartre, y letus, a'r wyau wedi'u berwi, efo dogn helaeth o *salad cream* a digon o fara menyn. Ail-lenwodd Anti Megan eu platia, gan borthi:

"Stynnwch, stynnwch! Ydach chi'n yfad te, chi'ch dau?"

Doedden nhw ddim, ond penderfynodd Emyr yn y fan a'r lle ei bod hi'n bryd iddo ddechra.

"Da hogyn," meddai Anti Megan, wrth dywallt y te, a Mam a Dad yn gwenu hefyd.

Blas Glasynys oedd ar y te, blas myglyd, melys, diarth a diddorol. Blas rhywbeth a ddeuai yn fwy cyfarwydd bob dydd.
Ar ôl swper, a mynnu golchi'r llestri, mi ddywedodd Anti Megan ei bod hi'n amser iddi hi droi am adref, i le o'r enw Cae'r Meirch.

"Mi ddo i draw i'ch gweld chi wsnos nesa, blantos, a rhoi help llaw i ti roi petha mewn trefn, Lilian. Cofiwch chi fod yn blant da i'ch mam, rŵan. O – a cofiwch bod gin i bresant bob un i chi, oes wir. Tro nesa y do i."

A dyma hi'n rhoi sgarff am ei phen ac i ffwrdd â hi. Erbyn hyn roedd Emyr wedi cynhesu ati'n arw, a gwyddai wrth lygaid Mari y byddent yn trafod y presantau yn nes ymlaen. Wir, roedd yna rywbeth annwyl yn y fodryb newydd. Daeth â tywydd teg efo hi. Ac yna cofiodd am y wers a gawsant ar ymadroddion Cymraeg gan Miss Wilias. Nid oedd wedi dallt llawer ohonynt.

"Mam, be ma 'gwynt teg ar ei hôl hi' yn feddwl?"
"Bod chdi'n falch o weld rhywun yn mynd, sti. Pam?"
"O. O'n i'n meddwl bod gwynt teg yn beth neis."

Hen betha od oedd yr ymadroddion ma. Doedd neb o gwbwl wedi dallt "llygad y ffynnon", a phawb wedi cael croes fawr goch wrth ymyl eu brawddegau yn cynnwys y geiriau.

"Morwyr sy'n sôn am wynt teg," meddai Dad.

Ac eglurodd bod morwyr isio gwynt teg i wneud i'r llong hwyliau symud yn ei blaen. A felly, os oedd yna un, byddai'r llong yn gadael yn gynt. Roedd Dad yn gwybod am fynd ar y môr; doedd o ei hun ddim wedi bod, ond mi oedd ei gefnder, Yncl Henri, wedi bod yn llongwr, a'i daid ar ochor ei fam yn gapten llong. Yn Llangwnadl oedd y teulu yn byw 'radeg honno. Ond doedd Llangwnadl yn golygu dim iddo.

Roeddynt yn nes at y môr yma nag yn y Dryslwyn. Dim ond dwy filltir i Gonwy, a'r holl gychod. Llai na hynny, hyd yn oed, os am gerdded drwy'r caeau. Roedd hynny, hefyd, yn gyffro.

"Wyt ti'n cysgu, Mari?"

"Na'dw, wyt ti?"

Roedd y llofft yn rhy wag a'r lleuad yn rhy bowld yn sbio i fewn trwy'r ffenest ddigyrtan. A llofft Mam a Dad yn rhy bell ar draws landin beryglus o fawr.

"Dos di, i nôl Mam. Ddeudodd Mam am ei nôl, do. Os oedd gynnon ni hiraeth."

"Nac a i. Fydd na ddwylo, yn dŵad i'n baglu ni. Rhwng y pren."

"Dwylo pwy?"

"Dwn i'm."

"Ella bod na fynaich yn byw yma ers talwm! Hen ddwylo hir main, a gwisg frown laes, efo hwd dros eu gwyneba."

"Paid, Emyr, paid! Gin i ofn!"

Roedd ganddo yntau ofn. O! i be oedd o wedi mynnu darllan y stori yna yn y llyfr i blant mawr? Be oedd haru fo? Roedd hi'n stori mor dda ar y pryd ac ynta'n gwledda arni a rŵan roedd o'n swp sâl.

"Dos i nôl Mam," meddai Mari eto, hanner o'r golwg dan y cwilt.

"Na wna i. Fedra i ddim mynd."

"Ti'n wyth oed, wyth a hanner, dos di. Plis Emyr."

Yn y diwedd, bu raid iddo feddwl am stori arall, stori am frawd a chwaer oedd yn arfer byw yng Nglasynys ac yn mynd ar long i wlad dramor a dod yn ôl efo mwnci.

"Mwnci? Be oedd ei enw fo?"

"Sianco."

"Oedd o'n lecio mwytha?"

"Oedd, roedd o'n lecio hongian am wddw'r hogan a hogyn, a weithia roedd o'n neidio o un i'r llall. 'Fath â mae mwncïod yn neidio o goedan i goedan."

"Weithia mi oedd Dylan yn gneud hynna, yn symud o fy mreichia atat ti."

"Oedd."

"Wyt ti'n meddwl bydd y babi newydd yn gneud hynna?"

"Dwn i'm."

"Be wyt ti isio, brawd te chwaer?"

Roedd Wil Lloyd Siop wedi gofyn iddo be fasa fo'n lecio, a roedd wedi methu rhoi ateb. Roedd dweud "hogyn" fel petai'n chwilio am rywun i gymryd lle Dylan. A hogan, wel, roedd Mari ganddo yn barod.

"Dwn i'm. Be wyt ti isio?"

"Dw i'n meddwl baswn i'n lecio chwaer. Achos ma gin i frawd. Dw i'n mynd i gysgu rŵan. Nos dawch!"

A dyna hi'n troi ar ei hochor ac yn mynd i gysgu, a'i adael o i orffen cael gwarad ar y mynaich ar ei ben ei hun.

Roedd y gegin yma yn deyrnas o'i chymharu â chegin Hendre. Doedd hi ddwywaith seis honno, dyna glywodd o ei dad yn ei ddweud, a bron nad oedd o'n rhwbio'i ddwylo wrth ddweud. Llawr teils coch oedd yma, ond teils brown fel ŵy oedd yn Hendre, a phob pant a chrac yn gyfarwydd iddo ar ôl penlinio yn chwarae efo ceir bach, ne sbio ar Dylan yn llusgo ei dedi-bêr ar ei hyd, a gweld Mari yn gollwng ei chwpan arno nes oedd honno'n deilchion. Gair da oedd "deilchion". Roedd yn ei atgoffa o lais cras Mam y diwrnod hwnnw, bron yn sgrech.

"O be s'arnat ti, Mari, yn crio am rwbath bach fela ar ddiwrnod fel heddiw?"

"Gadwch i'r hogan fach, Lilian. Does gynni hi ddim help."

Taid oedd wedi cymryd part Mari, a Dad wedi cysuro Mam. Ond ella nad oedd y gwpan yn deilchion wedi'r cyfan, achos mi oedd rhywun wedi hel darnau'r gwpan hefyd, a nôl glud sbesial o'r Dre, a'u rhoi yn ôl at ei gilydd. Ond chafodd Mari ddim yfed ohoni byth wedyn. I ben draw'r cwpwrdd gwydr yr aeth hi, a chyn pen dim roedd Mari wedi anghofio amdani. Roedd Emyr yn ama na ddaeth hi efo nhw o Hendre i Lasynys.

Roedd yr atgof hwn o bnawn cynhebrwng ei frawd bach yn rhyfedd, achos mi oedd y gegin yn llawn golau ar bnawn heulog, ac eto ar yr un pryd roedd y golau yn llawn tywyllwch. A roedd Anti Hanna wedi dod yno i'w gwarchod ond doedd hi ddim yn gwenu fel arfer a hen ffrog ddu hyll amdani. Smarties, eu ffefrynna, oedd y fferins a ddaeth iddyn nhw, ac roedd Mari ac yntau wedi llechu dan y bwrdd a'u stwffio naill un ar ôl y llall i'w cega. Doedd o byth yn dewis Smarties ddim mwy.

Yr un bwrdd oedd o, heblaw bod ganddo wyneb newydd, caled gwyn o'r enw fformica. Roedd yr un peth ar wyneb bwrdd Anti Megan, yn ei chartref o'r enw Cae'r Meirch, ac ar fwrdd cegin Plas Trefnant erbyn hyn (ond glas oedd hwnnw). Roedd y stolion newydd yn braf, ond gwae chi os mynd ati i siglo'r stôl amser bwyd. Mi oedd y setl a arferai fod wrth ymyl y drws yn Hendre ar bwys yr Aga, a honno oedd y lle brafia yn y gegin o ran cynhesrwydd. Yn fanno y swatiai Martha'r gath, gan agor llygad wyliadwrus bob yn awr ac yn y man rhag ofn bod Dad wedi dod i'r golwg. Roedd mat newydd ar y llawr – i fanno y deuai Fflei i orwadd os medra hi ddengid o'r cwt. Un "buddiol" oedd o, a golygai hynny na fyddai ei batrwm (glas a brown) yn dangos baw. Dyna fyddai ei nain yn ei ddweud.

Cafodd blwc bach o hiraeth am ei nain, fydda bron bob amser yn barod i chwara gêm fach o Ludo ne Snêcs an Ladyrs efo fo. Mi oedd sedd yr hen setl yn codi, a bwriadai Emyr guddio yno pan ddôi ei ffrindia i chwarae. Fyddan nhw yn gwybod dim am hynny! Ar un o'r tripia rhwng Penarbont a Chonwy, cafodd Emyr fod yn y sêt ffrynt efo Dad, a chawsant sgwrs.

"Mi wnei di ffrindia newydd yma, Emyr."

"Mi neith les i bawb, Dad."

"Pwy glywist ti'n deud hynna?"

"Pawb. Mam Dewi. Geith Dewi ddŵad acw i chwara?"

"Ceith. Mi wnân ni i gyd ffrindia newydd yn ogystal, sti."

"Gwnawn, Dad."

"Mae hon yn ardal fwy poblog. Tua Conwy, a Llandudno, mae na *hotels* crand, a chaffis neis a ballu. Theatr, yn Rhyl a Llandudno, cofia, efo pantomeim Dolig. A mi geith Mari a chditha fynd i ysgol Gymraeg, pan ewch chi i'r ysgol fawr."

Wyddai o ddim am ysgol heblaw un Gymraeg, felly doedd dim modd ateb hyn. Ond teimlai fod ei dad angen rhyw fath o ymateb.

"Dw i am wneud 'y ngora glas, Dad."

"Da was."

Roedd Dad wedi rhoi ei law ar ysgwydd Emyr, a'i gwasgu, a theimlai yntau'n falch.

Roedd Emyr yn troi'r glôb, oedd gosa at y weiarles ar ben y silff lyfra yn y gegin. Roedd o wedi dod o hyd i "Europe", ac yno roedd "France" a "Germany" a "Great Britain". Fedrai o ddim dod dros pa mor uchel ar y glob yr oedd "Europe", pa mor agos i'r "North Pole". Pegwn y Gogledd. A wedyn, mor fach oedd Cymru! Fel seidcar i foto-beic Prydain, a bach oedd honno hefyd. Roedd yn rhoi rhyw dro ynddo.

"When you're alone and life is making you lonely, you can always go – downtown."

Canodd y weiarles. Agorodd drws y gegin.

"Oes ma bobol?"

Daeth cap i'r golwg, ac oddi tano aeliau brith, blewog.

"Oes, Tad. Dowch i mewn Yncl Ben!"

Dilynodd Yncl Ben ei gap trwy'r drws, a galwodd Mam o'r gegin newydd:

"Steddwch, Ben, mi rown ni'r teciall i ferwi. Fydd y sgons fawr o dro."

"Mae Megan ar ei ffordd, wedi aros i ddeud 'helô' wrth Cled ar yr iard."

Eisteddodd Yncl Ben, gwenu ar Emyr, a thyrchu i'w boced. Roedd Emyr yn dechra dysgu bod ganddo fint imperials yn y gwaelodion yn amal iawn, a tharodd un yn ei geg rŵan hyn ac estyn un i Emyr. Daliai Petula Clark i ganu, a'r rhythm yn cyflymu yn awr:

"Listen to the music of the traffic in the city ... the lights are much brighter there – forget all your troubles, forget all your cares."

"Duwcs, pwy di hon sy'n canu dwch? Un o'r *dolly birds* newydd ma?"

Wrth sugno'r mint imperial budur braidd teimlai Emyr ei hun yn calonogi. Wrth wrando dychmygai am le newydd, lle yn ymestyn tu fewn iddo, efo goleuada dengar, lle i gerdded yn ysgafndroed ar balmant caled, cynnes wedi i'r haul fynd i lawr.

"Canu Saesneg sy gynnoch chi. Mae na ganu Cymraeg newydd wyddoch chi," meddai Anti Megan, gan ddod i mewn a cymryd ei lle wrth ochor ei gŵr.

Daeth Mam i'r golwg efo platiad o sgons.

"Hogia Llandegai? Dan ni'n lecio rhei o'u caneuon nhw. 'Mynd i'r fan a fan' a ballu, yn tydan Mari?"

Ond doedd him hanes o Mari. Doedd ei fam ddim wedi sylwi ei bod wedi sleifio o dan y bwrdd gynnau efo un o'i dolia. Cymerodd Emyr gip sydyn o dan y lliain, a gweld bodia traed mawr pinc Anti Megan mewn sandalau reit wrth ei hymyl. Gwyddai yn syth y byddai Mari'n cael ei themtio i'w cosi nhw, a diolchodd nad oedd o yno efo hi. Doedd Mam wedi eu rhybuddio – pobol ddiarth, te neis, bihafio!

"Na, hen ffasiwn mae Alun yn galw rheini. Rhyw hogyn ifanc o'r enw Dafydd Iwan, Mae Alun a'i ffrinda yn arw am hwnnw. Caneuon gwladgarol sy gynno fo."

Roedd ogla'r sgons newydd eu crasu'n llenwi'r gegin. Ei fam yn tynnu ei brat, ac yn dechra tywallt y te.

"Mae'n siŵr eu bod nhw'n cael sbort, tua'r colega ma."
"Dim sbort ydi o i gyd, naci. Maen nhw o ddifri, rhai ohonyn nhw."
"Ond dydi Alun ddim yn hel efo nhw, nac di?"

Gwelodd Emyr Yncl Ben ac Anti Megan yn sbio'n sydyn ar ei gilydd.

"Be gymrwch chi, Ben? Brechdan bach i ddechra, ynta sgonsan?"
"Brechdan, os ga i Lilian."

Taerai Emyr bod golwg bell yn llygaid Anti Megan fel rhywun oedd yn profi cosi bach neis (hoff gêm ei chwaer ac yntau cyn mynd i gysgu). A dyma hi'n plygu mwya sydyn ac yn codi'r lliain bwrdd. O! mi fyddai Mari mewn trwbwl rŵan.

"Wel ar fy myw! Chdi sy yn fanna, Mari! Dim llgodan na chath wyt ti felly."
"Mari! Tyd allan rŵan hyn!"

Daeth Mari i'r golwg, a Nansi yn ei chesail.

"Stedda wrth y bwrdd i gael te a bydd yn gall. A! Be ar y ddaear sy wedi digwydd i honna?"

Roedd un ochor i ben Nansi bron yn foel. Ac yn llaw arall Mari roedd siswrn. Roedd wyneb Mari wedi chwyddo, fel petai hi wedi bod yn crio. Rhythodd pawb ar Nansi, ac yna ar Mari.

"Mi fasa Nain di gneud cap iddi," meddai Emyr.

"Paid titha â gneud petha'n waeth, Emyr! Be neith Nansi druan, Mari? Presant gin Anti Gwen, 'fyd."

"Duwcs, mae gwallt byr yn y ffasiwn rŵan," meddai Yncl Ben. "Torri'r ochor arall faswn i."

Dechreuodd pawb chwerthin, hyd yn oed Mam.

"A dw i di clywad Dafydd Iwan," meddai Mari, gan eistedd wrth y bwrdd, yn rêl jarffes.

"Ei deud hi mae hi," meddai Emyr, oedd yn teimlo bod ei fam wedi bod yn annheg yn troi arno fo.

"Na, 'Mae'n wlad i mi, a – mae'n wlad i titha' canodd Mari, a'i cheg yn llawn o sgon.

"Yn nosbarth Miss Evans mae hi, te? Mae hi'n Bleidwraig fawr, Lili, hi sydd wedi ei dysgu."

"Efo gitâr," meddai Mari, yn fodlon rŵan. "O Fôn i Fynwy . . ."

Ysgydwodd Mam ei phen, a torri'r gacen sbwnj.

"Lilian bach, ti di mynd i drafferth. A chditha, wel, fydd hi ddim yn hir rŵan, na fydd. Ac yli, dw i di bod yn meddwl, paid ti â phoeni, mi ddo i yma i gadw llygad ar y plant. Pan fyddi di i ffwrdd."

"Ydi Mam yn mynd i ffwrdd?"

"Dim ond am chydig. Pan ddaw'r bychan."

Mari oedd wedi gofyn ond doedd yntau ddim yn lecio hyn ryw lawer. Mae'n rhaid bod Anti Megan wedi gweld ei wep, achos addawodd y byddai'n chwara gemau efo fo. Mi oedd Alun, ei mab, a'i frawd hŷn Huw, wrth eu boddau efo pob math o gêm, a byddai'n dod â draffts efo hi. Teimlai'n well ar ôl hynny. Ac yna cofiodd am y presantau. Tybed a fedrai ofyn, ynte fyddai hynny yn ddigywilydd? Edrychodd ar Mari a gwneud siâp y gair "presant" efo'i geg. Ond rhoi ei phen i lawr a wnaeth Mari. Ochneidiodd yntau, a gobeithio bod co' da gan ei fodryb. Ac yn

25

wir i chi, heb i'r un ohonynt orfod dweud gair, ar ddiwedd y te neis, pan oedd pawb yn llawn dop, dyma Anti Megan yn estyn bocs o'i bag.

"Fu bron i mi anghofio, do wir! I ti mae hwn, Mari."

Cymerodd Mari y parsel yn llawn cyffro, a'i agor tra oedd pawb yn gwylio. Beth oedd ynddo ond bocs yn cynnwys set o lestri te bach tseina, ar gyfer dolia. Roedd Mari wedi gwirioni.

"Gin i a fy chwaer hyna fu rheinia, Cadi a finna."
"Sti be, Megan, 'swn i'n taeru mod i'n cofio chwara efo nhw fy hun," medda Mam. "Ar fy holides acw. Mari, 'drycha di ar eu hola nhw!"
"Rŵan, be sgin ti i Emyr, Ben?"
"Wel dwn i'm gofiais i."

Ond pryfocio oedd o, achos aeth ei law i fewn i'w boced, a be ddaeth allan yn ara bach ond rhywbeth wedi ei lapio mewn hances boced. Rhoes y pecyn i Emyr. Dadweindiodd yntau y defnydd yn ofalus. Roedd pwysau ar y presant yma. Be ddaeth i'r golwg ond – cyllell boced, efo handlen ledr ddu.

"*Swiss army*," meddai Yncl Ben. "Yli, fel hyn mae ei hagor hi."

Pwysodd fotwm bach a llamodd y gyllell arian o'i chuddfan. Dangosodd Yncl Ben y teclyn agor tun a photel hefyd.

"O Ben, ydi o'n ffit dwch? Dim ond wyth oed ydi Emyr. Be tasa fo'n cael damwain?"
"Mam!"
"Mae dy fam yn llygad ei lle. Wel wir Ben, wnaethon ni ddim meddwl yn iawn naddo? Lecio naddu pren y mae Ben, wyddoch chi. Mi wneith degan bach mewn dau funud."
"Wel ia, ma isio cysidro," meddai Yncl Ben. "Ddeudwn ni be, beth am ei chadw hi yn Cae'r Meirch ta, ac i Emyr ddŵad draw, a finna ddangos iddo fo sut i'w hiwsio hi?"

Roedd y siom yn llethol, a Mari hyd yn oed yn edrych yn dosturiol arno gan afael yn sownd yn ei phresant hi rhag ofn i hwnnw hefyd ddiflannu yn ei ôl i Gae'r Meirch. Cafodd syniad.

"Mam, beth am ei chadw hi yn y cwpwrdd gwydr nes dw i'n hŷn? A wedyn geith Yncl Ben a finna ei hiwsio hi yma."

Edrychodd pawb ar Mam, ac ildiodd hitha. Ar ôl te, cafodd Emyr ei wers gyntaf ar sut i ddefnyddio'r gyllell, sef siafio darn o bren i wneud doli. Pwysleisiodd Yncl Ben bod angen gafael yn y pren yn sownd efo'r llaw chwith, a naddu drwy symud y gyllell oddi wrthoch efo'r llaw dde. Dilynodd Emyr ei gyfarwyddiadau, ond roedd ei ben yn ferw o'r holl bethau y gallesid eu gwneud efo cyllell boced. Torri eich enw ar foncyff coeden. Torri defnydd i wneud bandej os oedd rhywun wedi brifo. Torri coed tân.

Ym mhen draw pen Emyr roedd y belen bach galed o wybodaeth fod rhaid mynd i'r ysgol newydd bore dydd Llun. Ond roedd hi'n haws wynebu hynny efo'r cynhesrwydd yma yn ei gynnal.

Medi

Cysgai'r pathaw ym mhlyg y coesyn gwenith. Safodd Guto am eiliad, ac edrych arno. Tybed oedd o'n cysgu dros y gaeaf yn barod, a hitha ddim ond diwedd mis Medi? Ond mi oedd y barrug wedi dechra echnos. Symudodd yn ei flaen, mor dawel ag y medrai yn ei sgidiau hoelion, a'r sofl yn clecian oddi tanynt. Basa Emyr a Mari yn dotio ar y criadur bach – biti na fasa un ohonynt yma – ond roedd y ddau rhwng muria trwchus yr ysgol ar y bore niwlog yma. Fo oedd wedi bod yn danfon yn y bora, a Lil yn nôl ar ddiwedd y pnawn, a hi oedd yn gweld wyneb blinedig Mari, a dygymod â'r strancio. Roedd hi'n rhy yn ifanc i gerdded, honnai Lil, ond roedd Guto'n siŵr y byddai'r ddau wedi arfer erbyn y gwanwyn. Prin filltir oedd hi o'r pentra i Lasynys, ar hyd y lôn fach gefn.

Hollol groes i'w chwaer oedd Emyr, yn mynd i'w gragen yn hytrach na gwneud sioe. Doedd o byth yn crybwyll enw ei frawd dyddia ma, wedi sylwi mae'n siŵr bod ei fam yn ei dagra bob tro y sonnid amdano. Doedd hynny ddim yn iawn, chwaith, ond be fedra dyn ei neud? Dyna Mari, yn myllio pan oedd hi'n amser iddyn nhw adael Hendre, a neb yn siŵr be oedd arni, Lil ar ben ei thennyn rhwng pob dim, fynta'n trio gneud cant a mil o betha cyn gadael yr ardal. Ond yn y diwedd fo ddalltodd be oedd. Dim isio gadael Dylan ar ôl oedd hi, ym mynwent Cerrig Llwydion ar ei ben ei hun bach. Yn y diwedd, penderfynodd fynd â hi yno i weld y bedd. Wyddai o ddim y medrai ddarllen cystal.

"'Dylan Wyn, annwyl fab bychan Gruffydd a Lilian Roberts, Hendre Ganol, a gollwyd Hydref 11fed, 1964.' Ond sâl oedd o, dim mynd ar goll nath o."
"Ia Mari fach, dwi'n gwbod hynny. Roedd o'n salach nag oedd neb ohonon ni'n ddallt, ar y pryd."

O, petai o heb fynd i Dolgellau y diwrnod hwnnw. Doedd dim rhaid iddo fynd, ond mi oedd o wastad wedi lecio crwydro. Diwrnod braf ym mis Hydref, golau haul isel yn gwneud pob deilen yn lantern. Oedd, mi oedd Dylan yn cwyno y bore hwnnw, yn taflu i fyny a gwres ganddo, a mi oeddynt wedi ffonio i ofyn i'r doctor ddŵad. Mrs Parry oedd wedi ateb. Roedd Doctor Parry wedi mynd i ateb galwad yr ochr bella i Gaernarfon.

Pam na fasa Guto wedi symud y teulu at ddoctor yn y Dre, yn lle cadw'r hen ddoctor teulu yng Nghaernarfon? Be oedd ar ei ben o?

Roedd hi'n bedwar o'r gloch ar y doctor yn cyrraedd. O, oedd, mi oedd Lil wedi galw wedyn. A roedd y doctor ar ei ffordd, yn syth ar ôl cael pwt o ginio. Cyrhaeddodd Guto ei hun mewn pryd i weld yr ambiwlans yn cyrraedd i gyrchu ei fab i Fangor. Y fo aeth efo Dylan. Arhosodd Lil efo Mari ac Emyr. Roedd y ddau ohonynt newydd gyrraedd adra o'r ysgol a golwg wedi rhusio arnynt.

Sawl gwaith yr oedd wedi dychmygu amdano'i hun yn aros adra, yn rhoi'r gora i ddisgwyl am y blydi doctor, yn cario'r bychan i gefn y car, a'i ddanfon i'r ysbyty ei hun. Ei gario i fewn, rhedeg i mewn efo fo, ac yntau'n cael ei gipio'n syth i'r theatr, rhuthr a ffŷs y nyrsus a'r doctoriaid, cael a chael fasa hi, llawdriniaeth jest mewn pryd.

Dim gorfod dŵad adre hebddo.

Roedd Mari wedi hel blodau i'w rhoi mewn pot jam ar y bedd. Er nad oedd ganddo fawr o feddwl o'r arferiad, ddeudodd o ddim byd. Roedd bwnsiad bach Mari yn cynnwys rhosyn gwyllt wedi colli petal ne ddwy, dant y llew, botwm glas a gwas y neidar.

"Dw i isio i Dylan gofio amdanon ni, Dad. Achos dw i'n cofio amdano fo."

Ar erwau hael Glasynys, gwasgodd Guto ei lygaid ynghau, a penderfynu ei throi hi am y tŷ.

Roeddynt wedi glanio yma, meddyliodd wrth gamu dros giât, a sefydlu eu gwersyll. Ei gaeau o oedd rhain, yng ngwir ystyr y geiriau. Dim tenant oedd o rŵan ond tirfeddiannwr. Rhoes blwc i goesyn gwenith, heb ei dorri ar ochor y cae, a rhwbio'r pen rhwng ei fysedd nes ildio'r blawd meddal. Gwenith, ia; mi dyfai'n dda, a roedd wedi clywed bod y math yma o dir yn gweddu i geirch, hefyd. Roedd blys amrywiaeth arno, am weld cnydau newydd yn creu lliwia gwahanol wrth siglo yn y gwynt.

Roedd yna lawer o fynd a dŵad o hyd rhwng yr hen gartre a'r un newydd. Wrth gwrs byddai o'n mynd i weld ei dad i Dyddyn Ucha o leia unwaith yr wythnos (ar ei ben ei hun a dim ond Mot yr hen gi defaid yn gwmpeini iddo fo) a Lilian hitha yn mynd yn fwy achlysurol i Blas Trefnant, ac i weld ei ffrindia ym Mhen Llŷn. Roedd yn bles bod ar y lôn, rhoi ei fraich drwy ffenast a chwibianu wrth i'r wlad fynd heibio. Byddai llawer un yn syrffedu gweld yr un tro yn y ffordd, yr un caeau, yr un garej fach flêr, drosodd a throsodd, ond roedd rhyw wanwyn cryf yn codi yn ei wythiennau ac yn gwneud iddo deimlo bod pob dim yn bosib.

"Guto!"

Dyna Lil yn galw arno. A duwcs, roedd lle gwag yn ei fol, hefyd, lle i'w ail frecwast. Bara saim, a chig moch wedi ei ffrio. Cafodd ei hun yn chwibianu wrth gerdded ar draws y cae o flaen y tŷ, a sylwi unwaith eto'n fodlon mor dda oedd y borfa yma, a chystal y pridd, i gymharu â chaeau caregog Hendre.

Roedd Lil yn disgwyl amdano yn y gegin, a'r bag wrth ei thraed.

"Guto. Mae'n amser i ni fynd."

Deallodd na châi gig moch na bara saim y bore hwnnw.

Hydref

Daeth Anti Megan atynt fel gwynt cynnes o'r popty.

"Wel sut maen nhw, eill dwy?"
"O, chawson ni ddim mynd i fewn!"

Torrodd Mari allan i grio; roedd hi wedi dal arni hyd yn hyn, ond roedd Emyr wedi amau ei bod yn corddi wrth ei bod mor dawel ar hyd y ffordd adra. Ac wrth gwrs dyma Anti Megan yn gafael ynddi i'w chysyro, ac yn gofyn i Dad dros ei phen:

"Pam, be ddigwyddodd?"
"Ofn iddyn nhw gael annwyd gan y ddau yma. Tydyn nhw ddim digon tebol o hyd," meddai Dad, a mynd yn syth drwodd i'r gegin newydd.
"Wel, wel. A mae wedi bod yn dair wsnos tydi. Ond Mari bach, fasat ti ddim isio rhoi annwyd i dy chwaer fach, a hitha'n ddim o beth, na fasat? Chafodd Emyr ddim mynd i mewn chwaith, naddo?"

Ysgydwodd ei ben. Roeddynt wedi gorfod sefyll tu allan, a dim ond gweld Mam drwy ffenest yn nrws y ward, o bell, a hitha'n codi llaw a gwenu arnynt, ac wedyn yn codi eu chwaer fach i'w dangos. Roedd y pnawn yn hir, a doedd hyd yn oed bocsiad o ddada ddim wedi helpu rhyw lawer. Roedd o'n falch o gael bod adra, a gweld bod Anti Megan wedi paratoi te, er bod ogla ŵy wedi'i ferwi yn y gegin. Roedd Mari wedi dod dros y gawod ddagrau, ac yn tuthian i'r gegin newydd i nôl cyllyll bach i osod y bwrdd, felly dim ond fo glywodd gwestiwn ei fodryb i'w dad.

"Sut oedd Lilian i'w gweld?"
"Yn o lew a chysidro."
"Mae'n mynd yn hir rŵan, tydi? Nefi blw, Mari bach!"

Roedd gan Mari ffedog at ei thraed dros ei dillad, a'r cwbwl yn wlyb sop. Roedd hi wedi trio torchi ei llewys ond hongiai rheini yn wlyb hefyd. Roedd golwg mor ddigri a difrifol arni nes i Emyr, a wedyn ei dad a'i fodryb, ddechra chwerthin.

"Peidiwch â chwerthin am fy mhen i! O'n i'n golchi'r platia bach i helpu!"

Brysiodd ei fodryb i ddweud bod arni angen pob help, ac y byddai Mam hefyd, pan ddôi adre. Tynnwyd y dillad gwlyb a cafodd Mari ei the yn ei *dressing-gown*, 'run fath â Mam yn y sbyty. Roedd y te yn neis; ni fu raid i Emyr fwyta brechdan ŵy, cafodd frechdan jam, a wedyn y bisgets jocled oedd fel sigârs.

"Oedd na rwbath ar y weiarles?" gofynnodd ei dad wrth blygu i newid ei sgidia i fynd allan i odro.
"Dim byd. Gawn ni'r cwbwl ar y niws chwech. Well i mi ei throi hi am Gae'r Meirch, ne fydd na ddim swper acw heno."
"Ond newydd orffen gwneud te ydach chi, Anti Megan!"
"Wel dyna i chdi fywyd gwraig ffarm, Emyr bach."

Clymodd sgarff am ei phen, a dweud dan ei gwynt,

"Pwy fasa'n meddwl y basa hi'n dod i hyn?"

"Be arall oedd am ddigwydd, ar ôl iddyn nhw benderfynu. Da boch chi, Megan, a diolch am ddod draw."

Roedd Emyr yn y parlwr adeg niws chwech. Ychydig iawn o'r niws oedd yn gwneud synnwyr, wrth ei fod yn Saesneg. Ond heno mi glywodd leisiau Cymraeg yn y cefndir, pobol yn gweiddi, ac yn chwifio baneri a torri ar draws y siaradwr. Craffodd ar y sgrin a gweld plismyn yn cwffio efo'r bobol, a baneri efo'r geiriau "Gwlad" a "Hands off Wales". Roedd yna un yn dweud "Brad Tryweryn".

"Pwy di Tryweryn, Dad?"
"Lle ydi Tryweryn. Llyn, erbyn hyn. Wyt ti ar dy ffordd i dy wely?"
"Di ddim yn hanner awr wedi chwech eto. Ydi o'n agos i fama?"
"Wrth ymyl y Bala. Ydi Mari'n dal yn y bàth?"
"Be ydi brad?"
"Troi cefn ar rwbath. Gwneud tro sal â rhywun."

Rŵan roedd llunia newydd, yn dangos pobol yn gadael eu tai. Dynes yn cario llun mewn ffrâm, dyn yn cario ffrâm gwely. Llond lôn o bobol yn cerdded – nain a taid, nain yn ei het ora, taid efo'i gap, mam yn gafael yn llaw dau o blant.

"Ydyn nhw'n mudo, 'fath â ni?"

Chafodd o ddim ateb, a dyma lun o lôn, a dŵr yn dod drosti'n ara bach.

"Yr hen lôn i'r Bala ydi honna," meddai ei dad, wrth i'r dŵr godi'n raddol ac i fwy o'r lôn ddiflannu.
"Ond mi ddaw hi'n ôl i'r golwg."
"Na ddaw. A ddaw rheinia ddim chwaith."

Llun capel, a chriw o bobol drist yr olwg yn dod allan ohono. Ysgol bach y wlad, tebyg i ysgol y Dryslwyn. Post offis. Ffermydd. Eglurodd Dad bod Cyngor Lerpwl wedi penderfynu eu bod nhw angen mwy o ddŵr, felly mi wnaethon nhw gronfa ddŵr newydd yn Nhryweryn. Ac i wneud hynny, roedd rhaid boddi'r cwm.

"Ond ma Lerpwl yn bell i ffwrdd! Sgynnyn nhw ddim dŵr tap yno?"
"O lle wyt ti'n meddwl mai'r dŵr tap yn dŵad? Ma peipia dŵr Lerpwl yn rhedeg i Gymru."

Ar y sgrin gwelwyd llyn anferthol. Edrychai'n ddigon tebyg i unrhyw lyn arall heblaw am y clamp o fur ar un pen iddo. Mae'n rhaid mai Tryweryn oedd hwn. Ond roedd ei dad wedi gafael mewn papur newydd erbyn hyn, a phan edrychodd i fyny, dweud wnaeth o bod Mari yn siŵr o fod wedi hen orffen yn y bàth erbyn hyn ac y dylai Emyr wneud yn siŵr ei bod hi'n iawn a mynd i mewn ar ei hôl hi.

Wrth gamu i fewn i'r bàth, daeth syniad. Aeth i nôl y tŷ ffarm a'r beudai oedd yn rhan o'r ffarm degan, a'u gosod ar y gwaelod, ynghyd â llond dwrn o anifeiliaid. Codi i'r wyneb wnaeth yr adeiladau pren, a bownsio yn y swigod. Codi hefyd wnaeth y moch bach pinc, a'r fuwch Friesian ddu a gwyn, ond arhosodd y wiwer bres ar y gwaelod. Roedd hi'n rhyfedd meddwl am y pentre bach o dan y dŵr, fel Cantre'r Gwaelod. Rhedodd chwanag o ddŵr poeth dros ei goesau.

Gorweddodd Emyr yn ôl a tarodd y tŷ ffarm yn erbyn ei ben-glin. Roedd y wiwer bres yn niwsans ar waelod y bàth, felly rhoddodd y cwbwl ar yr ochor efo'r siampŵ. Damwain oedd wedi arwain at foddi Cantre'r Gwaelod, yntê. Anghofio cau'r pyrth. Ond na. Dim damwain, esgeulustod, dyna oedd y gair ddefnyddiwyd gan Mr Hughes, Standard Three, a Seithennyn oedd ar fai. Tybed oedd yna gloch i ganu o dan y dŵr yn Nhryweryn? Cloch yr ysgol yn galw ar y plant. "Dowch!" Ella basan nhw yn dŵad, o bell ac agos.

Stryffagliodd i sychu ei hun – medrai deimlo'r gwlybaniaeth ar ei gefn a rhwng ei goesa wrth redeg ar hyd y landin. Teimlodd hiraeth am ei fam. Doedd Dad ddim yn adrodd stori nac yn eu atgoffa i ddweud pader, chwaith. Ond ella bod yntau yn ei cholli.

Tachwedd

Roedd hoel dagrau ar wyneb Lil.

> "Mi fynnodd Mari wisgo cardigan efo staenia ar hyd ei llawes i fynd i'r ysgol!"
> "Wel, be di'r ots?"

Welai o ddim bod achos crio am y peth; roedd Mari yn bengaled fel y gwyddai pawb, yn cynnwys ei hathrawes mae'n siŵr.

> "A ddoe mi oedd gan Emyr hen grys sy'n rhy fach amdano. Nesh i ddim sylwi nes oedd hi'n rhy hwyr."

Be oedd gin hynna i wneud â'r peth? Ochneidiodd Guto mewn rhwystredigaeth. Roedd ei baned yn oer, a'r awyr yn duo tu allan, ac angen cario gwair at y defaid yn y caea isa.

> "Mae'r athrawon siŵr o fod yn siarad. Deud bod golwg flêr ar y plant."
> "Siawns nad oes gynnyn nhw betha gwell i'w trafod."

Gwyliodd Lil yn cnoi ei gwefus, a gwybod nad oedd wedi ei hargyhoeddi. Roedd ei llygaid yn fawr, fel petai ofn mawr yn llechu ynddynt.

> "Mi gafodd Mari row am gael smotia inc ar ei gwaith cartre."
> "Ia, gwaith oedd hynny, te. Dyna be maen nhw i fod i neud, cadw golwg ar eu gwaith nhw."

Yn ei meddwl hi, esgeulustod oedd y cyfan, a phawb yn gweld bai arni hi. Y peth nesa fyddai iddi ddweud ei bod yn fam ddrwg. Roedd hi'n gweld ei hun yn gyfrifol am fod Lowri yn eiddil, ac yn araf yn ennill pwysau. Fel petai'r plant yn perthyn iddi hi, ac iddi hi yn unig. Rŵan roedd hi'n ei annog i fynd yn ôl ei ei waith – "Dos di" – ond doedd o ddim isio ei gadael yn tin-droi fel hyn, fel pwll lleidiog yn llawn o nialwch. A hynna ar gownt staeniau ar lawes! Basa fo'n lecio ysgwyd y syniadau gwirion yma allan o'i phen, fel sylltau a hanner coronau'n cael eu bwrw allan drwy geg y cadw-mi-gei. Rhoddodd ei law ar ei hysgwydd a'i gwasgu.

"Mi a i ta, cyn iddi fwrw."

Wrth agor y drws cefn sgubodd y gwynt dwyreiniol wres y gegin ymaith. Tynnodd ei gap dros ei glustia a chwibanu. Daeth Fflei ar unwaith o gyfeiriad yr iard.

"Ddoi di byth i ben â phlesio pawb, na ddoi, Fflei?"

Estynnodd Fflei ei phen i gael o-bach, yn hawdd iawn ei phlesio, ac yn awyddus i'w blesio yntau. Aethant i nôl belan o'r tŷ gwair. Cododd ogla melys y gwair sych i'w drwyn wrth ei llwytho i gefn y fan. Agorodd y drws i Fflei a neidiodd honno i fewn ac eistedd with ei ymyl. Dreifio wedyn dros y gwellt twmpathog i'r cae gwaelod – Cae Coed Glasynys oedd ei enw yn iawn.

Plesio teulu i ddechra. Athrawon yn yr ysgol. Plesio'r gweinidog a'r blaenoriaid. Plesio ein Tad a oedd yn y nefoedd. Ond doedd yna ddim plesio arno fo, waeth faint o weddïau a weddïoch, faint o emynau a ganech, faint o adnodau a wyddech ar eich cof. Dyna ei fam, yn aelod selog yn Bethel, athrawes ysgol Sul am dros ugain mlynedd, darllen ei Beibil yn ei gwely bob nos, yn gorfod plygu i'r drefn heb ddeall na derbyn pan fu Robat farw.

Na, doedd waeth i rywun blesio fo ei hun ddim. Dyna be oedd Lil ddim yn ei ddallt. Roedd hi'n dal i fyw o flaen sêt fawr capel ei phlentyndod – lle roedd pawb yno yn dwrdio, yn ysgwyd bys a dwrn arni. Dyna aelwyd oeraidd Plas Trefnant wedyn. Roedd sôn bod Tomos Davies ei thad wedi cau arno'i hun wedi colli ei wraig ac yn gyndyn o ddangos fawr o deimlad tuag at ei blant. Eto roedd gan Lilian ddigon i'w ddweud dros ei Modryb Lora a'i magodd hi. Fel dynes gymwynasgar, ymarferol y sonnid amdani hi – rhywun oedd wastad yn gwybod beth i'w wneud.

Safai'r defaid fel côr tu ôl i'r cafn, yn sbio arnyn nhw efo llygaid barus, disgwylgar. Yna yn rhuthro yn eu blaena wrth iddo fo a Fflei hel eu traed am y fan. Roedd hi'n tynnu at amser godro – dyna sŵn brefu wrth i Cled hel y buchod at y beudy.

Wrth estyn y peirianna godro cofiodd sut y disgrifiodd Lil y cyfnod y bu farw ei modryb. Roedd hi ar goll, yn methu gwybod sut i gael ei hun o un pen diwrnod i'r llall, yn teimlo fel petai'n suddo o'r golwg mewn cors. Yn y diwedd bu raid i Megan ac un o'r chwiorydd ddod yno i'w helpu i sadio. Ei rhwymo i'r ddaear. A rŵan, meddyliodd wrth osod y peiriant ar bwrs y fuwch gosa, ei waith o oedd gafael yn sownd ynddi, a'i chadw o afael pwy a be bynnag oedd yn ymosod arni.

Tachwedd

Chwythai'r drafft dros draed Emyr. Roeddynt wedi brolio'r parlwr yma i'r cymylau, ei ddwy ffenest bwa ac ati. A mi oedd ynta, a Mari, yn lecio'r ffenestri, achos mi oeddant fel stafelloedd bach gwydr, tairochrog, ar ôl tynnu'r cyrtans. Roedd sôn am gyrtans newydd yn lle rhain oedd yn tynnu ar draws, ond doedd dim brys arno fo am rheini.

"Cymwch chi'ch amser, Mam, i edrach ar ôl Lowri a ballu," medda fo wrthi.

Ac ar y gair, dyma dwrw bach o gyfeiriad y cari-cot, oedd wedi ei osod reit o flaen y tân. Roedd ogla mwg a huddug yn y parlwr, y tân newydd ei gynnau at gyda'r nos, a roedd Emyr yn poeni am ei waith cartre. Sut oedd o am ddarganfod rwbath hen o'r ardal, a fynta mond newydd symud yma? Byddai ardal y Dryslwyn wedi bod yn hawdd. Dyna i chi bwmp y pentra, i ddechra, roedd hwnnw'n hen iawn, ac arferai tai'r pentref i gyd gael eu dŵr o'no; a wedyn yr eglwys. Roedd Mam wedi gaddo mynd â fo i Lan

Conwy i edrych o gwmpas, neu ffonio ryw Fisus Evans o'r capal, ond roedd hi wedi anghofio, mae'n rhaid, ac wrthi'n golchi gwallt Mari yn y bàth, peth oedd yn gas ganddi. Byddai Mr Robaits yn gofyn am y gwaith cartre, tudalen o sgwennu, bore fory.

Symudodd yn anniddig wrth deimlo'r drafft ar ei war, yn wahanol i barlwr bach clyd Hendre, lle medrai rhywun swatio wrth ymyl y grât efo llyfr ar ei lin.

"Wa! Na chewch!"

Dyna hi Mari. Wedi cael siampŵ yn ei llygaid fel bob tro. A sŵn traed cyflym ar y grisia.

"O nefi, y tatws!"

Mewian o'r cot. Ond doedd o ddim yn mynd i edrych arni. Roedd hi'n rhy fach, yn rhy goch, ei chroen yn ei atgoffa o'r darnau cig ddeuai Dad o siop bwtsiar ar fore Sadwrn. Y peth mwya rhyfeddol amdani oedd y llais dwfn, taer a ddeuai o'i chorff bach ar adega, fel petai o'n perthyn i rywun arall. Mewn ffordd, enw rhywun arall oedd ei henw cyntaf, achos Laura yn Gymraeg oedd ystyr Lowri. Ac Anti Lora oedd wedi helpu i fagu Mam a'i brawd pan oeddan nhw'n fach. Mam oedd wedi dewis hwnnw. Ond fo, Emyr, oedd wedi rhoi ei hail enw, Medi, iddi. Roedd o'n berffaith. Mis Medi y ganwyd hi, reit ar ddiwedd y mis, a roedd Mr Robaits wedi bod yn sôn am fedi'r gwenith gwyn yn y dosbarth.

"Enw Cymraeg newydd i ferch fach newydd mewn cartre newydd!"

Dyna be ddeudodd ei dad. Teimlodd Emyr ei sgwyddau'n sgwario'n falch. Fo oedd ei brawd mawr, wedi'r cwbwl. Cafodd ddatgan ei henw o flaen yr holl ddosbarth, a chafodd Mari wneud yr un peth yn stafell y plant lleia.

"Emyr Caradog, mab fferm Glasynys."

Felna yr oedd Mr Robaits wedi dweud amdano. Glasynys. Dyna fo. Dyna ei destun. Mi ysgrifennai am y fferm, y tŷ, a'r bildings. Gwyddai rywfaint ar ôl gwrando ar ei rieni'n siarad. A mi oedd wedi gweld y rhifau 1891 wedi eu crafu ar ochor y beudy. Dim dowt nad oedd y lle yn hen, a llawn hanes.

"Emyr! Swpar mewn pum munud!"
"Bron â gorffan!"

Gafaelodd yn y bensel, a dechra sgwennu.

1966

Mai

Y fo gafodd y syniad, ond cytunodd Mari yn syth. Roeddynt wedi paratoi pob dim y noson cynt, ac wedi cael y bag yn barod. Mari oedd wedi dwyn y tun o'r cwpwrdd bwyd, a fo oedd wedi sleifio i'r parlwr pella a tynnu'r gyllell boced o gefn y cwpwrdd gwydr. Roedd Mari am iddyn nhw ddod â'r *tin-opener*, ond roedd Emyr yn siŵr y medrai agor y tun efo'r gyllell – roedd pig bach arni at y pwrpas hwnnw.

Y tric fyddai deffro'n gynnar. Penderfynodd mai'r ateb i hynny oedd cysgu yn nhroed y gwely, heb dynnu'r cyrtans, fel byddai haul yn bore'n taro ar ei wyneb. Lwcus bod amser defaid ac ŵyn drosodd, neu mi fyddai ei dad yn codi cyn cŵn Caer a dim posib gwneud dim. Er, mi fasa tân yn y tywyllwch wedi bod yn dda. Yn y tywyllwch oedd tân ar ei ora, yn taflu fflamau oren yn erbyn yr awyr fagddu. Ond byddai'n rhaid bodloni, y tro cyntaf, ar dân ben bore i'w cynhesu. Mi oedd Dad wedi rhoi teiar tractor ar y goelcerth mis Tachwedd diwethaf, a hwnnw wedi llosgi fel uffern ei hun, ac yntau wedi chwilio am hen deiar beic i daflu ar eu tân nhw, ond heb lwc. Roedd wedi hel bag llwch, sef papur llwyd, a dau sach, yn ogystal â priciau.

A rŵan roedd o'n effro. Yn llawn cyffro, 'fath â diwrnod trip ysgol Sul, a hefyd yn chwithig am ei fod wedi cysgu ffordd rong ac yn hanner ei ddillad. Gwisgodd ei drowsus, a mynd i ddeffro Mari. Mi oedd hi ar ei bol a'i phen o'r golwg dan y gobennydd. Pan ddaeth mwy ohoni i'r golwg roedd yn amlwg ei bod hitha wedi paratoi – gwisgai jymper a sgert dros ei choban. Roedd hi'n edrych fel petai hi angen cael ei smwddio. Ond mi ddeffrodd yn sydyn.

Aethant i lawr y grisia un ar ôl y llall, a gwnaeth y ddau yn siŵr eu bod yn camu dros y gris gwichlyd hanner ffordd i lawr. Yn y gegin, trodd Mari ato:

"Be gawn ni i frecwast?"
"Dan ni'n neud o, tydan!"

Aethant heibio i gwt Fflei ar flaenau eu traed. Diolch byth, roedd hi'n cysgu o'r golwg a chlywodd hi ddim byd. Buasai'n siŵr o fod isio dod efo nhw. Aethant i gyrchu'r bag o'r sgubor fach, a chariodd Emyr o dros ei ysgwydd.

"Ti'n edrach 'fath â Santa Clos!"
"Ust!"

Ond roeddant yn ddigon pell erbyn hyn, yn croesi Cae-dan-tŷ ar eu ffordd i Cae'r Goedwig. Roedd y gwlith yn drwm, yn socian eu sgidia a'u sanau, a difarai braidd na fuasai wedi meddwl am roi jymper dros ei grys. Er bod yr haul wedi codi roedd yr awel yn fain. Ar ôl dewis y man gorau, aethant ati i dorri'r bag llwch yn ddarnau, a'u rowlio yn dynn fel byddai Mam yn gwneud. Wedyn gosod y pricia bach gosa atyn nhw, a'r sach ar ben rheini, ac ambell i goedyn mwy ar y top. Cadw'r ail sach wrth gefn.

"Lle mae'r matsys?"

Fo oedd yn cael tanio'r matsys; roeddynt wedi trafod hyn. Dim ond saith oed oedd Mari wedi'r cwbwl, ac yntau'n naw. I ddechra roedd Emyr wedi meddwl am gynnau tân drwy rwbio pricia yn erbyn ei gilydd, 'fath â pobol yr oesoedd o'r blaen, ond ystyriodd y gallai hynny gymryd gormod o amser. Ac ar yr ail gynnig, cydiodd y fflam yn y papur, a dyma'r tân yn cynnau! Fu o fawr o dro yn gafael yn y sach, a rhwygo drwyddo. Syllodd y ddau mewn rhyfeddod arno, nes i Mari ddweud,

"Y sosban! A ti angen agor y tun."

Difarai nad oedd wedi dilyn cyngor Mari a dŵad â'r *tin-opener*. Roedd hi'n ddigon hawdd gwneud twll yn y tun, ond bron yn amhosib mynd o gwmpas yr ochrau. Yn y diwedd bu raid gwneud lot o dyllau bach, a taro'r tun yn erbyn y sosban nes i'r rhan fwya o'r bîns ddod allan. Roedd yn rhaid anghofio am y sosej. Rhoddwyd y sosban ar y tân, yn ddigon ansefydlog achos roedd hi'n rhy boeth iddynt ddal eu gafael yn yr handlen. Fel yr oedd hi, sgubai gwynt poeth dros eu hwynebau.

"Dan ni 'fath â cowbois rŵan Mari. Bîns oeddan nhw'n gael, tu allan fel hyn."

Doedd ganddynt ddim platia, felly bwyta allan o'r sosban efo dwy lwy oedd eu hanes. Roedd rhai o'r bîns yn boeth a rhai yn llugoer ond dim ots. Sylweddolodd Emyr bod ei gorff i gyd yn gynnes. Dyna oedd rhyfeddod y peth oeddan nhw wedi ei greu, y tân. Aethant adre ar ôl bwyta. Roedd y tân wedi chwythu ei blwc ac yn gorwedd yn ddioglyd wedi llarpio'r sachau a'r coed i gyd. Doedd ganddynt ddim byd arall i'w roi iddo.

"Dim *fire-guard*, nac oes," oedd sylw Mari wrth iddynt lwytho petha i'r bag.

Nac oedd. Roedd y glaswellt yn fwy sych yn barod ar y ffordd yn ôl. Buont yn parablu am fod yn campio, am dipyn, ond yna'n tawelu wrth nesáu at dŷ Glasynys.

"Dos i'w nôl nhw."

Arhosodd ar ei draed. Cychwynnodd Lilian am y drws, ei hanner agor, a troi yn ôl ato.

"Guto, wnei di ddim?"
"Nôl nhw! Rŵan hyn."

Eu lleisiau yn codi a holi, atebion petrusgar Lil. Y drws yn agor yn araf; Mari gynta, wysg ei hochor, Emyr a'i ben i lawr ar ei hôl hi. Aeth y ddau i sefyll a'u cefnau at yr Aga. Doedd gan yr un ohonynt ddim byd am eu traed. Sylwodd ar y brychni ar wyneb Emyr yn sefyll allan, ac olion y llyfrithen yng nghornel llygad Mari. A gwelodd y ddau ohonynt yn syrthio i fewn i'r tân ac yn llosgiadau drostynt. Un yn plygu dros y tân i sythu'r sosban, a'r fflamia yn cydio yn ei ddillad, a'r llall wedyn yn trio diffodd y fflamia ac yn brifo hefyd.

> "Be ddoth dros eich penna chi? Yn cynnau tân? Y? Faint o weithia mae eich mam a finna di deud wrthoch chi mor beryg ydi tân?"
> "Jest un bach oedd o … glywish i bod nhw'n cael gneud tân yn Scouts."

Emyr yn trio bod yn rhesymol.

> "Sgowts! Be ddiawl wyddoch chi am Sgowts? A reit siŵr fasa rheinia ddim yn gadael dau blentyn i chwara efo tân. Does gynnoch chi ddim syniad faint o ddifrod all tân ei neud. Tasa gwreichion wedi cario, at y tŷ gwair, sut le fasa yma wedyn?"

Gwelodd Mari yn symud o un goes i'r llall, fel petai ar fin gwlychu ei hun. Cymerodd wynt.

> "Ac ar ben hynny, mi wnest ti, Emyr, gymryd y gyllell boced heb ofyn. Mi wyt ti'n gwbod yn iawn gymaint o ofn damwain sy gan dy fam."

Ysai am gael hel y ddau ohonynt i fyny'r grisia a rhoi chwip din iawn iddynt, bwrw ei lid ar eu cnawd tendar a chael gwared â'r holl ddiflastod. Pwy welai fai arno? Ond gwyddai hefyd y byddai hynny'n dod yn ôl i'w boenydio. Cofiodd am y tro diwethaf, yr adeg wnaethon nhw ddringo i ben to'r sgubor. Gwyddai eu bod nhwythau yn cofio. Emyr yn sbio'n gam arno am ddyddia, llygaid Mari wedi chwyddo, Lil yn edliw. Addawodd iddo fo ei hun na fasa hynna'n disgwydd eto. Ond diawl, roedd yn rhaid i ddyn wneud rwbath. Cododd ei lais eto.

"Be uffar oedd ar eich penna chi? Sut le fasa yma tasa un ohonoch chi wedi llosgi? Sut olwg fasa arnoch chi? Dw i'n cofio hen fodryb i mi, mi aeth y tŷ ar dân a hitha ynddo fo, wna i byth anghofio croen ei hwynab hi."

"Sut oedd o, Dad?"

"Coch a tyn. Croen ei thin hi wedi ei grafftio ar ei hwyneb. Os dach chi isio edrych fela, daliwch chi ati!"

Distawrwydd. Yna Mari, mewn llais bach:

"Wnawn ni byth eto, Dad."

Roedd y llid yn mynd heibio, fel gwres yn torri, ei byls yn arafu, a'r ddau o flaen yr Aga yn dechra stwyrian. Mentrodd Emyr gymryd cam neu ddau tuag at y drws.

"Ond fasan ni ddim wedi brifo, 'chi, achos dwi di arfar peidio …"

"Arfar! Ro i arfar i chi! Ewch o ngolwg i y ddau ohonoch chi cyn i mi roi slaes i chi. Os feiddith un ohonoch chi wneud y fath beth eto, mi gewch chi wbod be ydi difaru."

Daeth Lil i'r golwg wedi iddyn nhw lithro trwy'r drws, ond wnaeth o ddim aros i ddal pen rheswm efo hi. Roedd atsain ei sgidia hoelion ar y llawr yn dweud digon, a'i glep ar y drws yn diasbedain trwy wiriondeb y tŷ.

Barnai mai chydig o bobol fasa yn y Black Lion yr adag yma o'r dydd. Roedd o wedi bod yn meddwl am fynd am beint unwaith neu ddwy gyda'r nos. "Mynd am beint." Dyna eiriau nad oeddant byth yn cael eu defnyddio ar aelwyd Tyddyn Ucha, na Hendre Ganol chwaith tasa hi'n mynd i hynny. Ychydig iawn o bobol oedd yn mentro tu fewn i dafarn, ac yn sicr anamal iawn yr âi o. Nosweithia Ffermwyr ifanc oedd mynd allan iddo fo, a gweithgareddau'r capel wrth gwrs – cyfarfod gweddi bob nos Iau. Ond roedd petha'n wahanol ffordd hyn. Soniai rhai o'r ffermwyr yn y mart am fynd am beint ar ddiwedd y dydd. Doedd o ddim wedi bod eto. Yn un peth, byddai angen wynebu Lilian ar ôl dod adra.

Ond wedi'r helynt teimlai bod raid iddo fynd i rwla gwahanol. Dim i'r beudai, na'r caeau, ar ei ben ei hun i fwydro. Roedd o angen mymryn o gwmni, tasa dim ond rhywun i estyn gwydriad iddo, a deud bod hi'n gaddo tywydd o unrhyw fath. Ac yn lle Frank Thomas, y perchennog, pwy oedd yna ond yr hogan efo gwallt hir, mewn jympyr binc dynn.

"Dw i'm di dy weld di o'r blaen," meddai hi'n glên, wrth dynnu peint iddo.

"Guto Glasynys."

Wendy oedd ei henw, a cyn bo hir roedd hi'n sôn am ei hwythnos o wylia, efo'i chwaer yn Llundain. Cafodd sgwrs bach iawn efo hi, yn sôn am Lundain, a Smithfield, ac aros wrth ymyl Russell Square efo Lil yn fuan wedi iddynt briodi.

"Dwyt ti ddim i weld yn mwynhau'r cwrw na ryw lawar, Guto Glasynys."

Roedd yn wir bod gwell blas ar y sgwrs na'r cwrw chwerw. Gofynnodd iddi be ddylai o yfed, ta, a chododd hithau ei hysgwyddau, a dangos y rhesi o boteli tu ôl i'r bar. *Port and lemon* oedd ei diod hi, ond diod hogan oedd hwnnw, meddai. Prynodd un iddi, ac un arall iddo fynta i drio. Babycham fyddai Lil yn yfed, yng nghinio Dolig y Blaid neu ryw achlysur felly, ond wfftio wnaeth Wendy.

"Dim cic yn'o fo! Pryna un o rhain iddi tro nesa."

Ond fedra fo ddim meddwl am Lilian yn tywyllu tafarn. Roeddynt wedi cael y lle iddyn nhw eu hunain, a doedd o ddim balchach o weld y drws yn agor. Ond cyfarchodd Wendy y dyn diarth yn gynnes.

"Lle ti di bod, Now? Dan ni ddim di dy weld di ers nos Fercher!"

Dim ond o bell oedd o wedi gweld Now Griffiths. Mab un o ffermydd mawr yr ardal, Llwyn, yn ffarmio efo'i dad. Hogyn smart – ia, achos dyn ifanc oedd o, tua'r wyth ar hugain. Roedd ei lygaid yn lasbiws tywyll fel llechen, a'i gorff yn osgeiddig yn ogystal â chryf. Dim côt ffarmio oedd gynno fo amdano, na dyngarîs, ond siwmper goch. Daeth at y bar a chymryd stôl heb fod yn rhy bell.

"Iesu, Wen, tyd â peint i mi reit sydyn. Ma ngheg i'n sych fel nyth brân. Dw i di bod yn codi tatws efo Jac nes dw i'n teimlo fath â'r *Hunchback of Notre Dame*."
"Be, 's'na'm diod i gael ochra Newtown?"
"Dim o fewn milltir i gartra Jac a theulu ei wraig sychdduwiol."

Roedd Now wedi hen arfer â blas cwrw, mae raid, achos mi ddiflannodd y peint tra oedd Guto yn dod o hyd i'r pecyn bach o bapur glas ac yn taenu'r halan dros ei grisbs.

"Nefolaidd," meddai. "Tyd ag un arall. Gymi ditha un? Biti yfad ar fy mhen fy hun."

Ysgydwodd ei ben, a dechra rhoi ei gôt amdano, tra oedd Wendy yn dweud wrth Now pwy oedd o. A hefyd nad oedd o'n lecio cwrw.

"Wisgi, ta. Mae'n ddigon oer. Cym un i gnesu cyn ei chychwyn hi."

Doedd o ddim yn bwriadu cymryd diod gin y llanc yma oedd yn hen law ar bob math o ddiod feddwol yn ôl pob golwg. A dim am dagu ar wisgi o'i flaen chwaith.

"Duw, paid â brysio o'ma, Guto Glasynys. Newydd gwarfod ydan ni. Gyma i wisgi efo chdi. Dau Jameson, Wendy. Ma Jameson yn le da i gychwyn. Mwy melys na Johnnie Walker a Jack Daniels."

Mi fasach yn taeru bod rheinia yn ffrindia penna iddo fo. Ond roedd yn beth sâl gwrthod, wedi i'r boi dalu am y diodydd, felly eisteddodd am un arall. Cafodd hanes y brawd, Jac, oedd wedi priodi hogan gyfoethog a symud at ei theulu hi, ochra'r Drenewydd, i redeg y ffarm. Ac er bod byw efo'i rieni fo ei hun yn draul ar enaid, fasa fo ddim yn cymryd ffortiwn am fyw efo mam a thad yng nghyfraith Jac. Roedd y tŷ yn sychach na'r anialwch, "ym mhob ystyr". Doedd yna ddim gwin ar gyfyl eu priodas chwaith, iddo gael dallt. Uffar o bnawn hir. Meddyliodd Guto nad oedd yna win yn eu priodas nhwytha chwaith, ond wedi'r cwbwl, 1956 oedd hynny, a'r byd wedi newid. A dim jest hynny chwaith; plwyf gwahanol, plwy cefn gwlad oedd hwnnw. Ac wrth gwrs mi oedd tad Lil, Tomos John, yn dduwiol iawn, hyd yn oed a chymharu â'i dad a'i fam ei hun, a rheini eill dau yn bobol uchel yn Bethel.

Pan adawodd o – roedd shifft Wendy wedi dod i ben, a Frank wedi ymddangos tu ôl i'r bar, gan wneud iddo sylweddoli ei bod hi'n bump o'r gloch – roedd o'n gwybod pa ddiod oedd o'n ei lecio. Jameson.

Arhosodd y gwres mawnog yn ei geg a'i stumog wrth iddo ddreifio tuag adra.

Mehefin

"Mam, mi fyddwn ni'n hwyr! A mi ddudodd Mistar Jones bod raid i ni fod yno mewn da bryd."

"Wel, dydi Mistar Jones ddim yn gorfod cael tri o blant yn barod i fynd i'r gymanfa, nac di. A rhai ohonyn nhw fwy nag unwaith."

Lwl oedd wedi maeddu ei dillad yn chwarae efo parddu. Eisteddai wrth ochor Mari yn y cefn yn sugno clust ei bwni, ac yn edrych yn ddi-hid. Beth bynnag am hynny, meddyliodd Emyr, wrthi'n gwisgo ei siwt dywyll i fynd i'r sêt fawr yr oedd Mistar Jones, ac yn rhoi pres yn yr amlenni bach brown, yn barod i'w rhoi i'r plant. Mae'n rhaid fod Mari yn meddwl am yr un peth, achos ei chwestiwn nesa oedd:

"Mam, pam na di Dad ddim yn mynd i'r sêt fawr?"

"Blaenoriaid sy'n mynd i'r sêt fawr."

Llywiodd Mam y car rownd tro hegar. Roedd y gymanfa, fel sawl tro o'r blaen, mewn capel oedd yng nghanol y wlad, yn bell o bob man. Fyddai dim cyfle i fynd i siop na dim byd felly.

"Dydi Dad ddim isio bod yn flaenor?"

"Gwadd rhywun maen nhw. Ond mae'n rhaid i ti fynd i'r capel i ddechra."

Pam oedd Mari wedi gofyn hynna, pan oedd hi'n hollol amlwg nad oedd Dad yn perthyn yn y sêt fawr? Yn un peth roedd yn gas ganddo wisgo siwt. Doedd o byth yn sôn am weddi nac emyn, na gwrando chwaith ar Mari ac yntau yn dysgu adnod ar gyfer 'Rysgol Sul. Ond unwaith – pan oedd Mari yn baglu ei ffordd trwy ryw adnod hir, a Mam yn hanner gwrando o'r gegin newydd wrth wneud rwbath arall – pwy ddaeth i mewn a dweud y cwbwl, o'r dechra i'r diwedd, ond Dad.

"Amen," medda fo.

A Mari ac yntau yn gegagored.

"Oeddach chi'n meddwl na wyddwn i mo Meibil?"

Ac i ffwrdd â fo i'r gegin newydd i olchi ei ddwylo, a dweud wrth fynd,

"Mi wn i fwy nag unrhyw athro neu athrawes Ysgol Sul sy wedi'ch dysgu rioed."

Yn nes ymlaen, yn ystod y pnawn cysglyd cynnes tu fewn i'r horwth o gapel llwyd, teimlai Emyr fod ei dad braidd ar ei golled. Roedd y gymanfa fach yn wers lle roedd pawb yn cael marcia llawn, a hynny am wneud chydig heblaw bod yno. Crynai nodau olaf "Ti friallen fach ar lawr" yn y llwch hafaidd, a roedd clecian ysgafn llestri te yn cario o'r festri. Cyn bo hir caent groeso yno, a lot o ferched clên yn tendio arnynt, a wedyn mynd am dro ar hyd lôn fach y wlad. O achos Lwl, nid oeddynt yn aros i oedfa'r nos 'leni, a roedd hynny'n biti braidd achos roedd cymaint gwell hwyl ar y canu. Roedd Emyr yn mwynhau'r ffordd byddai'r arweinydd yn trin y gynulleidfa, yn eu hannog i bwysleisio llinell:

"O ddifri, rŵan, os gwelwch chi'n dda, 'Mae arnaf eisiau'r Iesu, yn gyfaill ac yn frawd.' Unwaith eto!"

Ia, defod agosatoch, gartrefol, a gwefreiddiol ambell waith, oedd y gymanfa fach.

Medi

Eistedd yn y fan yn darllen *Farmers Weekly* tra oedd o'n disgwyl i Emyr a Mari ddod allan o'r Band of Hope. Daliodd un pennawd ei sylw. "Safety Plan for Killer Tractors." Yr oedd Fred Peart, y Gweinidog oedd yn gyfrifol am Amaethyddiaeth, wedi dweud ei bod yn hen bryd i gabs ar dractors ddod yn gyfraith gwlad.

Bob tro yr oedd yna erthygl am ddiogelwch tractors, am dractors yn troi, teimlai Guto rywbeth yn troi tu fewn iddo yntau, yn agor y pridd a gadael pob math o bry genwair allan.

Mi wyddai wrth gwrs mai tractors yn troi oedd yn achosi'r rhan fwyaf o ddamweiniau ar ffermydd. Dros bedwar can marwolaeth dros ddeng mlynedd. Bron hanner cant, bob blwyddyn. Mi wyddai Robat ei frawd hynny hefyd.

Roedd Guto yn dal yn ffrindia efo'i dractors, y Ffyrgi llwyd a'r Ffyrgi bach coch. Roeddynt bron fel anifeiliaid, yn ddibynadwy ar y cyfan, mympwyol ar adegau. Temtasiwn oedd gweld y tractor a laddodd ei frawd fel anifail anystywallt, rhywbeth o'i le arno, rhyw fai yn ei natur. Neu dychryn wnaeth o, yn trio dringo'r ochor serth yna, troi'r gornel dynn, a methu. Aeth Guto ei hun yno, gweld olion y teiars. Mi oedd Robat yn bencampwr aredig, wedi ennill y ras redig yn y sioe sawl gwaith, a dyna oedd wedi ei alluogi i gyrraedd y fath dir.

Wrth gwrs, mi oedd o isio gwneud yn fawr o bob un acer o dir Bronerch hefyd. Er mai cartre Gwen oedd y ffarm, roedd Robat yn ei ffarmio ers blynyddoed ac yn ymfalchïo ynddi.

Caeodd glawr y *Farmers Weekly*. Lle oedd y plant? Mae'n rhaid bod y Band of Hope wedi gorffen erbyn hyn. Dyna un anfantais ardal Conwy – chlywodd neb am Fand of Hôp yn y Dryslwyn.

A dyma nhw'n dŵad, yn uchel eu cloch. Cynigiodd Guto roi lifft i Ifan er nad oedd o yn byw yn agos iddyn nhw. Roedd Mari'n canu emyn dan ei gwynt:

> "Dring i fyny yma tua Gwlad y Dydd, Dring i fyny, Dring, Dring, Dring!"
> "Be wnawn ni, mynd yn syth adra, ta mynd i siop jips?"
> "Siop jips!"
> "Siop jips, Dad, plis!"
> "Mi fydd Mam di gneud swper acw, 'chi."
> "Duw, os na fedar hogyn sy'n prifio fyta dau swper dwn i'm be sy arnoch chi."

Roedd o wedi trefnu yn barod efo Lil y byddai'n nôl ffish a tsips i swper. I mewn â nhw i gyd. Cafodd Mari ei siarsio i beidio ag ymrengian ar y cownter, rhag ofn iddi losgi. Roedd y ddau hogyn yn medru gweld dros y top. Poerodd y saim poeth wrth i'r ffish gael ei daflu i mewn a llanwodd y siop fach efo sŵn eu ffrwtian. Pwysodd Hefin siop jips yn erbyn top y cwpwrdd poeth.

> "Busnas sobor ydi'r clwy traed a genau ma, Guto."
> "Ydi wir."
> "Di gorod saethu hanner cant o wartheg tua Sir Gaer, dyna ddeudon nhw ar y niws gynna."

Ysgydwodd Hefin ei ben, er nad oedd yr argyfwng yn effeithio dim arno fo, a doedd gan Guto ddim stumog i drafod y peth cyn ei swper. Llanwodd Hefin y pecynnau papur efo'r tsips euraidd, a rhoi'r ffish i orwedd ar eu penna. Ysgydwodd y salter mawr dros y cyfan.

"Gofala roi digon o finag."

Gwnaeth Hefin baced taclus, y papur gwyn i ddechra ac yna'r papur newydd yn lapio'r cyfan, yn barsel sawrus i fynd adra. Gofynnodd Guto am y *dandelion and burdock*.

"Ma well gynnon ni Vimto, Dad."
"Tyd â Vimto 'fyd ta. Er bod pawb yn gwbod bod *dandelion and burdock* yn well."

Cymerodd Ifan ei baced o, a'r saim yn troi'r bag papur yn dryloyw. Plygodd Guto a dwyn tsipsan fawr o ben y paced, a chwerthin pan welodd o lygaid Ifan yn lledu mewn protest.

"Hwyl, Guto! Diolch yn fawr, te. A gobeithio na ddaw yr hen *foot and mouth* na ddim nes, wir."

Tynhaodd cyhyrau wyneb Guto. Ia, dyna'r cwbwl roedd o ei angen, anffawd newydd ar ôl iddynt ailsefydlu cartre yn y fro yma oedd yn dechra teimlo'n gyfarwydd.

"Sdim isio canu wrth y bwrdd bwyd!"

Mari'n edrych yn syn arno dros ei thost.

"Mae hi'n gân dda iawn, ond rydan ni wedi ei chlywed yn ddigon amal bora ma," meddai Lil, oedd yn tywallt llefrith ar ben Farley's Rusks, hen betha soeglyd annifyr yr olwg a wnaeth ddim i wella'r dymer ddrwg oedd yn ei gythruddo heddiw.
"Mwy na chanwaith, ddeudwn i."

Roedd y geiriau brathog allan cyn iddo fedru eu stopio, mwy na fedar wenci ymatal rhag lladd cwhingen.

"Dim *can* waith, Dad. Deg waith, ella."

Emyr, yn cadw part ei chwaer.

"Gormod o blydi lawer, beth bynnag."

"Ond dw i'n *gorod* practeisio. A dysgu'r geiria. Ma Miss Sulwen Edwards wedi deud!"

"A tasat titha'n dod i wrando arni yn y gwasanaeth, ella na fasa hi ddim yn canu wrth y bwrdd," meddai Lil, dan ei gwynt.

"Wel, ffwr â chdi, i bracteisio yn rwla arall, os wyt ti wedi gorffen byta."

"Tyd, Mari, awn ni i'r tŷ gwair."

"A Lwl!"

Ond aeth Lil ati i ddarbwyllo Lwl bod rhaid iddi hi orffen ei brecwast gynta. A rhybuddiodd Guto'r ddau hynaf bod ochor chwith y tŷ gwair yn beryg bywyd, a doeddan nhw ddim i fynd ar ei gyfyl. Pan glywodd hi hyn, mi ddeudodd Lil yn syth nad oeddynt i fynd yno o gwbwl.

"Mae eich mam yn iawn, ewch i'r sgubor. Digon o le yn fanno."

Aeth yn ôl at ei bapur newydd. Gogledd Iwerddon, petha'n gwaethygu yn fanno eto; Ian Paisley yn rhyfygu; ac wrth gwrs ar y dudalen lythyra roedd rhywun yn cymharu efo'r sefyllfa yng Nghymru, ac yn rhybuddio y gallai rhywbeth tebyg ddigwydd yma os na fyddent yn ofalus. Doedd gan Guto ddim amynedd efo'r fath ddadl. Yr unig beth oedd wedi ei ddinistrio, mewn tair blynedd o brotestio dros Dryweryn, oedd polyn lectric a wal. A mi gafodd y bachgan ifanc yna o'r De – be oedd ei enw fo, hefyd? – garchar am hynny.

"'Misio!" meddai Lwl dros y lle.

"Wel wir, Martha a Sunsur fydd yn cael dy fwyd di. A fyddi ditha ddim yn tyfu i fod yn hogan fawr fath â Mari."

Mi oedd ar fin dweud wrthi am beidio dweud y fath lol wrth yr hogan fach, ond ar hynny cododd Lwl ei dwrn a dod â fo i lawr yng nghanol y ddesgl nes oedd tameidia *rusk* yn fflio i bob cyfeiriad. Ar ôl eiliad syn, torrodd Lilian ac yntau allan i chwerthin.

"Wel, y cathod fydd yn ei gael o rŵan! Te, Lwl?"

A cadwodd y papur, codi, a mynd i chwilio am ei oferôl achos roedd hi wedi dechra bwrw, a golwg bwrw mwy arni. Clywodd Lil yn dweud wrth Lowri Medi y dylai fod wedi cael gwallt coch ei Nain, achos roedd yn amlwg fod tymer ganddi, a'r fechan yn chwerthin yn hapus, wrth weld Martha yn llyfu'r smonach oddi ar y llawr mae'n siŵr. Doedd dim drwg nad oedd yn dda i rywun, dyna fyddai ei fam yn arfer ei ddweud.

Tu allan roedd Cled yn disgwyl. Roedd wedi cwpanu ei law dros ei Woodbine, i adael i'r tân gydio. Doedd o ddim haws â dweud wrtho bod sigaréts heb ffilter yn gwneud drwg iddo.

"Woodbine yn da i ddim i chdi."
"Woodbine yn dda iawn, ddeudwn i. 'Runig beth sy nghadw i fynd."

Rhywbeth felna oedd eu sgwrs. Roedd Cled yn cario ei Woodbine ym mhoced ei grys, ac yn ei fyseddu o dro i dro, i atgoffa ei hun fod ei gysur yno mae'n debyg. Ac roedd Lwl yn ddigon tebyg, yn llusgo tamaid o glwt efo hi i bob man. Roedd golwg ddigon dof arni yn ei gnoi, ond gwae chi os âi ar goll neu gael ei roi yn yr injan olchi. Wedyn mi gaech sgrechian a gweiddi o waelod ei chrombil.

Cofiodd bod isio rhoi mwy o gyflog i Cled o hyn allan, ar ôl y penderfyniad i godi cyflogau gweision ffermydd. A hynny wedi i'r haf ddod i ben, pan oedd Cled ar ei gwch os nad oedd galw amdano. Tro arall ar fyd. Ella y medrai fforddio prynu gwell sigaréts, o leia.

1967

Awst

Daeth ei dad adre y noson cyn Steddfod a datgan ei fod wedi prynu car. Heb ddisgwyl i glywed mwy, rhedodd Emyr a Mari allan i'w weld. Bownsiai Lwl i fyny ac i lawr ym mreichia ei Mam, isio dianc a dilyn fel bob tro. Daethant yn eu holau mewn llai na pum munud, gwynt yn eu dyrna, llygaid yn pefrio.

"Mam! Jag! Hei Lwl! Gin teulu ni Jag!"

Gwenodd Mam; falla bod Dad wedi deud wrthi yn barod. Gofynnwyd i Dad lle cafodd o – Garej Thompsons yn Conwy? Neu Will George yn Llandudno? Gaerwen yn Sir Fôn? Ond ysgwyd ei ben a wna Dad, a gwrthod enwi unrhyw un. Yn y diwedd deudodd mai gan ei ffrind, Now Llwyn, yr oedd wedi prynu'r car. Roedd Now wedi ei brynu'n racsyn, bron, ac wedi bod wrthi'n ei drwsio, ailosod drysa a ffendars a ballu, nes ei fod fel newydd. Dros flwyddyn o waith.

"Ond pam na fasa fo yn ei gadw iddo fo'i hun?" gofynnodd Mari mewn penbleth.

Ateb byr gafodd hi: "Pres." Ac yna aeth Mam â Lwl i'w gwely, a chafodd Emyr a Mari fynd am reid yn y car newydd efo Dad, i

Colwyn Bay ac yn ôl. Aethant ar hyd y lôn fawr yn lle lonydd bach y wlad. A pan deimlodd y car wyneb llyfn y lôn fawr o dan ei deiars, a gweld y ffordd yn ymestyn o'i flaen, llamodd mewn llawenydd. Pum deg – chwe deg – saith deg! Eisteddai Emyr yn swanc wrth ymyl ei dad, gan obeithio y byddai rhywun yn eu gweld. Roedd Jac wedi bod yn ei bryfocio am ei fod yn gorfod mynd yng nghefn y fan – câi weld rŵan!

Yn y cefn roedd Mari wedi agor y ffenast fel bod y car yn llawn gwynt, a'i gwallt yn gudynnau blêr ar draws ei hwyneb. Gwyddai Emyr oddi ar yr olwg bell oedd arni ei bod hi'n breuddwydio – falla am drip Steddfod y Bala fory, falla am rywbeth neu rywun arall.

Roedd tarth oddi tan Glasynys y bore canlynol. Safai'r tŷ a'r iard uwch ei ben, tra hofrai'r niwl dros y caeau a redai i lawr at yr afon, a dros afon fechan Gyffin ei hun. Gwyddai Emyr bod y niwl yn codi o afon fawr Conwy islaw. Ond doedd dim ots. Roedd Dad wedi gweld y fforcast ffarmio dydd Sul; roedd y glàs yn codi, a roedd hi'n gaddo tywydd braf dechra'r wythnos.

Gwisgai Mam y ffrog wen efo blodau mawr glas, ffefryn gan Emyr. Roedd Mari a Lwl mewn sgerti wedi i Mam eu gwnïo ar yr injan efo'i cheg yn llawn pinna a'r patrwm Butterick yn ddarna ar y bwrdd o'i chwmpas. Crysa llewys byr oedd gan Dad a fynta. Pan oedd Dad yn siafio, medrai Emyr weld y croen gwyn tendar oedd fel arfer o'r golwg dan ei lawes, yn cyferbynnu â lliw cneuen y croen o dan y penelin.

"Yli, Ems – blew coch!"

Dim hyn oedd y tro cyntaf i'w dad ddangos y blewiach coch iddo. Am ryw reswm roedd yna lot o sôn am wallt coch. Heblaw am ddiddordeb amlwg ei dad yn y peth, roedd gan fam ei fam wallt coch, a byddai wrth ei bodd yn disgrifio sut y byddai'n disgyn dros ei sgwyddau hyd at waelod ei chefn, yn rhyfeddod i bawb a'i gwelai. Ond ym marn Emyr roedd gwallt tonnog, trwchus lliw gwinau ei fam llawn cystal.

Am unwaith roeddynt i gyd yn barod fwy ne lai efo'i gilydd.

Aeth Lwl i'r canol heb gwyno, a rhoddwyd y fasged bicnic yn y bŵt mawr. Eisteddodd Mam wrth ochor Dad fel brenhines, ac i ffwrdd â nhw, llwch yn codi tu ôl iddynt.

Llanrwst, a wedyn Betws-y-coed yn hymian fel cwch gwenyn efo fisitors. Bysus mawr yn Betws, a rhyw ddreifar yn laddar chwys yn ceisio bagio'r bŷs mawr i *lay-by* cyfyng. Bu raid stopio i gael petrol i'r car. Dyna'r unig beth – mi oedd o'n llyncu petrol yn ôl Dad. Troi wedyn a mynd ar hyd y lonydd cefn – roedd Dad yn siŵr y byddai traffig trwm ar y prif ffyrdd. Cytunodd Mam bod yna beryg ar ddiwrnod coroni. Ar ôl llarpio'r petrol llamodd y car dros aceri o dir mynydd, afon ne ddwy, coed a defaid. Ac anferth o lyn.

"W, neis," meddai Lwl, gan bwyntio at y llyn.
"Nac'di, Lwl," meddai Mam yn syth. "Tryweryn ydi hwnna. Tydi o ddim yn neis."

Bu tawelwch am funud, ac yna gofynnodd Dad i Emyr a oedd o'n cofio. Roedd ganddo frith go o'r pnawn hwnnw pan oedd Lwl newydd gael ei geni. Wedyn, eglurodd Mam wrth y genod am y cwm yn cael ei foddi. Fedrai Mari ddim dod dros y peth, a holodd, "A'r ysgol?" ac "A'r capal?" nes oedd pawb yn annifyr a wyneb Mam yn dynn. Roeddant yn falch o weld y Bala yn dod i'r golwg dros y bryn olaf.

Wrth weld y Ddraig Goch yn hedfan o flaen pob tŷ bron, anghofiwyd am y cysgod a deflid gan yr hen lyn yna, a bwrw i'r cyffro a'r miri oedd yn y Bala heddiw. Roedd hi fel ffair Dre, heb y reids, meddyliodd Emyr. Ond roedd y prysurdeb a'r teimlad o fod ar wylia a hwylia da yr un peth. Gadawsant y car yn y maes parcio (dim *car park*) a gofyn i'r stiward gadw golwg arno. Chwarddodd hwnnw.

"Iawn, fo, a'r pum mil arall."
"*Jealous*. Rioed di dreifio dim byd ond tractor," oedd sylw Dad.

Powliodd Lwl ei choets gadair ei hun, gan daeru ei bod yn hogan fawr rŵan a dim ei hangen. Mi wnâi'r tro i gario'r picnic, ta, meddai Mam, gan roi winc i'r ddau hyna.

Lle rhyfedd, difyr oedd y Maes. Rhesi o bebyll gwyn, fel strydoedd bach cul, efo enw ar bob pabell, fel Coleg Prifysgol Cymru – Bangor, neu NFU, neu Yr Eglwys Fethodistaidd. Tu allan i lawer ohonynt roedd byrddau a chadeiriau, ambell i bot blodau, a weithia tu fewn platiad o Fari bisgets a dynes glên yn cynnig paned. Cafodd Mam a Dad un ym mhabell Sefydliad y Merched, lle gwelson nhw Anti Sioned o'r Dryslwyn efo'i merch Elen, hen ffrind i Mari. Roedd gan honno fagia a thrugareddau lliwgar yn hongian drosti, fel coedan Dolig. Holodd Mari hi a chanfod bod petha fel beiros a bagia i'w cael am ddim ar stondina. Cyfanswm Elen ar y funud oedd un ar bymtheg. Taerodd Mari y byddai ganddi hi fwy erbyn diwedd y dydd.

"Dwi'm yn mynd adra tan bŷs bump," meddai Elen.

Digon o amser i'w churo hi felly – ond erbyn hyn roedd Mam a Dad wedi ffarwelio ag Anti Sioned ac ailddechra cerdded. Heibio rhyw babell yn llawn llyfra – Dad yn picio i fewn, ac yn gweld rhyw hen gefnder o Llan-yn-Rwlarwla ac yn sefyll am oesoedd i siarad efo fo, tra oedd Mam yn dewis llyfr yn bresant pen blwydd i Dafydd eu cefnder. O, a nhwtha ar dân isio mynd o gwmpas y stondina erill a hel mwy o betha! Yn y diwedd cawsant syniad da: Emyr yn aros yno i sbio ar y llyfra, a Mari yn piciad allan i hel petha, a wedyn ynta yn cael crwydro yn ei dro tra oedd hi'n cadw cwmpeini i Lwl a Mam. Yr unig broblem oedd bod Dad wedi gorffen ei sgwrs o'r diwedd ac isio mynd yn ei flaen a dim hanes o Mari. Ond fu yna ddim dweud y drefn. Ar Faes y Steddfod, wnâi dim byd ddigwydd iddi, meddai Mam. Cychwynasant eto, efo Emyr ar y blaen yn cadw golwg amdani. Pan ddaeth o hyd iddi, ym mhabell Cymorth Cyntaf, roedd hi'n llwytho bandejys i fewn i'r bag o Undeb Amaethwyr Cymru ac yn brolio ei bod wedi cael naw o betha yn barod.

Erbyn hyn roedd Mam a Dad wedi gweld Bob oedd yn dreifio bysys Llithfaen a dwn i'm faint o bobol eraill, a Lwl wedi dechra tynnu yng ngwaelod ffrog Mam a swnian. Penderfynwyd cael y picnic. A hynny ar fryncyn gwyrdd, o flaen y babell fwya a welodd neb ohonynt erioed.

"Y Pafiliwn," medda Mam. "Awn ni i fewn pnawn ma, i weld y coroni."

Coroni! Roedd Mari ac Emyr wedi cynhyrfu cymaint fel na wnaeth yr un ohonynt flasu'r brechdanau cig a bitrwt. Aeth Lwl i chwerthin fel het am ben "bechdan biws", ac am dipyn bu'r tri ohonynt yn rowlio i lawr ochor y bryn. Ni chawsant row. Roedd Mam a Dad yn rhy brysur yn sgwrsio ac yn penderfynu beth arall i fynd i'w weld. Ac wrth rowlio, a'u lleisia yn y cefndir yn ymdoddi i'r canu yn dod o'r Pafiliwn, teimlodd Emyr ysgafnder mawr yn ei lenwi. Roedd diogelwch y Steddfod yn eu cynnal i gyd, yn gadael Mam a Dad yn rhydd i chwerthin a sgwrsio ac iddyn nhwtha hefyd fod yn pwy oeddant.

Tu fewn i'r Pafiliwn roedd hi'n boeth. Ar yr ochor oeddan nhw, efo Emyr ar un pen a Dad ar y llall. Yn y canol roedd yna lot o hen bobol, yn ffanio eu hunain efo hancesi poced ac yn cydio mewn rhaglenni tew oedd yn dweud pob dim oedd yn digwydd yn y Steddfod.

Taranodd nodau cyntaf yr organ drwy'r gwres.

"O'r diwedd! Diolch i'r drefn," meddai'r ddynes dew o'u blaenau.

A dyma'r Orsedd yn dod yn bwyllog i lawr yr eil, i gyfeiliant yr organ, yn debyg iawn i briodas efo dyn crand yn lle priodferch.

"Genod Dawns y Bloda! Sbia, does na ddim lle iddyn nhw ar y llwyfan," sibrydodd Mari pan ddaeth y rheini ar y diwedd un, yn gorfod ista yn y rhes flaen yn lle ar y llwyfan efo'r bobol fawr.

A rŵan roedd pawb yno, yn rhengoedd gwyn, glas a gwyrdd, a'r Archdderwydd yn ei holl ysblander yn sefyll wrth ymyl y gadair.

"Cynan!" meddai Mam, mewn llais isel.

Crychodd Dad ei dalcen; doedd o ddim yn credu mewn siarad mewn seremoni. Roedd y darn nesa yn araf braidd, yn enwedig yr areithia gan gynrychiolwyr y gwledydd Celtaidd, a dechreuodd Mari watwar y Sgotyn, yn siarad Cymraeg ofnadwy o chwithig ac yn gwisgo sgert efo sana pen-glin coch, nes cael golwg flin gan Mam a wedyn *wine-gum* bob un, a cheg Lwl yn cnoi yn arafach ac yn arafach nes ei bod yn cysgu, yn hanner hongian oddi ar lin Mam.

Cofiai Emyr ers llynedd ar y telifishion am ddefod y corn gwlad yn galw ar yr enillydd i sefyll ar ei draed a roedd yn edrych ymlaen. Roedd o am floeddio "Heddwch!" dros y lle pan fyddai'r Archdderwydd yn dal y cleddyf dros ben yr enillydd. Ond cyn hynny daeth tri dyn diflas yr olwg mewn siwtiau cyffredin ar y llwyfan – o na!

"Traddodi'r feirniadaeth."

Mam eto, dan ei gwynt, yn gwenu a trio cyfleu na fyddai'n para yn rhy hir. Ceisiodd wrando, gan obeithio y basa'r amser yn pasio'n gynt. Soniai'r dyn am safon, a chryfder, a theilyngdod, a rhedodd chwa o guro dwylo drwy'r gynulleidfa. Deffrodd Lwl a gwneud sŵn crio, a cael *wine-gum* arall. O'r diwedd, daeth y tri dyn i lawr o'r llwyfan, a daeth y ddau foi efo'r utgyrn yn eu blaenau.

"Ar ganiad y corn gwlad, boed iddo sefyll ar ei draed."

A'r cyrn yn canu, y tywyllwch, a'r sbotolau yn crwydro a chroesi ar draws y gynulleidfa, rheini'n troi yn eu seddi ac edrych dros eu sgwydda, Mari ar ei phenglinia ar y sêt. Si yn codi. Gwelodd hi ar ei thraed cyn clywed,

"Dynes!"
"Merch yw hi! Wel wir!"
"Dim ond am yr ail dro erioed!" Llais ei fam.
"Mae'n bleser mawr gen i ddatgan," meddai'r Archdderwydd,

– "mai Eluned Phillips, o Genarth yn Sir Gâr, yw enillydd y Goron yn Eisteddfod y Bala mil naw chwe deg a saith."

Pwysleisiodd "Eluned" a "Phillips" fel petaent yn enwau anghyffredin iawn. A llanwyd y Pafiliwn â sŵn curo dwylo mawr. Cawsant weiddi "heddwch" – roedd o a Mari ymhlith y rhai uchaf eu bloedd, yn eu rhan nhw o'r Pafiliwn, ac o'r diwedd daeth genod Dawns y Blodau i fyny'r grisia i'r llwyfan. Daeth ochenaid bach o bleser o enau Lwl, a eisteddodd i fyny'n iawn i gael gweld yn well. Roedd drosodd mewn dau funud.

Cymerodd oesoedd iddynt fynd allan o'r Pafiliwn, oedd yn teimlo'n boeth a chwyslyd ac annifyr unwaith eto ar ôl yr holl gyffro.

Yn syth ar ôl dod allan gwelodd Dad ryw bobol roedd o'n eu nabod, ac yn groes i ewyllys Emyr bu raid aros.

"Wel, wel," meddai un o'r merched, "pwy fasa'n meddwl?"
"Ardderchog, te," meddai Mam. "Yr ail waith i ferch ennill."
"Wel ia," pesychodd un o'r dynion, a chanddo fol crwn wedi ei lapio mewn gwasgod ddu, "chwara teg iddi. Er, dwn i'm chwaith."
"Be 'swn i'n lecio wybod," medda'r dyn arall, mwy oedrannus, gan bwyso ar ei ffon, "ydi faint o help gafodd hi."
"Bardd ydi ei chariad hi, wy'ch chi," meddai'r bolgrwn. "Ella bod hwnnw di gwneud cyfraniad go fawr."
"Sgwennu ei hanner hi!" chwarddodd y dyn cloff. "Wel da boch chi. Ella gawn ni wybod mwy dydd Gwener pan ddaw'r Cyfansoddiada."

Ac i ffwrdd â nhw, dan adael Mam yn poeri tân.

"Pam na fedran nhw dderbyn bod merch di ennill yn deg?"
"Paid â cymryd dim sylw o ryw hen gonos. Eiscrîm dan ni angan!"

Ond cyn iddynt gael cyfle i fynd i mofyn peth – a roedd pawb yn awyddus iawn i'w gael – pwy ddaeth ar eu traws ond Anti Ceinwen, Plas Trefnant, efo Nia a Dafydd, ac yn syth ar ôl eu gweld nhw, a chwyno am y gwres yn y Pafiliwn, daeth dynes gyfarwydd arall i'r golwg. Mari welodd hi gyntaf.

"Anti Gwen, ylwch!"
"Efo'r hogyn bach," meddai Mam.

A mi oedd hi'n gwthio coets gadair, ac ynddi hogyn bach tua'r un oed â Lwl. Mi gododd ei llaw ar ôl eu gweld, a dod draw atynt, ond meddyliodd Emyr bod yna rywbeth yn ansicr yn ei cherddediad, fel petai hi ddim yn siŵr o'i chroeso.

"Wel, tydi hi fel ffwrnais yma dwch! Emyr, Mari – wel, dach chi di mynd yn fawr! A Lowri ydi'r hogan ifanc yma, ia?"

Roedd Anti Gwen yn reit gron a'i bochau'n goch ddifrifol. Ar ôl cyfarchion, a chael enw'r hogyn bach, sef Gareth William, a oedd yn ddwy oed ers mis, mynnodd Dad fynd at y fan eiscrîm a prynu rhywbeth i bawb ohonynt. Pan ddaeth yn ei ôl, diolchodd Anti Gwen yn gynnes am y cornet iddi hi a'r Mivvi i Gareth.

"Bobol bach! Fedar o fyta hwnna i gyd dwch? Deud 'diolch', Gareth."

Bwriodd y bychan i'r Mivvi, a trodd Anti Gwen at Mam a Dad.

"Rŵan ta, dowch acw i swper, pawb ohonoch chi. Mi fasa John yn falch o'ch gweld chi yn Twnti'r Ffrwd. Mi fydda i'n eich disgwyl chi, cyn diwedd yr haf ma rŵan."
"Mi ddown ni, cyn diwedd y flwyddyn, a diolch i ti am y gwadd," oedd ateb ei dad.

Troesant am y car cyn bo hir; roedd traed pawb yn dechra brifo a llond eu haffla o geriach i'w gario hefyd, wrth bod Mam wedi manteisio ar y cyfle i gael digon o lyfrau a dipyn o anrhegion ar y stondinau. Roedd bŷs Elen wedi hen adael ond roedd gan Mari ddigon o feiros i'w cadw i fynd tan Dolig. Roedd y car yn dal yno, ac ogla lledr poeth yn ei lenwi. Bu llawer o bendwmpian ar y ffordd adre, a distawrwydd heblaw am ambell air rhwng ei rieni. Roedd y teimlad o fodlonrwydd yn dal yno, ond a oedd gweld Anti Gwen wedi styrbio rhywfaint ar y llawenydd, pendronodd Emyr, cyn iddo yntau syrthio i gwsg melys.

Piciodd Anti Megan draw y bore canlynol i gael hanes y Steddfod. Roedd hi wedi methu mynd hyd yn hyn efo'r cricmala yn ei phenglinia, ond am fentro dydd Gwener neu dydd Sadwrn, pan fyddai llai o bobol – doedd waeth ganddi edrych ar y Coroni a'r Cadeirio ar y telifishion ddim.

Roedd hi'n glustiau i gyd pan glywodd hi am Anti Gwen.

"Wel, dyna i chi blentyn geith gartre ardderchog!"

Cytunodd Mam. Ddeudodd Megan ddim byd am eiliad a sipian ei the.

"Biti ofnadwy yfyd, te."

Roedd gan Emyr a Mari feddwl uchel o Anti Gwen, oedd yn un dda am chwarae ac estyn tois, a gwneud rwbath neis i fwyta. A rŵan dyma Mam yn amneidio efo'i phen tuag atyn nhw eill dau, gystal â deud na fedra hi sôn ddim mwy os oeddynt yno.

"Tyd, Mari, awn ni allan!"

Doedd ganddo ddim mynadd efo oedolion a'u potas. Dod wysg ei chefn wnaeth Mari, ond doedd waeth iddi dderbyn ddim – roedd yna reolau am be oedd yn cael ei ddweud o flaen plant. Meddyliodd am wrando tu allan i'r drws ond doedd ganddo mo'r stumog. Yn lle hynny aeth Mari a fo i'r tŷ gwair, a gwneud eu hunain yn gyffyrddus yng nghanol y bêls.

"Mae o *yn* lwcus, achos mae Anti Gwen mor neis," dechreuodd Mari, dan gnoi gwelltyn.
"Ia, a be sy'n rong efo hynny?"
"John Tudor ydi ei dad o, te."

Doeddan nhw ddim yn adnabod dim arno heblaw ei enw, a roedd

o wastad yn cael hwnnw yn llawn ac yn ffurfiol. Swniai'n ddyn hen a phell. Ochneidiodd Mari.

"Na be sy'n rong. Achos Yncl Robat oedd i fod yn dad iddo fo."

Deallodd Emyr yn syth bod ei chwaer yn iawn. Dyna be oedd yn biti, yn bechod. Am bod yr hogyn bach, Gareth, wedi dod yn rhy hwyr i fod yn fab i Yncl Robat, a felly gwneud Yncl Robat ac Anti Gwen yn hapus. Ond roedd yna un peth arall nad oedd yn glir.

"Pam na fasan nhw wedi cael hogyn bach eu hunain ta?"

Daliodd Mari ati i gnoi'r gwelltyn yn ffyrnig.

"Ella bod nhw ddim yn medru."
"Pam?"

Tynnodd Mari'r gwelltyn o'i cheg.

"Mae Caren yn deud bod rai pobol yn cael babi jest wrth sbio ar ei gilydd. Dyna be mae ei mam hi'n ddeud. A fedar rhai pobol erill ddim eu cael nhw waeth faint maen nhw'n drio."

Doedd hyn ddim yn swnio'n deg, ond am y rheswm hwnnw roedd Emyr yn fwy tebygol o'i goelio. Byddai'n lecio gweld Anti Gwen yn ei chynefin newydd, a teimlai chwilfrydedd ynglŷn â John Tudor a'r cartre newydd. Gobeithio yr aent am dro i Dwnti'r Ffrwd. Dyma hi Mari eto:

"Doedd Yncl Robat ddim yn hen iawn yn marw."
"Damwain tractor. Mae o'n digwydd yn amal, sti. Dw i di gweld yn *Farmers Weekly*."
"Ia ond ... mi oedd o'n gwbod sut i ddreifio tractor."
"Maen nhw'n deud bod isio cabs ar dractors. I fod yn fwy saff."
"Doedd Nain ddim yn coelio bod o wedi marw."
"Ia, mab hyna Nain oedd o, te. Doedd hi ddim isio coelio. Doedd neb isio coelio."

Meddyliodd hithau dros y peth, a nodio'i phen yn araf.

"Dwi'n mynd yn ôl i'r tŷ, dwi ar lwgu. Ella gawn ni fisgedan jocled arall wrth bod Anti Megan yma."

I ffwrdd â hi, ei choesau'n hir ac yn frown yn y siorts er nad oedd hi'n ddiwrnod mor braf. Ond doedd Mari ddim yn teimlo oerfel fel pobol eraill.

Ar ddiwedd mis Awst, cyn iddynt fynd yn ôl i'r ysgol, cyhoeddodd Mam eu bod yn mynd i edrych am rywun. Cododd gobeithion Emyr a Mari. Ond dim i gartref newydd Anti Gwen yr oeddynt yn mynd. Na, i weld rhyw fodryb oedd mor hen ac yn byw mewn lle mor anghysbell nad oedd 'run o'r plant wedi clywed amdani hyd yn oed. Taerodd Emyr nad oedd raid iddo fo ddod – câi fynd i chwarae yn Tŷ Pella efo Ifan. Na, meddai Mam yn bendant iawn, roedd Modryb wedi dangos diddordeb arbennig yn Emyr.

"Mond Emyr! Beth amdanon ni! Ga i fynd i chwara at Caren, ta? Os oes na neb isio fi yn arbennig!"

Bu Mam yn ymresymu efo Mari, a sicrhau y byddai Modryb isio gweld merch hynaf y teulu hefyd. Yn ffodus, fedrai Lowri ddim gwadd ei hun i dŷ neb i chwarae, felly roedd raid iddi hi ddod hefo nhw, waeth be oedd barn Modryb am ferch ieuengaf y teulu.

Roedd yna drafferth efo cael eu hunain yn barod. Twll yn llawes hoff jymper Emyr a olygai bod raid iddo wisgo crys, a hwnnw'n un newydd efo hen goler stiff, annifyr. Barnodd Mam bod sgert goch Mari yn "wirion o gwta" a wnâi siorts mo'r tro chwaith. Felly roedd Mari yn "berwedig" mewn ffrog efo llewys hir. Dihangodd Lwl wedi i Mam ei chael yn barod unwaith, a mynd i'r ardd a chwara efo pridd. Tynnwyd ei chardigan wen, a bu crio a strancio wrth stwffio'i breichia bach tew i un arall a golchi wyneb a dwylo. Roedd golwg wedi hario ar Mam erbyn i'r car adael iard Glasynys a chychwyn am – lle, yn union?

"Lle dan ni'n mynd Mam?"

"Castellcoed."

"Fydd yna de neis, bydd?"

"Dwn i'm sti. Tydi Modryb ddim yn gwybod yn union pryd dan ni'n dŵad."

A felly pam oedd raid iddynt fynd heddiw? Pam na fasa Mam wedi ffonio o flaen llaw i wneud yn siŵr fod yna rywun adra? Ond pletio'i gwefus wnaeth Mam, a chynigiodd hi ddim mwy o wybodaeth. Cymerodd y siwrne oes pys, a bu Emyr a Mari yn chwara "Llewod" a "Lle leciwn i fyw". Rhoes Mam stop ar "Llewod" ar ôl i'r Llew Du frathu'r Llew Aur, er na thynnodd waed a taerodd y Llew Du mai hen fabi oedd y Llew Aur. Wedyn bu raid stopio mewn siop ar ochor lôn, achos mi oedd Mam wedi anghofio y petha i Modryb ar fwrdd y gegin, ac felly yn lle *talcum powder violets* roedd hi'n cael tun samon a tun *peaches*. Erbyn hyn roedd Lwl yn cicio'i choesa fel cythrel bach, a'r ddau hyna'n cwyno'n arw wedi cael cic ne ddwy.

Ond yn fuan wedyn roedd y car yn troi oddi ar y lôn fawr, ac yn dilyn un fach droellog, Mam yn mwmial "ar y chwith, dwi'n siŵr o hynny", a ballu, dan ei gwynt, yn trio darllen enwau ffermydd wrth basio a rheini tu ôl i gania llaeth ne iddew hanner yr amser. "Dyma ni," cyhoeddodd o'r diwedd, a roedd y car yn mynd wysg ei drwyn i lawr lôn gulach nag un Glasynys na Hendre, efo cloddiau a choed yn pwyso ar y ddwy ochor. Chwipiodd un o'r brigau yn erbyn drws y car, a chwarddodd Lwl.

Castellcoed. Enw, o'r diwedd, ar garreg wrth ymyl giât. Wrth droi i fewn i'r iard gwelsant y tŷ, un mawr uchel, efo dim ond drws ac un ffenest fach yn y clamp o fur a'u hwynebai. Roedd y tŷ hynod yma fel petai'n edrych y ffordd arall, ac yn troi ei gefn at y byd.

Doedd dim cynnwrf yn yr iard – dim ci yn cyfarth, dim gwyddau yn hisian, dim dynion mewn cotia ffarmwr brown yn dod atynt i ddeud "helô". Allan â nhw, Mam yn gafael yn ei bag papur efo'r offrymau, a sefyll o flaen y drws mawr du. Dim hanes o gnocyr, na chloch, felly curodd Mam ar y drws, a Mari ar ei hôl hi pan na ddaeth ateb.

"Iw-hw!" Galwodd Lwl.
"Peidiwch â deud nad ydi hi ddim yma! A ninna di dod yr holl ffordd!"

Yn y diwedd – pan oedd Mam yn dechra crybwyll agor y drws ei hun – clywsant sŵn traed. Llusgo oeddant, dim arwydd o frys. A wedyn synau eraill, clo yn cael ei ddad-wneud, bollt yn cael ei dynnu'n ôl. A'r drws yn agor, fesul tipyn. Pwy safai yno ond dynes gron, ei chefn wedi crymu, a slipars am ei thraed. Syllodd y pedwar arni, a rhythodd hithau arnynt hwythau.

"Wel wir. Lilian Plas Trefnant. Chi sy na, te? Mae na flwyddyn ne ddwy di mynd heibio ers pan welon ni'n gilydd."
"Dŵad fy hun wnes i tro dwytha."

Heb symud o'r trothwy, bu rhaid cyflwyno pob un o'r plant. Ac ar ôl pob un pasiodd y wraig ddiarth ei barn.

"Emyr Caradog. Dwn i'm lle cawsoch chi'r enwa yna chwaith."

Tro Mari oedd hi wedyn.

"Mari Catrin. Catherine oedd enw eich nain, yntê. Catherine Ellen oedd hi, Catherine Ellen Morgan, Plas Trefnant. Mae Catherine yn fy enw inna, hefyd."
"Mae Lowri wedi ei henwi ar ôl Anti Laura," meddai Mari, i drio stopio Modryb rhag mwydro dim mwy, ac ella i helpu dipyn ar Mam.
"Ydi siŵr. Laura Elisabeth, chwaer Thomas Plas Trefnant, tad eich mam. A wyddoch chi pwy oedd y chwaer arall, mwn?"

Roedd o fel sefyll arholiad – arholiad sirol, ella, lle roedd popeth ar lafar. Ond newidiodd Modryb ei thrywydd, gan ddweud,

"Sgin 'run ohonoch chi wallt coch. Be ddigwyddodd, dwch?"

Yn union fel tasan nhw ar fai, neu wedi ei golli, meddyliodd Emyr. Ond mae rhaid eu bod wedi pasio'r arholiad, achos mi drodd ar ei sawdl dan ddweud, "Dowch! Dowch i mewn!" Dilynodd pawb hi i fewn i'r pasej tywyll. Sibrydodd Mari wrth Emyr, "Mi oedd gynni *hi* wallt coch, ers talwm." A wir roedd y blew prin ar ei chorun yn goch golau.

Daethant i gegin fawr sgwâr. Y peth cyntaf a sylwodd Emyr oedd nad oedd hanes o de. Doedd y bwrdd mawr pren ddim wedi ei ordduchio â lliain bwrdd, a doedd dim plateidia o fara menyn, efo potiad o jam cartre, dim sgons na theisen gri, yn eu disgwyl. Yn sicr dim cacen sbwnj na *cream slices*, y cacennau efo haenau yn llawn hufen a jam mefus a wnaeth Anti Gwen yn un swydd gwaith iddyn nhw unwaith ac na welwyd yn unlle heblaw siopa cacen o safon ar ôl hynny. Dim bara brith, hyd yn oed. Doedd dim byd fel yr oedd i fod: sef cael eich llusgo i dŷ rhyw berthynas, cael te neis, ac ella dipyn o hwyl yn dringo coed, neu chwara yn y tŷ gwair, ne gêm o Bloc 123 os oedd yna blant eraill.

Mi oedd yna simdde fawr fel ogof, a phopty wrth ei hymyl. Cerddodd Modryb yn gloff at y sinc yn y cefn, llenwi'r teciall a'i osod i ferwi. Yn boenus o araf, tynnodd lestri allan o'r cwpwrdd wal, a mynd â nhw draw at y bwrdd. Gosododd y bwrdd efo plât, cwpan a soser i bawb, yn cynnwys Lowri. Ond doedd dim byd yn matsio. Cwpan wen efo soser werdd a plât efo rhosod pinc arno. Edrychodd Mari ar Mam, ond bys ar wefus gafodd hi.

"Lle mae'r cyllyll bach, dwch?"

Aeth pawb ati i chwilio mewn droriau. Mam gafodd hyd iddynt, mewn bocs lledr du, rhesi o gyllyll bach arian efo handlen biws, yn gorwedd mewn gwely sidan glas. Erbyn eu rhoi ar y bwrdd roedd hi'n amlwg i Emyr bod Mari wedi ailosod y llestri fel bod gan bawb gwpan, soser a phlât mwy ne lai o'r un patrwm.

O'r diwedd cododd y teciall ferw, a thywalltodd Modryb y dŵr yn grynedig, i fewn i'r tebot arian. A wedyn dyma benbleth arall.

"Ond does ma ddim llefrith! Dim dropyn!"

Cynigiodd Mam yfed y te heb lefrith. Ond cafodd Modryb (a be oedd ei henw *hi*?) well syniad. Mewn cwpwrdd arall daeth o hyd i dun *evaporated milk*, ac yn wên i gyd gwnaeth dwll bach ynddo efo'r *tin-opener* a'i roi ar y bwrdd fel yr oedd. Welwyd erioed y fath de. Roedd o yn orenj, fel rhwd ar hen feic, a'i flas yn felys a diarth. Yfodd neb fawr ohono, heblaw Modryb. Ond, diolch byth, mi gafodd hyd i fwy o betha yn y cwpwrdd hefyd. Paced o jeli coch. Torrwyd o yn giwbiau taclus efo'r cyllyll bach, a roedd blas fel wein gym arno. Hanner paced o fisgedi Nice, wedi meddalu braidd. Y peth gora oedd hanner cacen ffenest, sef Battenburg, y *marzipan* wedi caledu ond yn dal yn neis. Meddyliodd Emyr ei bod yn reit braf peidio gorfod bwyta bara menyn na brechdan i ddechrau, mond cael cacan a bisgets fel leciech chi.

Roedd gan Mam a Modryb beth wmbreth o betha diflas i'w trafod ar ôl te a felly aeth y plant am dro o gwmpas y tŷ, wedi eu siarsio gan Mam i beidio â gwneud llanast. Roedd yna risiau llydan 'fath ag adre, ac wedi pipian yn y parlwr gora lle nad oedd dim byd diddorol iawn i'w weld, i fyny â nhw. Roedd y llofft gynta, ar ben y grisia, yn foel braidd. Dim ond gwely haearn, wardrob a chadair oedd yno. Aethant yn eu blaenau, ac agor y drws ar y dde – gwely bach, efo *eiderdown* melyn arno. Rhoddodd Lwl o-bach iddo; roedd yn sidanaidd efo crychau bach. Papur wal wedi colli ei liw oedd ar y wal, efo llunia pobol mewn cwch ar lyn, drosodd a throsodd.

"Llofft plant," oedd barn Mari.

Ar flaenau eu traed, ymlaen â nhw ar hyd y landin. Roedd yna ffenest ar ben y grisia, a'r gwydr yn dew fel *barley sugar*, a pan edrychon nhw drwyddi doedd dim i'w weld heblaw coed. Roeddynt yng nghanol coedwig.

Doedden nhw ddim yn siŵr pa ddrws i'w agor nesa. Mae rhaid

mai llofft Modryb oedd un ohonynt, a gwyddent nad oeddynt i fod i fynd i lofftydd pobol fawr.

"Jest sbio?" cynigiodd Mari.

Agorwyd y drws – ac ia, llofft Modryb oedd hon. Teyrnasai'r gwely mawr pren tywyll, efo wardrob o'r un lliw. Roedd yna garped pinc efo blodau arno. Ac ar y gadair, pentyrrau o sgerti a pheisia a blowsys, yn biws a gwyn a phinc a melyn, rhai ohonynt wedi llithro ar y llawr. Ar y bwrdd gwisgo gwelsant res o boteli sent, a phethau tlws, a dyna be dynnodd Mari yn nes. Roedd Mam yn cadw pob dim fel yna mewn bocs eboni, a dim ond yn estyn ei mwclis a broets pan fyddai'n mynd allan.

"Paid â thwtsiad y sent, mi glywan yr ogla," meddai Emyr.

Ac ar y gair, sŵn traed! Trodd y ddau yn euog – ond Lwl oedd yno. Roedd ganddi lond dwrn o rywbeth aur. Pefrai ei llygaid gymaint â'r trysor.

"Lwl! Lle cest ti rheinia?"

Aeth â nhw i'r llofft bella. Yno, o dan y gwely uchel, roedd yna bot siambr pinc ac aur neis, a roedd Lwl wedi ei dynnu allan gan feddwl gwneud iws ohono. Yna ffendiodd ei fod yn llawn o bres. Edrychodd y tri ohonynt i fewn iddo – pentyrrau o hanner coron, dau sylltau, a darnau aur. Sofrenni oeddynt; mi wyddai Emyr hynny.

"O iesgob," meddai Mari, "well i ni roi bob dim yn ôl a mynd lawr grisia!"

Ac ar y gair dyma lais Mam yn galw. Taflwyd y pres i fewn at y lleill – ac o nefoedd mi oeddant yn diasbedain. Ac yna i lawr grisia â nhw, ffwl sbid, a chael croeso cynnes gan Modryb a diolch am ddod i weld hen ledi. Mi dynnodd dun o gwpwrdd uchel, ac estyn pres.

"Dyma chdi, ngwas i," gan roi hanner coron yn llaw Emyr, a'i chau hi ar y darn pres.

Cafodd Mari yr un fath, a phisyn dau swllt i Lwl. Diolchodd pawb yn ddel, a cael gwên gan Mam.

"Diolch i chi am ddŵad i weld eich hen fodryb, Lilian, a dod â'r plant efo chi. A cofiwch fi at Gruffudd yntê."

Yn y car ar y ffordd adre roedd pawb yn ddistaw. Rywsut doedd gan neb awydd chwarae gemau a roedd yr awyrgylch yn gysglyd, heblaw am Mam oedd yn syllu drwy'r ffenest a golwg bell yn ei llygaid. Emyr oedd yn y tu blaen efo'i fam, ond digwyddodd droi rownd i ddweud rhywbeth wrth Mari ar yr union funud pan ddangosodd Lwl y darn aur iddi, o boced ei ffrog.
Cyn iddi gael cyfle i ddweud dim, gofynnodd Emyr gwestiwn i'w fam:

"Be ydi ei henw hi, ta? Wnes i'm dallt."
"Be? O, Cassie, yntê. Anti Cassie Castellcoed."

Gyda'r nos daeth Emyr a Mari at ei gilydd i sôn am lle i guddio'r sofren aur. Doedd dim posib dweud gair wrth neb; byddai Mam o'i cho. Roedd Mari wedi cael job ar y naw i berswadio Lwl i ollwng y darn pres.

"'Fi pia fo!' Felna oedd hi. Oedd rhaid i mi ddeud mai dim hi oedd pia fo, mai wedi ei ddwyn o oedd hi, sti, a wedyn mi aeth i nadu crio a meddwl y basa hi'n mynd i jêl."
"Ella neith o neud iddi beidio deud."
"Ella."

Ond gwyddai'r ddau bod Lwl yn beryg bywyd efo unrhyw gyfrinach, a hefyd mai nhw oedd yn debyg o gael eu cosbi fwyaf am fusnesu yn Castellcoed. Ar ôl cysidro pob cwpwrdd a chornel yn y tŷ, penderfynwyd cuddio'r darn rhwng cerrig yn un o waliau'r iard. Ei stwffio efo bys, a wedyn â cangen fain, ymhell o'r golwg i berfeddion y clawdd. Er bod y ddau'n meddwl bod hynny dipyn bach yn drist, Mari am bod y sofren yn dlws, ac Emyr am ei fod yn amau y gallai ei newid am sawl peth y dymunai ei gael – pêl, neu sawl comic a llyfr – dyna beth wnaed.

Ceisiodd Emyr edrych yn ofalus ar yr union le lle claddwyd hi, sef yn agosach at y beudy na'r cytiau moch, lle roedd yr iddew yn gorchuddio hanner ucha'r wal. Jest rhag ofn y câi fynd yn ôl, rywbryd.

1968

Ionawr

Tynnwyd o o grud cynnes y blancedi gan ei llais yn sisial drosodd a throsodd,

"Mam, Mam, Mam."

Trodd ar ei ochor a chyffwrdd ei hysgwydd yn ysgafn. Anaml y byddai hi'n cael y breuddwydion byw ond doedd o ddim isio iddi styrbio ddim mwy. A dyma ei llygaid yn agor led y pen.

"Ro'n i yn ôl yn gegin adra."
"Adra?"
"Ia, Plas Trefnant. Ac mi oedd Mam yno – glywish i sŵn ei thraed hi, a'i chwerthiniad, yn y pantri oedd hi ma raid – mi redis i yno – teimlo'r llechen yn oer dan fy nhraed, o'n i'n droednoeth – ond wedyn roedd y drws cefn yn agor a mi wyddwn bod Nhad yno, sti, a bod raid i mi fod wrthi – plicio tatws, gosod y bwr' neu rwbath – a mi stopiais yn y fan a'r lle. Roedd yn rhaid i mi fynd ar ei hôl hi ond roedd hi wedi mynd eto."

Clywodd y siom yn ei llais.

"Rhyfedd te. Ar ôl yr holl amser."
"Gawson ni'r gwin na neithiwr, do."

Dim ond glasiad bychan oedd hi wedi ei yfed, a hynny wedi iddo bwyso arni i ymuno â fo i ddathlu'r flwyddyn newydd. Fedrai neb brotestio am aros ar eu traed yn hwyr ar nos Calan. A dyma fore cynta'r flwyddyn, a'r ddau ohonynt yn effro cyn na phlentyn nac anifail. Gorweddai Lil ar ei chefn yn syllu i fyny.

"Hei Lil. Ti'm yn meddwl y dylsan ni roi croeso i'r flwyddyn newydd? Jest ni'n dau."

Rhoes ei law ar ei bron a teimlodd y deth yn cledu dan ei fysedd a chryndod yn rhedeg drwy ei chorff.

"Dwi'n oer."
"Fydda i fawr o dro yn dy gnesu di."

A dyna fu, ac ar y diwedd doedd hi ddim yr un un. Cawsant amser i afael yn glòs yn ei gilydd cyn amser codi, a mynd i wynebu'r buchod godro yn ei achos o, a'r aelwyd oer a'r bwced lo yn ei hachos hi.

Dechrau Mawrth

"Diolch byth na ddigwyddodd o ddim ar ben blwydd Emyr."

Roeddynt wedi trafod hyn o'r blaen, a chytuno, felly wnaeth Guto ddim ateb, dim ond hanner crymu ei ben wrth lywio'r fan. Dim ond isio ail-ddweud oedd Lilian. Cael dweud, ella, y gallai colli ei dad fel hyn ddechra'r flwyddyn fod wedi bod yn waeth, hyd yn oed.

Roedd llawer o ysgwyd pen yn y te cynhebrwng yn Nhyddyn Ucha.

"Unig oedd o, te, wedi colli Katie, a Robat."
"A Dylan."
"A Dylan bach, ia wir. Colledion mawr. Mi wnaethoch eich gora drosto fo, do wir."

Bob Beudy Isa, blaenor yng nghapel Bethel fel ei dad; cymdogion fel Wil Rhosgell Fach, Joni a Mair Godre'r Mynydd. Roedd Guto fel petai'n clywed islais arall, yn sisial, "Mi adawsoch o ar ei ben ei hun, yn fwy unig byth."

Clywodd Lilian yn dweud, fwy nag unwaith:

"Doedd o ddim isio symud, cofiwch. Aros yn ei gynefin oedd o isio. Yn ei gartre ei hun."

Doedd Mot, hen gi defaid ei dad, ddim isio symud chwaith, ond symud i Lasynys fu raid. Roedd golwg ar goll ar yr hen griadur. Chwara teg, roedd pob un o'r plant yn ffeind iawn efo fo, a Lil yn cario darnau bach o fwyd i'w demtio i fwyta.

Aeth y fan rownd cornel go hegar, a llithrodd Lwl oddi ar lin ei mam. Chwarddodd. Roedd hi'n lecio dipyn o sbid. Ac yn falch o gael jolihoet tra oedd y ddau hŷn yn yr ysgol. Roedd hi wedi dechra swnian ei bod hi angen diod, a gobaith Guto a Lilian oedd y medrai ddal arni nes cyrraedd ochra Shrewsbury, diwedd y daith. Os cael diod, yna angen lle chwech fyddai hi o fewn dau funud.

"Diod! Mam, isio diod!"

"Bron iawn â chyrraedd, Lowri! Tydan, Guto?"

"'Ma ni Gobowen, fawr o dro rŵan. Cynta i weld tarw coch, iawn, Lwl?"

"Na fo!"

"Buwch di honna, te. A buwch ddu a gwyn. Ffrishian."

"Isio diod!"

"Fydd na gaffi neis, sti, ne stondin, a gei di ddewis diod," meddai Lilian wrthi.

Mewn gwirionedd doedd gan yr un ohonynt ddim syniad pa fath o le oedd y *gardening centre* yma a hysbysebid yn y *Farmers Weekly*. Dim ond dwy filltir eto cyn troi am yno a wedyn caent weld. "Extensive range of fruit trees and bushes." Dyna pam yr oedd y fan ganddyn nhw, i gludo pob dim yn ôl.

"Be leciwn i gael, Guto, ydi coedan geirios."

"Ceirios? Be, *cherry*? Ddaw rheinia byth acw, siŵr!"

"Dwi di gweld nhw yn y papur dydd Sul. A mae na rai yn Bodnant, does. Llond y lle o flagur yn y gwanwyn."

Roedd pawb ohonynt, wedi bod yng Ngerddi Bodnant y llynedd, wedi rhyfeddu at y lle. Hen berllan oedd perllan Glasynys, a digon prin oedd ffrwythau'r hen goed afalau ac eirin. Yn Hendre, y berllan oedd un o'r llefydd oedd ora ganddo fo, a Robat pan oeddan nhw'n tyfu i fyny – lle i ddringo, chwara, a chuddio. Roedd yn chwith ganddo am y coed damson a dyfai'n rhes wrth ymyl y wal gerrig, hefyd.

"Coed ffrwytha dan ni angen."
"Colli jam damson dy fam wyt ti!"
"Nain, ti'n feddwl. Nain oedd yn gwneud y jam damson gora."
"Felly wir."

Mwythodd wallt Lwl, oedd yn reit hir erbyn hyn a natur cyrlio ynddo. Roedd y fechan wedi tawelu, yn mwmial canu dan ei gwynt. Nefoedd, gobeithio nad oedd hi ddim am fynd i gysgu, jest cyn cyrraedd. Dyma ni'r arwydd. I mewn â nhw.

Lle mawr agored oedd o, digon tebyg i fart, efo sièd i'r planhigion tendar. Y peth gora oedd bod Lwl yn cael mynd o gwmpas mewn troli, a trwy wyrth anghofiodd am y diod (dim golwg o gaffi). Doedd dim prinder o goed ceirios – roedd rheini ym mhob man. Cafodd Lilian ei ffordd, a prynwyd dwy. Caent fynd yn yr ardd, os nad oedd digon o le yn y berllan, meddai hi. Ar ben hynny, prynasant dair coeden afalau (un James Grieve, fala cwcio; un Bramley, fala cwcio, ac un Bountiful, fala bwyta ne gwcio), a dwy goeden eirin, Victoria. Siom oedd hynny, achos nid oedd ganddynt goed damson.

"Sorry, mate, not so popular these days. These – though – these are all the rage."

Nodiodd ei ben i gyfeiriad y coed ceirios. Roedd hi'n job eu cael i gyd i gefn y fan.

Aethant i Little Chef cyfagos am ginio, pawb ar lwgu. Cafodd Lwl ddiod, o'r diwedd, coca-cola mewn potel efo *straw*. Gafaelodd yn sownd yn y botel, yn benderfynol na châi neb fynd â hi oddi arni ac nad oedd hi isio cwpan blastig, cwpan babi. Blasus iawn oedd y *gammon* a'r jips a phys. Ond,

> "Peint o gwrw fasa'n neis efo rhain."
> "Cwrw! Guto."
> "Guto, be? Fasa peint yn gwneud dim drwg."

Ddeudodd neb ddim mwy, a diolch byth wnaeth hi ddim edliw be fasa neb arall yn ddweud, a beth bynnag doedd yr un ohonynt isio difetha'r diwrnod. Ac ar ben hynny, nos Wener oedd hi, a bwriadai fynd am beint heno. Ben bore dydd Llun, câi Cled ddechra palu a gwneud lle i'r coed yn yr ardd a'r berllan.

Diwedd Gorffennaf

> "Dad. Alun Cae'r Meirch wedi ffonio."
> "Be oedd o isio?"

Ond doedd Emyr ddim yn gwybod. Mi wrantai Guto mai isio help i gario oedd o. Doedd pawb yn crafu i achub be fedran nhw o'r gwair, a hitha yn ddiwedd y tymor? A fel arfer mi fuasai Guto yn barod i roi help llaw, heblaw ei fod ynta yn brin o help 'leni, dim ond Cled, a hwnnw'n ddi-glem ac angen rhywun i'w roi ar ben ffordd drwy'r amser, a'r plant oedd yn rhy ifanc i roi fawr o gymorth. Penderfynodd ddisgwyl; mi ffoniai Alun yn ôl, debyg. Roedd yn gas gan Guto'r ffôn, heblaw bod gwir angen cael gafael ar ffariar ne ddoctor. Nid oedd wedi gweld Alun heblaw o bell yn Llanrwst diwrnod mart, efo'i dad. Roedd o adra o'r coleg, wrth reswm – wedi gorffen ei radd, a wedi gwneud yn dda hefyd. Roedd yna sôn am MA. Tybed oedd o'n bwriadu dod adra i ffarmio, wedyn? A tasa fo ddim, i bwy fyddai Ben yn gadael ei ffarm, efo'r mab hynaf yn gyfreithiwr tua Llundain?

Ganol bora, cafodd helynt efo'r belar, a sylweddoli nad oedd ganddo fawr o linyn belar ar ôl. Damia, achos roedd Conwy Supplies yn bownd o fod yn brin hefyd, pawb ei angen o. Ac yna cofiodd am Ben Cae'r Meirch. Dyn trefnus ar y coblyn oedd o. Ffôn amdani ta.

Alun atebodd. Erbyn dallt dim angen help yn y gwair oedd o – roeddynt wedi darfod, cystal ag y medrent, yng Nghae'r Meirch. Na, gofyn cymwynas arall oedd o. Lle i gadw ei foto-beic. Roedd gwaith trwsio arno, angen darnau. A dweud y gwir, roedd o'n fwy o ddarnau nag o feic ar y funud.

"Dy dad ddim isio rhoi lle iddo fo acw?"

"Lle bach sy 'cw. A mi wyddoch am Dad. Lle i bob dim a phob dim yn ei le. A sylwish i – sgynnoch chi ddim moch ar y funud nac oes? Yn y cytia moch."

Cytunodd Guto. Roedd Alun am ddod â fo draw gyda'r nos, gora po gynta. Ar ben hynny, cynigiodd help llaw efo'r gwair drannoeth. Ac am y llinyn belar – roedd Alun yn reit sicir bod peth yno. Mi holai ei dad.

Roedd hi'n hwyr arno fo'n cyrraedd efo pic-ýp Cae'r Meirch – wedi naw a hitha bron â thywyllu. Gadawodd Guto iddo fo wneud – wedi'r cwbwl, mi wyddai lle oedd y cwt mochyn a roedd hwnnw bron yn wag. Roedd yntau wedi ymlâdd ar ôl bod yn torri gwair yn Cae Coed Glasynys, oedd bron yn ddeg acer. Ond wedyn dyma'r hogyn i'r tŷ, dan wenu.

"Duwcs, Alun. Aeth hi'n hwyr arnat ti."

"Do, 'chi. Bob dim di neud rŵan. Ylwch, mi oedd gan Dad ddigonadd o linyn belar."

Roedd yno hen ddigon i felio Cae Isa fory. Ac efo tri ohonynt byddent wedi gorffen erbyn amser te. Câi gychwyn ar y cynhaeaf ŷd wedyn, er nad oedd o ddim yn edrych ymlaen o gwbwl at hynny chwaith. Roedd y gwenith wedi ei fflatio gan wynt a glaw y mis Gorffennaf gwlypaf ers blynyddoedd lawer. A'r ceirch, ei fenter newydd, a edrychai mor wyrdd a thonnog yn y gwanwyn, yn ddigalon yr olwg.

"Tymor diawledig ydi di bod," meddai wrth Alun.

"Mae'r Steddfod yn ei chael hi'n ddrwg hefyd, i lawr yn y De," meddai Lil. "Welson nhw ddim y fath fwd ers degawdau."

"Steddfod!"

Doedd gan Guto, fel y rhan fwya o ffarmwrs, fawr o drugaredd i'w sbario i'r Steddfod eleni. Doedd yna ddim awdl i'r math hwn o gynhaeaf, na limrig i gyfleu gwacter y sgubor. Prin oedd ganddo fynadd i wrando ar "Ymryson y Beirdd".

Ond o leia byddai wedi cael cefn y cynhaea gwair, ar ôl fory, ac am hyn roedd yn ddiolchgar i Alun. Cytunai Lil ac yntau bod rhywbeth yn annwyl ynddo, "tebyg i'w fam," honnai Lil. Roedd hi wastad yn canmol genod Morfa Fawr, Megan a'i chwiorydd Jane a Iona (be oedd enw'r hynaf, hefyd – yr un aeth i ffwrdd i fyw i Lerpwl? Sali? Cadi?) – y cyfnitherod a dorrodd ar unigrwydd ei chartre. Ac er bod rhai'n galw Alun yn benboeth amheuai Guto bod yna dipyn o'i dad hirben ynddo hefyd; rhywun oedd yn meddwl a chysidro cyn gweithredu.

Hydref

Pan gychwynnodd Emyr yn Glan Clwyd – 'rysgol fawr – roedd hi'n tresio bwrw bob dydd, a Lil yn methu dod i ben â sychu ei sgidia a chôt law gabardîn o flaen yr Aga. Roedd hi'n fis Hydref cyn i betha wella, ond wrth gwrs roedd y tir yn dal yn wlyb, a'r rhan fwya o'r moron wedi pydru dan ddaear. Cnwd sâl, yn enwedig i gymharu â llynedd. Ar ôl codi'r helfa bitw, penderfynodd Guto eu rhoi yn yr hen gwt mochyn, wrth bod to'r hen feudy wedi dechra gollwng. Fasan nhw ddim yn cymryd mwy na chornal.

Wrth eu cario i fewn gwelodd bod moto-beic Alun o'r golwg dan sachau. Tybed be oedd gynno fo? Petai o'n gwybod, ella y medrai gael gafael ar ambell i ddarn, drwy gysylltiadau Cled neu Now. Moto-beic digon tila oedd o, Honda, llai na Norton solat Cled, a'r olwyn ôl angen mydgard. Ond gweitiwch chi, ella bod yna un yn y pentwr metel yna, dim ond angen ei gosod. Rhoes gic iddo, a llithrodd y sachau at y llawr gan ddadorchuddio sawl darn metel. Trodd Guto un ohonynt drosodd â blaen ei esgid. CARDIGAN. Syllodd ar y llythrennau du plaen, yn ddiddeall, ac yna troi ei olygon at y lleill. ABERDOVEY, DOVEY JUNCTION, cyhoeddent. Ac yna wrth gwrs, mi wyddai.

Gwaith diflas oedd carthu beudy, meddan nhw. Ond mi oedd yna foddhad i'w gael ohono hefyd. Y brws bras yn crafu'r llawr concrit. Y tail yn tyfu'n bentwr tu allan, yn barod i gael ei lwytho i'r sbredar a'i daenu ar y caeau. Ac i orffen, rhoi gwair ffres melys yn y cafnau i'r buchod. Newydd ddechra oedd o.

Peidio sôn wrth Lil oedd ora, meddai wrtho'i hun unwaith eto. Gwneud os oedd raid, yn nes ymlaen. Ond fel arall ... doedd dim pwrpas ei chynhyrfu rŵan. 'Rhen Lwl fach wedi dod yn gwmni da iddi erbyn hyn, a'r ddwy yn cael sbort yn bwydo'r hanner dwsin o ieir yr oedd wedi eu prynu yn sioe Sir Fôn. Oedd Megan yn gwybod? Go brin ei bod hi. Ama, ella. Mi wyddai wrth gwrs bod ei hannwyl fab yn protestio fel aelod o Gymdeithas yr Iaith ar gownt lot fawr o betha. Roedd o'n un o'r protestwyr eisteddodd ar y bont yn Aberystwyth, doedd, y brotest gynta. A wedyn pan agorodd y gronfa ddŵr yn Nhryweryn, bron i dair blynedd yn ôl, yr adeg y ganwyd Lowri, roedd o yno – ei lais i'w glywed yn glir, yn gweiddi "For shame! Rhag cywilydd!" tra oedd Maer Lerpwl yn paldaruo. Pharodd yr araith honno ddim yn hir. O, mi wyddai Megan am hynny. Ond dwyn arwyddion ffordd? Fasa fo dim isio i'w fam wybod, rhag ofn iddi fynd i helynt, na fasa?

Ia, a pwy fasa'n mynd i helynt rŵan? Crafodd y brws bras yn gyflymach wrth i Guto feddwl am un o blismyn Conwy – Brian Wiliams, ne Ken Humphries – yn dŵad i Glasynys i holi a snwyrian. Fuo na ddau twpach yn unlle, felly roedd jans go lew na fyddant yn darganfod yr arwyddion, ond yn ôl y sôn roedd plismyn Llandudno a Colwyn Bay yn glyfriach ac yn gasach. Roedd yna gosb am guddio petha wedi eu dwyn. Carchar, ella, am ddwyn a bod yn *receiver of stolen goods*.

Carchar. Doedd yna neb erioed o'i deulu wedi bod yn y carchar. Gwyddai am rai oedd wedi wynebu carchar yn hytrach na mynd i frwydro yn y rhyfel; dewis anodd. Arferai nabod dyn o'r Dre a anfonwyd i'r jêl am ddwyn arian o'i waith. Doedd gan y cythral bach Alun na mo'r hawl! Ei roi o, a'r teulu, yn y fath gyfyn-gyngor. Achos be ddiawl oedd o am ei wneud? Aeth i lenwi'r bwced wrth y tap yn y deri. Sblash! Dŵr ar hyd y llawr yn llifo. Medrai eu symud, a thaflu'r cwbwl i grombil rhyw goed, neu ddyfnder afon. Neu beth am y dymp? Na, gormod o bobol ar gyfyl y dymp, a fedrach chi byth ddeud pryd fasa rhywun arall yn cyrraedd efo llwyth. Sblash! Sgubodd y budreddi at y drws ac i lawr i'r iard.

Cymryd mantais oedd peth fel hyn, a mi oedd Alun ar fai. Doedd o wedi sylwi ar y cwt moch yn wag dechra'r haf? Disgwyl ei gyfle, mae'n siŵr, nes iddo fo a'r ffrindia hanner-pan gael cyfle i fynd o gwmpas ganol nos a thynnu arwyddion ffordd. Drysu fisitors yn rhacs, meddan nhw. Dim syniad lle oedd Cardigan, neu Aberdovey. Dim yn broblem i bobol leol wrth gwrs. Fasa Saeson ddim llawar callach o weld yr enwau Cymraeg – Aberteifi, lle oedd fanno? Caerfyrddin? Y Bermo?

Na. Mi gâi Alun ei hun edrach ar eu hola ei hun. Y tro nesa y dôi adra mi fyddai wedi gadael iddo wybod bod rhaid eu symud, a hynny'n ddiymaros.

Ond, yn y cyfamser, mi fyddai'n rhaid gwneud yn siŵr nad oedd Cled na'r plant yn mynd ar gyfyl y cwt moch. Doedd dim stop ar dafod Cled. Mi fyddai pawb ar hyd y lle yn gwybod.

Rhoes y brws o'r neilltu, a chau'r drws.

Ar ddiwedd pnawn dydd Iau, a dim byd yn galw, piciodd i'r Post, a rhoi ei draed i fyny i ddarllen y papur. Damwain car ar y dudalen flaen, dim llawer o ddim byd o dan newyddion lleol, rhyw luniau o wasanaeth Diolchgarwch ysgolion. Ond reit ar dudalen 2, o dan y teitl, "Vandals in Court", gwelodd erthygl go ddifyr: "On October 26th, Catrin Ann Davies, of Rhosneigr, Anglesey and Stephen Harris of Caernarfon, were taken into custody after taking part in an attack on property in the

Caernarfon town centre. They were later released on bail and the case is expected to be heard in November. Miss Davies and Mr Harris shouted Welsh language slogans, which they had also daubed on the walls of the National Provincial Bank. It is thought that the pair may be linked to the theft of a number of roadsigns from the Carmarthen area during the night of July 25th. This caused considerable inconvenience to visitors to the Cardiganshire Show on the 26th." Cafodd ei hun yn chwerthin yn dawel. Roeddynt wedi dewis y lle a'r amser yn ofalus. "Mr James Bright, esq, who was taking his shire horses to compete in the show for only the second time, said, 'These fools should be ashamed of themselves, as they only harm the economy of the area. Just shows how little they understand.'" Cafodd Guto ei hun yn mwmial ateb i'r dyn yma (dychmygodd ef yn writgoch, llond ei groen a llawn hefyd o ragfarnau), sef be wyddai o am economi cefn gwlad Cymru?

"Pwy sy'n ffŵl gwirion, Dad?"
"Neb ti'n nabod, am unwaith."
"Ddaeth *Tiger*? A *Princess Tina*?"

Cymerodd arno ei fod wedi anghofio prynu eu comics ond wrth gwrs roedd Mati'r Post yn cofio'n iawn, a gwyddai Emyr hynny. Cipiodd Emyr ei *Tiger* ac i ffwrdd â fo i'w ddarllen ffwl-sbid, dan weiddi ar ei chwaer i ddod i nôl ei hun hi. Hyd y gwelai Guto, roedd cylchgrawn Mari yn llawn o genod yn dawnsio bale neu ar gefn ceffylau. Roedd o'n disgwyl i weld pryd ofynnai Mari am wersi dawnsio, ne wersi reidio ceffyl. Neu geffyl, hyd yn oed.

Daeth ogla da i'w ffroenau. Lil, wrthi'n gwneud siytni tomato gwyrdd. Tymor siytnis a phicl a jamia oedd hi. Yn sydyn daeth atgof o gegin ei nain, Nain Tyddyn Isa, a fel bydda Robat ac ynta yn mynd i lawr Llwybr Bach ati hi, a'r drws ffrynt ar agor bob tywydd bron. Byddai gan yr hen ledi soseri efo mymryn o jam damson ar y rhiniog i weld a oedd yn barod. Ia, hwyl oedd hynny, sticio bys i fewn a'i lyfu, a wedyn os oedd y jam yn glynu, gwaedd ar Nain a hitha'n hidlo'r cerrig o'r sosbennaid ferwedig, a wedyn yn ei dywallt i'r potiau a safai'n rhes ar ben llechen. Llechen oedd yng nghegin ei nain ac yn Nhyddyn Ucha hefyd. Llyfn ac oer, perffaith i gegin. Ar lechen fyddai Nain, a Mam, yn rowlio eu pestri di-ail ar gyfer cacen blât. Ond fformica oedd pob dim heddiw.

Caent botiad o jam i fynd adre efo nhw bob amser. Tybed sut hwyl fyddai Lilian yn ei gael efo'r eirin Victoria? Roeddynt wedi blodeuo'n dda. Roedd hi'n biti meddwl am y rhes o goed damson ym mherllan Tyddyn Ucha. Efo pobol newydd yno rŵan, roeddant allan o'u gafael hwy. Cafodd ei hun yn ochneidio. Roedd y cyfnod yna wedi mynd, y cartrefi yna wedi chwalu. Doedd o ddim yn ddyn ofergoelus. Ond pobol newydd oedd yn Nhyddyn Ucha rŵan, a Saesneg oeddan nhw'n siarad.

Wnâi hyn mo'r tro. Duwcs, chwech o'r gloch oedd hi. Medrai bicio am beint, cyn swper. Cododd a mynd at waelod y grisia i alw ar ei wraig. Os oedd hi'n rhoi bàth i'r genod, byddai yno am dipyn cyn meddwl am wneud swper. Roedd Mari'n canu "Tu ôl i'r dorth mae'r blawd" ar dop ei llais. Llais uchel, bregus braidd oedd ganddi, ond mi oedd hi mewn tiwn – ac yn hoff o ganu. A rŵan dyma Lwl yn ymuno yn y gân, heb wybod fawr o'r geiriau. Llais gwahanol, tlysach, dyfnach, er nad oedd Lwl yn dair oed eto. A Guto'n drist weithia na chafodd lais tenor ei dad, dyfeisiai be fyddai hwnnw wedi ei ddweud am leisiau'r genod. Biti ofnadwy iddo farw pan oedd Lwl yn ddim o beth. A'i fam Katie, cyfeilyddes heb ei hail, pam na fasa honno wedi dod tros golli ei mab hynaf, ac aros i fod yn nain i'w blant ef?

Aeth oddi yno, yn dawel.

Roedd hi'n braf agor drws y Leion, a chael bod Dafydd a Now yno o'i flaen, ac wrth eu boddau.

"Argian, tyd â peint i'r dyn yma, Frank, 'cofn iddo fo ddiflannu, myn uffar i."

Diolchodd i Frank, a codi ei beint. Dywedodd Dafydd dan chwerthin mai dim ond cael a chael oedd iddo fynta gyrraedd, a bod Nora ar y *warpath*.

"Hoples, y ddau ohonoch chi," datganodd Now. "Be sy ar eich penna chi, ofn y merchaid ma? Chi di'r meistri yn eich cartrefi eich hunain!"

Ddeudodd Dafydd ddim, ond tybiai Guto ei fod yn meddwl, fel ynta, nad oedd Now yn feistr ar ei ffarm ei hun. Doedd bwthyn ar ben y lôn ddim yn yr un cae â ffarm Glasynys, na Bryn Castell chwaith. Hyd yn oed os oedd Llwyn yn un o ffermydd mwya'r ardal, ac yn werth arian, tad Now ('rhen Edwart) oedd y meistr, a'r wraig fach sych, Rachel, oedd y feistres.

"Dyn diarth!"

Trodd i weld pwy oedd yno, a cael sioc o weld Alun Cae'r Meirch. Doedd hwnnw ddim i fod draw tua'r coleg?

"Di cal pàs i ddod adra dros y Sul, was?" cynigiodd Dafydd.
"Genod ffor'ma'n ddelach na rhai Aberystwyth na? Er, dwn i'm chwaith, mi welis i bisyn ne ddwy ar ryw hen brotest oedd gynnoch chi."
"Ia, be s'ar ben blydi stiwdants fath â chdi, wrthi'n protestio am rwbath drw'r amsar?" ychwanegodd Frank o'r tu ôl i'r bar.

Gwenu wnaeth Alun, a nodio'i ben i gydnabod Guto. Cafodd Guto'r argraff ei fod wedi hen arfer â phryfocio o'r fath, os mai pryfôc oedd hi hefyd. Amheuai fod Dafydd a Frank o ddifri. Doedd protest o unrhyw fath yn gwneud dim synnwyr iddynt. Beth am Now? Edrychodd arno. Ond roedd Now yn estyn paced sigaréts, ac yn cynnig un i Alun. Wnaeth hwnnw ddim gwrthod. Gwenodd Now'n glên.

"Ti di bod wrthi'n trefnu mwy o *brotests*, ta, boi – efo'r genod bach del na?"
"Ryw genod o'r golwg mewn sgarffia a dyffl côts welis i, ar niws HTV," meddai Guto.
"Ia, a llgada mawr du fel pandas a lipstic coch," ategodd Now.

Chwarddodd Alun.

"Wel, ma'n dda gin i weld eich bod chi'n dilyn be sy'n mynd ymlaen."
"Synnu bo chdi'n dal efo ni, dan yr amglychiadau."
"Sut felly, Yncl Guto?"
"Clywad bod hanner dy ffrindia yn carchar."

Wrth gwrs doedd o ddim yn gwybod hyn mewn gwirionedd, be wydda fo am ffrindia Alun? Ond roedd yn werth ei ddweud i weld ei wyneb, a mi oedd o'n siŵr o fod yn nabod rhai o'r troseddwyr a anfonwyd i'r carchar ryw fis yn ôl. Ac yn wir i chi, tynhaodd ei wyneb. Roedd yn amlwg ei fod yn eu nabod. Roedd Frank wedi symud i ochor bella'r bar. Fedrai Guto ddim maddau.

"Ew, glywis i bod na helynt efo cyrraedd Sioe Sir Gâr eleni!"

Ofynnodd neb am fwy o eglurhad, a bu'n rhaid iddo ychwanegu:

"Achos bod yr arwyddion ffordd wedi diflannu dros nos!"
"Naddo rioed!" Ebychiad gan Dafydd.
"Syrfio'r diawlad yn iawn, mi ddylan wbod y ffor' i Aberteifi," oedd sylw Now ar y mater.

Roedd Alun yn yfed ei beint yn ddi-lol, a dywedodd wedyn y dylai fynd adra am ei swper.

"I weld ei gariad, mae o'n feddwl," meddai Frank.

Gorffennodd Guto ei beint yntau. Yr oedd yn teimlo fwyfwy y dylai ddweud rhywbeth wrth Alun. Dyma oedd ei gyfle. Doedd hi ddim yn iawn bod y cythrel wedi gollwng y cwbwl yn ei libart o, a heb ddweud gair. Efallai na ddeuai cyfle eto. Dywedodd ei fod am ei throi hi, a mynd allan trwy ddrws y cefn.

Dyna lle roedd o, yn agor drws hen bic-ŷp Cae'r Meirch. Cyn iddo neidio i fewn iddi,

"Alun."
"Guto, 'chan."

Fel petai wedi hanner disgwyl hyn ac yn barod amdano. Tu ôl iddynt, clywsant ddrws ffrynt y Llew yn agor, bloedd lleisiau, ac yna camau yn ymbellhau i gyfeiriad y pentre.

"Un peth fasa gofyn i rywun, peth arall ydi gwneud dan din."

"Ia. Ddrwg gin i am hynna."

"Pam na fasat ti wedi gofyn?"

"Fasat ti wedi cytuno?"

"Dim peryg!"

"'Na fo, ta, dyna dy ateb."

Roedd gwynt y ddau ohonynt yn gymylau o'u blaenau.

"Doeddat ti ddim am roi dy dad a dy fam mewn lle cas."

"Fasa Dad ddim di medru byw yn ei groen. Ond toeddan nhw ddim i fod acw mor hir â hyn. Roeddan ni i fod i'w symud nhw, ond mi ddoth y glas i snwyrian o gwmpas fanno. Mater o amser ydi o iddyn nhw ddod acw."

"A beth am Glasynys? Beth am ein teulu ni?"

"Dach chi'ch dau yn Bleidwyr parchus. Dim byd i'ch cysylltu chi efo unrhyw weithred."

"Gweithred o ddiawl! Be sy o'i le ar fod yn Bleidwyr? Mi gostiodd ddigon i mi roi fy fôt iddyn nhw. Dyn Llafur o'n i am flynyddoedd."

"Doedd y Blaid ddim llawer o iws yn Nhryweryn, nac oedd?"

"Tryweryn! Mae hynna drosodd."

"Fydd o byth drosodd."

Agorodd drws y dafarn unwaith eto, a'r tro yma clywid sŵn sgidia merch yn tapian ar hyd y palmant. Wen, ar ei ffordd adre.

"Gwranda Guto, mewn rhyw chydig o wsnosa, mi fyddan wedi mynd. Dwi'n gaddo i ti."

"Pa bryd? Cyn Dolig?"

"Hwyrach. Diwedd Ionawr, fan bella."

Ar hynny bu raid i Guto fodloni.

Gwyliau Diolchgarwch

Aeth amser maith heibio cyn iddynt fynd i Dwnti'r Ffrwd i weld
Anti Gwen a'r teulu. Roedd Emyr a Mari bron wedi anghofio am
y gwahoddiad pan ddeudodd Mam rywbryd yn ystod yr wythnos
o wyliau eu bod yn mynd y noson ganlynol. Achos dim te pnawn
oedd hwn. Am bod Dad yn dod efo nhw, mynd am swper gyda'r
nos yr oeddynt. Wrth nad oedd y clocia wedi eu troi'n ôl eto (yn
wahanol i arbrawf llynedd, roeddynt yn mynd i wneud hynny eto
eleni) roedd hi'n dal yn olau pan ddaethant i olwg y ffarm.

Roedd yr enw i'w weld yn glir ar ochor y giât, er mai dim ond to'r
tŷ oedd yn y golwg. Tu Hwnt i'r Ffrwd. Roedd yn rhyfedd meddwl
bod Bronerch lai na hanner milltir i ffwrdd.

"Iard lân ar y coblyn," meddai Dad, a wir mi oedd y cerrig
yn disgleirio er mai noson sych braf oedd hi.

"Dydi o ddim yn dŷ mawr," oedd sylw Mam.

A doedd o ddim cymaint â Bronerch o bell ffordd. Tŷ hen ffasiwn,
isel oedd o, efo ffenestri bach wedi eu gosod mewn waliau
trwchus. Ond roedd yna botia o floda coch a phinc ar silff ffenest
y gegin, a mwy o'r planhigion mewn hen grochan a ballu o
gwmpas y drws.

"Dowch i mewn, dowch i mewn."

Anti Gwen yn ffrwcslyd wrth eu croesawu, yn gafael mewn cotia
ac yn sefyll efo nhw yn ei breichiau. Dim hanes o Gareth, a dim
hanes o John Tudor chwaith. Ond yna roedd Lwl wedi sbotio'r
bychan, yn cuddio tu ôl i'r drws, a mhen dim roeddynt yn
chwarae pi-po efo'i gilydd, a'r oedolion yn gwenu.

Yn wahanol iawn i Castellcoed, roedd yma fwrdd mawr wedi ei osod efo lliain bwrdd, platiau, cyllyll a ffyrc a chwpanau te. A roedd y stafell yn llawn o ogleuon da – cig yn rhostio, grefi, pestri.

"Wel dach chi wedi cyrraedd. Croeso i Twnti'r Ffrwd. Wel wir, Emyr, mi wyt ti wedi mynd yn llanc. Rwyt ti yn 'rysgol fawr rŵan yn dwyt?"

"Glan Clwyd," meddai Mam.

"A tacsi gin un ohonon ni, a dau fŷs, i'w gael o i Llanelwy bob bore," ychwanegodd Dad.

"Wel wir! Ond mae'n werth bob dim i gael ysgol dda yn tydi? Ysgol Gymraeg."

Wrth iddo ddechra sôn am ei ffrindia, gwelodd Emyr y drws yn agor a John Tudor yn dod i mewn, tynnu ei sgidia hoelion a'u gosod yn ofalus wrth ymyl y drws. Tynnodd ei gap a hongian hwnnw ar fachyn, cyn rhoi sgidia ysgafn am ei draed a troi tuag atynt. Dyn solat yr olwg oedd o, heb fod yn dal, ond a chanddo freichia mawr, cyhyrog, a llewys ei grys wedi eu torchi at y penelin.

"Dyma chdi John! Mi wnes i ddeud wrtho fo am ddod i'r tŷ yn gynt heno, i gael ei hun yn barod – ond be newch chi!"

"Hen arferion. Ond fel arfer mae hi'n hwyrach arnon ni'n byta."

Mae'n rhaid ei fod o a Dad yn nabod ei gilydd yn barod, achos bu nodio pen, ond cafodd Mam ei chyflwyno, a nhwytha'r plant hefyd. Yn fuan iawn, sylwodd John Tudor ar gêm y ddau fach, er bod Gareth yn dal yr ochr arall i'r drws. Wnaeth o ddim cymryd arno, ond dweud,

"Wel wir, biti garw nad oes na ddim hanes o Gareth. A ninna'n cael swper neis. Potel Corona a bob dim. Mae'n siŵr bod o wedi blino, a di mynd i'w wely'n gynnar."

A syrthiodd hwnnw yn syth i'r trap, agor y drws led y pen a gweiddi,

"Dyma fi Dad! Dyma fi Gareth!"

Rhedodd at John Tudor yn wên i gyd, a chwarddodd hwnnw.

"A finna'n meddwl y cawn i yfed y Corona i gyd fy hun. Wel wir. Heblaw bod yma bobol ddiarth heno. Ella bod nhwtha'n lecio Corona."

"O ydan," meddai Mari yn syth. "Pa liw sgynnoch chi?"

Penderfynodd Emyr bod John Tudor i'w weld yn foi iawn, oedd yn beth da, achos rŵan medrai ymlacio a mwynhau ei swper. Leim oedd y Corona. Darn o ham oedd yna i swper, wedi ei ferwi nes oedd o'n frau neis, a tatws mwtrin, moron, a saws persli gwyn a gwyrdd. Roedd hynny'n dda dros ben, a phawb yn canmol, ond yn bwdin cafwyd rhywbeth gwahanol. Daeth cacen ar siâp draenog gwyn allan o'r popty, a Gwen yn dweud,

"Rhywbeth newydd, ffansi! Gewch chi ddeud ydach chi'n lecio fo."

Blaswyd ef yn llawn chwilfrydedd.

"O mae o'n oer tu mewn!"

"Eiscrîm oer a poeth ydi o!"

"Baked Alaska. Ydach chi'n lecio fo?"

Roeddynt wedi gwirioni. Roedd yr hogyn bach wedi cael dau damaid, ac yn swnian am fwy.

"Na, sâl fyddi di," meddai Anti Gwen.

Edrychodd y bychan ar John Tudor, oedd yn eistedd ar ben y bwrdd.

"Gwranda di ar dy fam, hi ŵyr ora," meddai yntau.

Gwelodd Emyr yr olwg aeth rhwng Gwen a'r gŵr, a gwyddai eu bod yn dallt ei gilydd, a bod Anti Gwen wedi gwneud John Tudor yn hapus.

"Dyna hynna wedi bod," meddai Dad wrth Mam wrth iddynt gychwyn am adref a hithau'n ddu bitsh.

"Mi aeth yn iawn, diolch i'r drefn," atebodd hithau.

"Mae Gwen yn hen hogan iawn. Mi roth groeso."

"Do, wir. Mae yntau i weld yn ddigon clên. Ddim mor ..."

"Paid."

Distawrwydd rhyngddynt; a sylwodd Emyr eu bod wedi dod adre ar hyd y ffordd fawr, er y gwyddai bod y ffordd gefn yn gynt. Ond roedd honno yn mynd heibio'r fynwent, Cerrig Llwydion. Fanno oedd Dylan, ac Yncl Robat hefyd. Roedd yn drist iawn meddwl na fyddai neb yn dod at Yncl Robat yn ei fedd, dim enw arall, a dim cwmpeini. Er gwaetha'r noson ddifyr a'r croeso, roedd o'n stowt efo Gwen am funud.

Rhagfyr

Edrychodd Guto ar ei wyneb yn y glàs. Oedd, roedd yna gochni yn ei farf – dim amheuaeth am y peth. Petai ganddo farf go iawn, coch fyddai hi. Fel ei daid. Daliodd ati i eillio'n ofalus, o dan ei ên. Roedd y blew yn galed ac yn hawdd eu torri. Cofiodd ddarllen yn rhywle mai gwallt coch oedd y mwyaf cras. A gwallt melyn oedd y blew teneuaf, mwya delicét. Gwallt melyn oedd gan Dylan ac Emyr, er bod gwallt Emyr wedi tywyllu rhywfaint wrth iddo dyfu.

Lle oedd ei grys gora? Roedd Lil yn dweud ei bod wedi ei smwddio. A, dyma fo, yn hongian ar gefn y drws yn barchus. Mi oedd hwn angen cyfflincs. Cyfle i wisgo'r rhai gafodd yn bresant gan Tomos Davies, tad Lil. Glas oedd lliw'r crys. Roedd ei fam yn dweud bob amser mai glas oedd y lliw iddo fo. "Glas i ti; coch i Robat," oedd tôn gron ei fam, a cafodd y ddau sgarffiau a gwasgod yn y lliwiau priodol am flynyddoedd, pan oedd hi'n cael mwy o lonydd i weu, a cyn i'r cricmala afael. Oedd isio tei i'r math yma o beth? Ynte crys go smart a jaced? Wyddai o ddim. Yn Hendre prin yr aent allan am swper fel hyn a felly doedd dim angen poeni am beth i'w wisgo. Dim ond tair tei oedd yn eiddo iddo. Un goch (presant Dolig gan y plant – da i ddim efo crys glas). Un efo rhyw batryma nadreddog. Ac un ddu, i gynhebrwng. Ar ôl bwrw golwg sydyn ar yr un batrymog, penderfynodd. Dim tei. Cipolwg sydyn yn y glàs mawr ar gefn drws y wardrob. Bron yn chwe troedfedd, ac mi gafodd sgwyddau llydan fel ei dad. Llygaid glas teulu ochor ei fam. A traed mawr Tyddyn Ucha! Ar y cyfan, eitha smart. Chwara teg.

A lle oedd Lilian arni? Aeth i lawr y grisia, a gweld ar wyneb y cloc mawr ei bod yn chwarter wedi saith. Byddai Megan yn cyrraedd i warchod unrhyw funud. Galwodd ar Lil, ond Mari atebodd.

"Ma Mam yn llofft ni, yn cael gwneud ei gwallt yn neis i fynd allan!"

"Duw a'n helpo," meddai, a picio i'r stafell molchi bach i daenu mymryn o oel dros ei wallt ei hun.

Astudiodd ei hun yn agos. Oedd yna un? Oedd, myn cythral, mi oedd, wrth ei glust dde. Aw! Plwc hegar, a dyna'r blewyn gwyn wedi diflannu. Clywodd sŵn traed yn dynesu at y drws cefn a mynd i'w agor i Megan. Daeth chwa o awyr oer i fewn i'w chanlyn.

"Mae'n brigo."

"Ydi, ers cyn amsar te. Gymwch chi banad, Megan?"

Ond roedd yn well ganddi wneud un yn nes ymlaen, meddai hi, ar ôl cael y fechan i'w gwely.

"I'r Ffesant ydach chi'n mynd, te? I'r Cambrian yn Llandudno aethon ni. Bwyd da oedd yno hefyd. Dewis a bob dim. Twrci ges i, a mynd am y chwadan nath Ben. Ond ..."

A mi oedd yntau ar fin dweud rhywbeth yn fan hyn.

"Ma Conwy yn nes, tydi, i ddod adra wedyn, a rhew ar y lonydd a ballu. Glywsoch chi am Nellie Penisarlôn? Wedi mynd i Gaer i siopa, sglefrio ar hyd y lôn, cofiwch, lwcus ofnadwy na chafon nhw eu brifo, a'r genod i gyd efo hi. O! Wel dyma hi, yn ddigon o sioe!"

Roedd Lil wedi dod i'r golwg, diolch byth. Roedd ei gwallt wedi ei godi ar dop ei phen, a dim yn edrych yn rhy ddrwg o gwbwl a chysidro pwy fu wrthi. Gwisgai ffrog las tywyll, a rhaff o berlau am ei gwddw.

"Tydi Mam yn ddel, Anti Megan! Fi nath helpu hi, 'chi."
"Wel, mi ydach chi'n bâr smart ar y coblyn, mi ddeuda i hynna," meddai Megan. "Perlau dy fam ydi'r rheinia, te, Lilian? Maen nhw'n ddigon o sioe, ydyn wir."

Bu raid i Lilian roi ei chôt, a sgidia sodla uchel, tra oedd Emyr yn galw ar Megan i ddweud bod y gemau'n barod yn y parlwr.

"Mae Mari a fi di bod yn chwara drafits, ella wnawn ni eich curo chi heno!"

A dyma lais Lwl yn gweiddi nerth esgyrn ei phen o'r llofft, isio diod neu sws neu stori neu rwbath eto, a Megan yn dweud wrthynt am fynd, wir, a mwynhau eu swper. Ac mi aethant, allan i noson farugog Rhagfyr, a dim ond sŵn sodla Lilian yn clecian ar y llwybr at y car.

"Dyma fi bron adra," meddai Anti Megan yn llawen.
"Ond mae gynnoch chi un i fynd."
"Mae hwnnw hanner ffordd yn tydi – os nad ei di ar ei draws o – wel ar fy myw! Choelia i ddim."

Chwarddodd Emyr wrth i'w fotwm glas neidio ar ben dime Anti Megan, a'i hanfon yn ôl adre. Dechreuodd gyfri faint o ffordd oedd ganddo nes ei fod yn saff adre. Un ar ddeg, sef pump a chwech. Roedd Mari ymhell ar ôl ac yn trio peidio pwdu. Ond roedd anffawd ei modryb wedi codi ei chalon. Cododd Anti Megan i roi mwy o lo ar y tân.

"Mi fydd raid i chi feddwl am fynd ar ôl i ni orffen hon."

"Ond orffennwn ni byth!"

"Chwech i mi! Un arall allan."

"'Na fo, mae petha'n gwella i titha Mari. Paid ti â mynd ar gyfyl f'un i, cofia di!"

"Be ydi'r Blaid, Anti Megan?"

"Pedwar. Plaid Cymru. I roi mwy o hawlia i ni'r Cymry, a gwarchod yr iaith."

"Mi fedra i droi yn fy unfan ar un goes, ylwch. 'Fath â balerina."

A dyma Mari yn mynd i wneud pirwét ar ganol y llawr, tra oedd Emyr yn symud tri cham yn nes, yn ddistaw bach.

"Dwi di bod yn practeisio. Ydach chi'n lecio Plaid Cymru, Anti Megan?"

"Wel ydw. Pwy a ŵyr, ella cawn ni lywodraeth ein hunain ryw ddydd."

"Ha ha, dwi adra!"

Mi oedd o, wedi osgoi dime ddieflig Anti Megan, a botymau coch twp Mari, a'i gownter olaf wedi llithro dros y rhiniog i ben draw'r llwybr glas, diogel.

"Be sgin ti'n llyfr, Emyr?"

Roedd Mari wedi mynd i fyny a roedd ganddo chwarter awr cyn gorfod ei dilyn.

"*Luned Bengoch.*"

Eglurodd mai ei athrawes Gymraeg oedd wedi gofyn iddynt ddarllen y llyfr, a holodd hithau dipyn bach amdani. Roedd hi'n nabod yr adran Gymraeg yn weddol dda, wedi i'w dau fab ei hun fynd i Glan Clwyd. Ond doedd dim merched yn yr adran adeg hynny.

"Mae hi'n athrawes dda iawn," meddai ynta. "Cymraeg dw i'n lecio ora."

Roedd Anti Megan yn fodlon, a buont yn sôn am y pyncia a'r athrawon eraill – Jini Cracyrs oedd yn dysgu Hanes (doedd hyd yn oed Anti Megan ddim yn siŵr sut cafodd hi ei llysenw), Bwystfil (athro Maths cas) ac Ajax, dyn cryf Cemeg a Ffiseg. Cafodd Emyr flas ar sgwrs efo hi ar ei ben ei hun, heb Mari na neb arall am unwaith. Roedd hi'n difaru ambell waith na fasa hi wedi mynd yn ôl i ddysgu, meddai hi, ond ofn bod petha wedi newid yn y pymtheg mlynedd diwethaf.

> "Llawn haws rhedeg swyddfa'r Blaid, na cadw trefn ar Fform Thri, sti."
> "Mae Pritch Bach yn deud mai Blwyddyn Tri ydi'r flwyddyn waetha yn yr ysgol i gyd," cytunodd yntau, yn cofio geiriau ei athro Ffrangeg. Yna ategodd, –"Ond mae Miss Owen Cymraeg yn medru cadw trefn arnyn nhw!"

Am ryw reswm roedd o wedi rhoi ei henw llawn iddi a dim ei llysenw.

> "Wel da iawn hi, wir! Rŵan, Emyr bach, mae'n tynnu am hanner awr wedi deg. Mi wna i Horlicks bach i ni, a wedyn dos ditha am dy wely."

Syllodd Emyr i fyw'r tân tra oedd hi'n paratoi'r Horlicks. Doedd dim llawer o awydd mynd i'r llofft arno, a hitha mor gysurus yma yn y parlwr. Doedd yna ddim sgwrs na sibrwd na gemau ddim mwy, ers iddo symud i'w lofft ei hun ar ddechra'r haf. Wrth gwrs roedd hi'n hen bryd – pa hogyn ysgol uwchradd sy'n rhannu llofft efo'i chwaer? Roedd ganddo ddigon o gywilydd cyfaddef hynny cyn gadael ysgol fach Penarbont. Ond eto, roedd hi'n braf pan gawson nhw dridia o wylia ym Mryste yn yr haf, y tri ohonynt mewn un llofft fawr a miri a rhialtwch a rhedeg a neidio o un gwely i'r llall am oria.

Swatio dan y blancedi a wnaeth ar ôl mynd i fyny o'r diwedd, er bod ei lyfr yn dda. Teimlai wres y tân yn dal ar ei wyneb. Cysgodd yn syth a deffro wrth glywed lleisia. Llais ei fam, yn uchel, nerfus – wedyn ei dad yn ddwfn, fel petai'n chwerthin.

Drws parlwr yn agor a chau, sodla sgidia Anti Megan yn cerdded yn bwrpasol tua'r gegin. Lleisia'n galw – diolch! – y drws cefn yn cau, yn dawel a therfynol.

Yna clywodd fiwsig. Y weiarles? Ond cofiodd am y *record player*, y Dansette a brynodd Dad yr wythnos hon yn Llandudno, un goch a llwyd. Tair record oedd ganddynt. Hogia Llandegai. Hogia'r Wyddfa. John McRwbath. Clustfeiniodd. Hogia'r Wyddfa oedd yn canu, ia, nhw efo'u pentre bach Llanbêr. Teimlodd y drws yn agor fymryn bach a sythodd. Glaniodd rhywbeth ysgafn ar waelod y gwely, a dod yn nes, wedyn setlo ei hun yn y lle rhwng ei benglinia a'i fferau. Daeth canu grwndi i lenwi'r llofft, yn uwch na'r Hogia yn canmol Llanbêr, a lleisia Mam a Dad tu hwnt iddynt, a phob dim arall.

Dau ddiwrnod cyn y Nadolig

"Guto, os wyt ti'n mynd i Llandudno heddiw, fedri di chwilio am ddol i Lowri?"

Edrychodd arni yn anghrediniol. Fo, dewis dol? Chwarddodd hithau.

"Wyt ti'n meddwl baswn i'n gofyn i ti, heblaw na fedra i ddim cyrraedd yno heddiw, na fory chwaith? Mae na gymaint i neud yma cyn Dolig. Dw i wedi chwilio yn Conwy ond does na ddim un neith yno."

"Ond damia, Lil, pa fath o ddol? Un fach ta un fawr?"

"Dim yn rhy fach na rhy fawr. Un ddel, dyna be ddeudodd hi. A gwranda, mi ddoth gwraig Cwmisdir heibio heddiw, efo presant i ni fel teulu, a doedd gin i ddim byd i roi iddi hi, be nawn ni dywad?"

Ysgydwodd Guto ei ben ac ailgydio yn ei bapur newydd. Fel hyn oedd Dolig, rhyw fasnach ddi-stop o anrhegion, pawb yn trio mesur gwerth eu perthynas â phawb arall. Doedd ganddo ddim mynadd. Doedd dim blas ar y papur chwaith. Trodd ei stumog yn darllen pennawd y stori am Biafra a'r llun wrth ei ochor. Cododd – waeth iddo gychwyn ddim, a hitha'n twyllu mor gynnar.

Doedd ganddo ddim syniad beth i'w gael i Lil ei hun. Wel, yr unig syniad oedd ganddo oedd mwclis, ond ar ôl gweld perlau ei mam am ei gwddw echnos, welai fawr o ddiléit mewn prynu rhai salach. Biti bod Gwen a Ceinwen mor bell. Ers talwm, basa wedi medru picio draw a cael panad a sgwrs bach yn Bronerch neu Plas Trefnant, a chael cyngor gan un ohonyn nhw. Doedd waeth iddo heb feddwl am brynu dilledyn. Roedd yn well gan Lil ddewis ei dillad ei hun. Ac am rywbeth i'r tŷ – roedd y ddau wedi cytuno i beidio. Bechod, braidd, achos roedd o'n lecio pori yn y siopau celfi neis yn Llandudno a Rhyl.

Yn Llandudno roedd pobol wedi parcio'u ceir rywsut-rywsut ar ochor y ffordd, er mwyn cael rhuthro i'r siopa. Trwy lwc, gwelodd Margiad Cwmisdir yn cerdded yn drwmlwythog at ei char, cododd ei law arni, a llithro i mewn i'r lle cyfleus a adawodd hi. Dechra da. Anelodd am Woolworths gyntaf, cyn iddo anghofio am gais Lil. Roedd llu o ddoliau yno, rhengoedd ohonynt, pob un yn gwenu, pob un hyd y gwelai yn llygatlas, ond yn amrywio o ran maint. Roedd rhai ohonynt bron cymaint â Lwl, a rhai eraill yn fach, i gogio bod yn fabis. Cofiai fel y byddai ei fam yn gwnïo dillad i ddolia Mari. Cafodd Lwl bach gam, dim nain ar yr un ochor. Penderfynodd y byddai'n cael y ddol orau y medrai gael gafael arni. Ond edrychai'r doliau yn feirniadol arno. Doeddynt ddim yn erfyn i gael eu dewis. Oedd yna siop arall, efo rhywun i helpu? Roedd ar fin troi a mynd, pan welodd bod yna un ne ddwy mewn bocsys. Cymerodd at un ohonynt, efo gwallt cyrliog melyn a llygaid brown, fel Lwl ei hun. Roedd ganddi ffrog a chôt amdani, a sgidau duon efo sana bach gwyn am ei thraed.

Hi oedd y ddrutaf o'r cwbwl, a rhoes hynny bleser iddo.

Wedyn roedd yn teimlo'n barod am her, ac aeth i edrych yn ffenest Walters-Jones y *jewellers*. Watsys, 'geinia; modrwyau. *Earrings*. Nid oedd gan Lilian dyllau yn ei chlustiau, a ni fynnai iddi gael rhai. Ochneidiodd, meddwl am roi'r gora iddi, cofio nad oedd na ddim ond fory tan y Dolig, a chanu'r gloch. Agorwyd y drws; hwnnw'n tincial. Daeth merch ifanc i'w ateb.

"Can I help you?"

"Chwilio am bresant Dolig i ngwraig."

"O! pa fath o beth fasa hi'n lecio?"

Gwenodd; roedd o'n siŵr ar ei hacen mai Cymraeg oedd hi. Hogan ifanc, efo ffordd bach dda ganddi. Estynnodd bendants (doedd hyn ddim yr un fath â mwclis, erbyn dallt), a breichledau, a chlustdlysau *clip-on*. Ond yn y diwedd fo gafodd y syniad.

"Oes gynnoch chi froetsys? Mae hi'n lecio broets."

"Broets! Syniad da. Pa liw ydi ei chôt ora?"

"Yr un capel?"

Bu raid iddo feddwl.

"Glas tywyll."

"*Navy blue*! Perffaith. Mi eith glas efo aur neu arian."

Gosododd bump ne chwech iddo gael dewis, a symud i'r ochor i dwtio rhywbeth er mwyn iddo gael llonydd. Penderfynodd brynu'r un fach aur, ar ffurf patrwm Celtaidd.

"O mi fydd eich gwraig wrth ei bodd," meddai Sheila, achos dyna oedd ei henw, a mi osodwyd y froets mewn bocs bach ar wely o sidan gwyn, a'i lapio mewn papur coch sgleiniog.

"Dolig Llawen!"

Llais o'r cysgodion pan oedd ar fynd trwy'r drws. Pwy oedd yno, wedi hanner codi ar ei draed, ond yr hen Mr Walters Jones ei hun. Mae rhaid ei fod wrthi'n gwneud ei lyfr ordors ne rywbeth yn y cefn.

"Ac i chitha 'run fath. Ac i chitha, te, Sheila!"

Gwenodd hitha'n hoffus, a gwrido rhyw fymryn. Peth bach ddigon del, hefyd – ciledrychodd, dim modrwy ar ei bys. Faint oedd ei hoed hi tybed? Allan â fo i'r stryd, lle roedd y goleuadau Nadolig yn wincio.

Cerddodd linc-di-lonc ar hyd y strydoedd, wedi ei gyffroi gan y weithred o brynu. Credu. Dyna fel y meddyliodd am brynu Glasynys. Mater o ffydd, yn y dyfodol ac ynddynt hwy fel teulu. Credu y byddai'r arian, y benthyciad, yn troi'n fendith, yn dwyn ffrwyth. Tair blynedd yn ddiweddarach, gwyddai nad oeddynt mor dlawd ag o'r blaen. Roedd y ffarm yn gwneud yn iawn, y da'n gwerthu am brisia rhesymol iawn, a phrisia ŷd a gwair wedi codi hefyd 'leni. Braf oedd meddwl am Lwl yn gweld ei dol, a Lilian yn gwenu wrth agor bocs y froets fach dlws. O – dyma ni siop newydd, grand yr olwg, efo pob math o ddanteithion yn y ffenest a photeli o bob siâp a lliw. Aeth i mewn, a chael croeso gan y siopwr o Sais. Prynodd focs siocled go neis, bocs o *crystallized fruits* i Cwmisdir (dyna roi taw ar y broblem honno), ac ar y funud olaf gafaelodd yng ngwddw potel o win gwyn.

"Blue Nun, Sir. A lively little Riesling."
"Is it (be oedd y gair?) – sharp?"
"Not at all. Very drinkable. Good choice, sir."

Cychwynnodd am y car efo'i gyda papur, gan ymuno â'r llif o bobol ar y pafin llydan. Clywodd gymysgedd o Gymraeg a Saesneg wrth i'r siopwyr ei basio:

"Býs bedwar ddeudis i, te, a rŵan cael a chael fydd hi. O be di'r ots!"
"What's good for a three-year-old who's …"
"O fy ngwlad, ma nhraed i bron â fy lladd i!"

Ond roedd y geiria bratiog wedi cydio yn rhywbeth ynddo fo, fel llawes ar weiran bigog. Be? Y plentyn teirblwydd oed. Ond pam? Gan bwy roedd plentyn o'r oed yna? Roedd plant Plas Trefnant yn hŷn – Nia'n wyth, Dafydd yn chwech. A nhw oedd yr unig blant yn y teulu heblaw am eu rhai nhw. Yna cofiodd am blentyn Gwen. Stopiodd. Doedd neb ohonynt wedi meddwl am brynu presant Dolig iddo.

Roedd yr awydd prynu wedi pylu, ond edrychodd o'i gwmpas. Gyferbyn roedd yna siop dipyn o bopeth, teganau a llyfrau ac offer sgwennu, ffownten pens a setia papur, yn y ffenest, efo'r enw syml, "N.N. Williams." Doedd waeth iddo wneud job iawn ohoni ddim. Dros y ffordd â fo. Synnodd weld silffoedd o lyfrau Cymraeg. Ac yna meddwl, cyfle da i gael llyfr neu ddau i ddarllen dros yr ŵyl. Ac oedd, mi oedd yno ddigon o bethau addas i hogyn bach hefyd. Garej, yn un peth, a cheir bach, lyris a ballu. Mi oedd gan Emyr lwyth o geir bach pan oedd o yr un oed. A Dylan. Dylan yn gwneud sŵn tractor a moto-beic yn well na neb.

Mi wnâi'r lyri werdd yna'r tro. Un ddigon mawr i blentyn yr oed yna ei handlo.

Wrth dalu amdani sylwodd ar ferch tu ôl iddo, efo llyfr yn ei llaw. Mi oedd wedi anghofio am y llyfrau. Gwelodd deitl ei llyfr hi, un gweddol enwog a diweddar. Mewn hwyliau da, trodd ati a gofyn:

"Ydi o'n llyfr go lew dwch?"

"Gobithio wir! Anrheg i fy whaer."

"Un o'r De! Does dim llawer ohonoch chi yn Llandudno."

Chwarddodd y ferch yn glên. Daeth cyrlen o wallt coch yn rhydd o'i sgarff pen.

"Dyma chi'r newid, a peidiwch ag anghofio hwn te! Diolch i chi!"

Estynnodd y siopwr y cwd papur yn cynnwys y tegan iddo, a cymryd y llyfr gan y ferch efo'r llaw arall. Roedd Guto mewn caethgyfle, ddim yn siŵr prun ai gadael ynte troi'n ôl i gyrchu'r gyfrol. A dyma'r ferch yn mynd rŵan, tra oedd o'n dal i sefyll o flaen y cardia Dolig oedd yn rhy hwyr i'w hanfon, y gloch yn canu tu ôl iddi, a'r dyn gwyrgam yn troi'r arwydd ar y drws o "Ar agor" i "Ar gau".

Trodd ar ei sawdl yn sydyn, cipio'r llyfr, a'i daro ar y cownter, er syndod braidd i'r dyn bach oedd yn amlwg isio'i baned a'i slipars. A'r newid yn jinglan yn ei boced, dymunodd Dolig Llawen i'r dyn, stwffio'r gyfrol i'w boced, ac i ffwrdd â fo.

Roedd ganddo win a ffrwythau, llond ei gôl o bresanta, a llyfr Cymraeg. Roedd o'n barod am y Dolig.

Y diwrnod canlynol

Dolig. Dolig, Dolig, Dolig! Be oedd y peth gora am y Dolig? holodd Emyr ei hun yn ei wely ar fore cyntaf y gwyliau. Dim ysgol wrth gwrs. Dim gorfod codi yn y tywyllwch a cherdded i lawr lôn gan drio osgoi'r pyllau dŵr. Dim gwaith cartre bob gyda'r nos – roeddan nhw'n *strict* yn Glan Clwyd, a roedd Mam ac Anti Megan wedi ei siarsio i beidio meddwl y basa'r athrawon yn anghofio am y gwaith yr oeddynt wedi ei osod wythnos yn gynt. Dim cael row am bod yna staenia inc ar draws tudalen llyfr Cymraeg, a bod y *diagrams* yn Gwyddoniaeth wedi eu gwneud efo beiro.

Ac yn lle hynny, cael mynd ar y bŷs i Gonwy, a loetran o gwmpas y siopa, gweld be gâi'n bresanta i Mam a Dad, Mari a Lwl. Gweld Ifan a Huw, mynd i'r Milk Bar, a cael coffi llefrith a bynsen gyraints. Neu ella y câi lifft gan Mam, oedd wastad angen picio i'r dre i brynu siwgr eisin ar gyfer y gacan Dolig neu fins i roi mewn mins-peis.

"E-myr! E-myr!"

O, na. Doedd o ddim am godi eto. Rhoddodd ei ben o dan y gobennydd. Tawelwch. Ond dyma sŵn traed ar y grisia – traed bach tewion, cyflym Lwl oedd rheinia – ac mi neidiodd ar ei ben, wrth gwrs!

"Lwl – dos o'ma, nei di!"
"Ond ma Mam 'n deud ..."
"Dwi'm isio, reit!"
"Mynd 'fo Mam yn car i Conwy!"

Cododd ar ei eistedd, a sbio ar y cloc larwm. Pum munud i wyth oedd hi. Fyddai ei fam ddim yn cychwyn am oesoedd. Suddodd yn ôl.

"A ma Dad 'n deud ..."

Oedodd, yn ceisio cofio union eiriau Dad.

"Emyr, isio codi i helpu fo. Efo gwarthag."

Dyna hi. Doedd dim llonydd i'w gael. Rŵan byddai rhaid iddo godi a gwisgo, a mynd allan i'r oerfel i gario gwair at y bustych. Roedd ei chwaer wedi rhedeg i lawr yn ei hôl, yn falch ohoni ei hun wrth bod Emyr yn hollol effro. A Mari'n cael aros yn ei gwely. Sôn am annheg. Doedd neb yn gofyn iddi *hi* gario gwair, ne sefyll yn y bwlch tra oedd y defaid yn cael eu heidio i gae arall. Basa fo wedi lecio darllen ei lyfr, meddyliodd wrth dynnu ei ddillad amdano'n anfoddog, a penderfynu nad oedd molchi i fod.

Daeth ogleuon tost ac ŵy wedi'i ferwi i'w gwfwr yn y gegin. Cafodd wên gan ei fam, a chynnig paned. Derbyniodd efo un nòd bach sych, ac eistedd wrth ymyl yr Aga i'w hyfed, yn boeth a chryf. Roedd ei dad tu ôl i'r *Caernarvon and Denbigh*, a Sunsur yn ei wylio o ddrws y gegin newydd. Trio gweithio allan pryd fyddai'n mynd allan, mae'n siŵr, iddo fo gael sleifio at yr Aga.

"Fyddwn i fawr o dro, sti, meddai ei dad, ryw hanner awr ddeudwn i."
"A mi awn ni am y Dre wedyn, reit gynnar i osgoi pobol."
"Ond dw i ddim isio osgoi pobol!"

Dyna ei dad yn codi rŵan, estyn ei gôt a'i gap, ac amneidio arno fo. Aeth Emyr i roi ei welingtons a gwisgo'i gôt drom ynta. Roedd hi'n rhy gwta. Roedd wedi dweud wrth Mam sawl gwaith, ac edrychodd yn flin i'w chyfeiriad, ond roedd hi'n plygu i roi mwytha i Sunsur. Roedd Lwl yn gwthio cwpanaid o de i geg ei thedi-bêr – siŵr bownd o'i droi dros bob man – o, a dyma hi Mari, yn ei phajamas wrth gwrs. Gwenodd wên gysglyd radlon arno, a gwgodd ynta yn ôl, a diflannu trwy'r drws cyn iddi holi be oedd yn bod.

Tu allan roedd y barrug yn clecian dan wadnau'r welingtons, a'r oerni'n brifo tu mewn i'w drwyn. Go damia'r sana gwirion yma, roeddant yn mynnu syrthio a gwneud iddo deimlo fel petai'n cerdded ar hoelion. Gardas, dyna 'sa'n handi. Daeth Fflei ato, gan ysgwyd ei chynffon. Rhoddodd fwytha iddi, a llyfodd hithau ei law. Roedd o wedi anghofio ei fenig hefyd.

"Fydda i'n lecio bore oer braf yn nhwll gaea," meddai ei dad, wrth iddynt gyrraedd y tŷ gwair a Fflei wrth eu cwt.
"Well gin i'r haf."
"Wel ia, mae hi'n gnesach. Ond weli di'n bellach yn y gaea."

O'r diwedd roeddynt yn y fan yn bownsio dros y glaswellt a'r bêls yn y cefn.

"'Sa ni'n dal yn Hendre, fasa'r job yma gymint ddwywaith."

Wnaeth o ddim dweud dim byd yn ôl, nes oeddant wedi cyrraedd Cae Isa, a dadlwytho'r bêls wrth ymyl y cafn dŵr. Estynnodd ei dad gyllell boced, a thorri'r llinyn nes bod y gwair yn syrthio'n glapiau aur. Roedd y gwartheg wedi casglu yn wyliadwrus, yn barod am eu bwyd, a'u coesau'n fwd at eu penna gliniau.

"Pam, ta? Pam basa'r job yn fwy yn Hendre nag yn fama? Achos ffarm lai oedd hi, te?"

Roeddant yn yr ail gae – Cae'r Afon – yn gwneud yr un peth.

"Porfa wael. Cerrig."

A chofiodd Emyr amdano yn mynd efo Mam, i gario te at ei dad ar gaeau uchaf Hendre. Roedd y cae'n llawn o asgell a cherrig, a'i dad wedi bod wrthi'n torri'r asgell a chario'r cerrig o'r neilltu.

"Felly mae Glasynys yn well ffarm?"
"Dim cymhariaeth."

Rŵan roeddynt ar eu ffordd yn ôl. Penderfynodd fentro gofyn rhywbeth arall.

"Ond ydach chi'n colli Hendre, er bod hi ddim cystal ffarm?"

Chafodd o ddim ateb yn syth, ond meddai ei dad wrth iddynt ddod i stop.

"Colli ambell i beth. Colli Nhad fwy na dim."

"Eich tad? Dim eich mam?"

Roedd hyn bron yn hyf, ond roedd y cwestiwn allan cyn iddo feddwl.

"Agos at Nhad. Parchu Mam."

Sef yn groes i mi, braidd, meddyliodd Emyr, wrth gerdded at y tŷ. Erbyn hyn roedd Fflei a Mot yn cael eu bwyd wrth dalcen y tŷ. Gwelodd gynffon Martha yn diflannu dros ben y clawdd – dyna hi wedi mynd i hela a chrwydro am y diwrnod. Dim ond chwarter wedi naw oedd hi ar gloc y gegin, ac wrth gwrs doedd dim hanes bod Mam na Mari yn barod i gychwyn, ond mi oedd Lwl wedi gwisgo'i chôt yn barod, yn awyddus iawn i beidio cael ei gadael ar ôl. Roedd byclau ei sgidia heb eu cau a Lwl yn eistedd ar y llawr yn chwarae efo nhw.

"'Tisio i mi eu gwneud nhw i ti, Lwl?"

"Fi neud fy hun!"

Dyna lle bu yn ei dysgu, ac erbyn i'w fam ddod i'r golwg roedd Lwl yn llwyddo i gau'r byclau yn weddol rwydd. Roedd Mam wrth ei bodd. Mi arbedai lawer o amser iddi yn y boreau, meddai, heb sôn am ddangos bod Lowri yn "siarp", fath â'r ddau arall.

Ac yn y car, o'r diwedd, cafodd ailafael yn ei freuddwydion gan syllu ar y wlad efo'r barrug yn llechu dan lwyn a chraig, a chynhesu wrth feddwl am Filc Bar, ac ella trip ar y bỳs i Colwyn Bay ne'r Rhyl, achos pam lai, fel yr oedd Ifan yn deud. Roeddan nhw ym Mlwyddyn Dau (Fform Tŵ i bob ysgol uwchradd arall), 'rysgol bach ymhell tu ôl iddynt. Roedd ganddynt yr hawl i fynd a dod. Doedd dim ots ganddo bod Mari yn nhu blaen y car am yr ail waith. Gwenai Lwl fel haul arno ar ôl hanes y byclau.

Roedd hi'n wyliau. Roedd yna Ddolig.

Dim ond gobeithio na fyddai Dad yn treulio gormod ohono yn y Llew Du.

1969

Ionawr

Un o betha Now a Dafydd oedd mynd i saethu. Wel, roedd hi'n
ardal adnabyddus am saethu – saethu ffesant yn enwedig. Roedd
yr adar di-glem i'w gweld ar ochrau'r lonydd yn amal, a weithia'n
gyrff celain. Ar y stadau mawr, roedd saethu'n hen arferiad, a
roedd dipyn go lew o ffarmwrs wedi dechrau saethu i'w canlyn.
Bu Now a Dafydd yn trio perswadio Guto i ymuno â nhw ers
sbel. Roedd Dafydd wedi prynu ci saethu yn ddiweddar – gast
sbaniel ddu a gwyn o'r enw Meg. Roedd y ddau wedi gwirioni efo
hi, ond yn enwedig Nora. Byddai Dafydd yn dweud bod Nora yn
siŵr o sbwylio'r ci wrth ddod â hi i'r tŷ a rhoi mwytha a petha
da iddi hi, ond y gwir oedd bod Meg wedi cael ei dysgu'n iawn a
doedd dim sbwylio arni. Fel Fflei, roedd hi'n ast foneddigaidd.

Prynodd Guto wn. Doedd o ddim am ei gadw yn y tŷ – roedd
Lilian ac yntau yn llwyr gytuno – felly am y cwt mochyn ag o.
Llawn gwell iddo fod o olwg Cled hefyd, a roedd y cytia mochyn
yn *out of bounds* i bawb heblaw fo erbyn hyn. Yn un peth, doedd
y toau ddim mewn cyflwr da a peryg i lechi syrthio. A medrai
damweinia ddigwydd mor hawdd efo gwn.

Ar y pnawn dydd Gwener yma roedd Guto wedi penderfynu
iro'r gwn, ac ella mynd â fo allan i saethu cwningen ne ddwy.

Roedd yn gyfle perffaith, gan bod Lil a'r plant wedi mynd i'r pantomeim yn y Rhyl, efo Megan yn gwmpeini. Doedd o ddim isio deffro eu chwilfrydedd mewn unrhyw ffordd. Roedd Mari, yn arbennig, yn sylwi ar bob peth, a hyd yn oed Lwl dan ei draed efo coets bach, neu'n rhoi diod i'r cathod, neu'n hel bloda i wneud cacen fwd.

Roedd o wedi rhoi bollt ar y drws, ond efallai y byddai padloc yn well syniad. Ar y silff ffenest garreg oedd y gwn. Gafaelodd ynddo, a mwytho'i faril oer, solat.

Rhyw dwrw bach. Blydi llygod. Lwcus nad oedd y moron yno ddim mwy. Doedd dim byd yn gasach gan y plant na llygod mawr, mi oeddynt yn siŵr o gadw'n glir – ym mha gornel oeddynt yn llechu? Cododd ei lygaid, ac edrych yn syth i lygaid rhywun arall.

Llygaid gwyrdd, yn syllu'n ôl arno. Gwallt coch. Merch yn sefyll yno yn sbio arno fo ac ar y gwn oedd rŵan yn cnesu dan ei fysedd.

"Be uffar!"

"Sori! Sa i'n moyn ..."

Daeth yn ei blaen o'r gornel bella, dywyll. Gwelodd ei bod yn gwisgo trowsus, ac mewn eiliad deallodd pwy oedd hi. Y ferch ifanc yn y siop Gymraeg yn Llandudno, Dolig.

"Be dach chi'n neud?"

"Alla i egluro. Ond – os gwelwch chi'n dda – "

Amneidiodd i gyfeiriad y gwn. Rhoddodd yntau o i orfedd ar y silff, yn ofalus. Doedd dim bwled ynddo, ond doedd hi ddim i wybod hynny.

"Y peth yw, roedd Alun am eich ffonio. Nath e ddim?"

Roedd acen y De yn fwy amlwg nag yn y siop. Roedd hi wedi dychryn. Ac yna cofiodd. Mi oedd Alun wedi ffonio – Lil ddeudodd, dros ei hysgwydd, ar ei ffordd allan – ond mi anghofiodd yn ei frys i fynd i weld y gwn.

"Mi wnath. Doeddwn i ddim adra."

"Felly wyddech chi ddim byd. Mae'n ddrwg 'da fi."

Aeth yn ei blaen i egluro bod ymgyrch wedi bod yn gynnar yn y flwyddyn newydd. Doedd hi ddim yn rhan o'r peth, wrth ei bod yn Sir Gâr efo'i theulu. Doedd Alun ddim o blaid, ond roedd grŵp o rai penboeth wedi mynnu mynd allan beth bynnag. A doedd neb ohonyn nhw wedi meddwl o ddifri am lle i guddio'r arwyddion. Roeddynt wedi bod mewn tas wair ar ffarm gyfagos tan rŵan, ond am bod peryg i'r ffarmwr ddod o hyd iddynt, roedd hi ei hun wedi mentro dod â nhw i le saffach.

"Sut?"

Doedd o ddim wedi gweld car o unrhyw fath ar yr iard.

"Cerdded, ar hyd y llwybr cyhoeddus."

Dangosodd ei bag cefn iddo. Roedd yn un canfas, trwm, y math o beth yr oedd dringwyr yn ei ddefnyddio. Mae rhaid ei bod wedi gadael ei char wrth ymyl Coed Glasynys, lle roedd y llwybr yn cychwyn.

"Ond Iesu, maen nhw'n betha trwm!"
"Nage hon yw fy nhrip cynta. A doedd dim ond pedwar ohonyn nhw. Bydden i wedi lico dod yn y tywyllwch ond – wel, roedd brys. A fe weles y car yn gadel."
"Pam na fasach chi'n eu taflu i'r afon?"
"Dim mor hawdd. Mae rhywun wastod yn pasio. Neu'n gweithio yn y caeau ac ati."
"Mae'r lleill yma ers misoedd."
"Odyn, ond bydda i'n symud i le gwell i fyw yn fuan. Cân nhw ddod yno wedyn."

A dyma hi, yn codi ei bag, diolch iddo a dweud y byddai mewn cysylltiad, cyn bo hir. Yn y drws, trodd yn ôl.

"Sorri, wnes i ddim cyflwyno'n hunan. Llinos."
"Guto."
"Diolch o galon, Guto."

Cododd ei llaw arno, a mewn dau funud gwelai ei chefn yn pellhau ar y llwybr.

Trowsus. Roedd yn gas ganddo drowsus i ferched. Ond er hynny, roedd hi'n ferch smart.

"Caboli." Dyna oedd gair mawr Luned B y tymor yma. Caboli'r traethawd. Caboli'r sgript. Efallai mai gair o'r De oedd o. Rhoi polish ar rywbeth, dyna oedd o'n ei feddwl, yn ôl Mam. Ei wella, neu roi sglein arno, yn ôl y geiriadur. Beth bynnag, roedd gwaith caboli ar draethawd Emyr, ac un Ifan. Byddai wedi hoffi rhoi marc uwch iddynt, ond yn anffodus roedd gormod o wallau bach yn amharu ar y safon. "Be di'r ots, mae B yn iawn," oedd sylw Ifan, "Well gin i Ffis a Cem beth bynnag." Ond Cymraeg, Hanes a Ffrangeg oedd pynciau gorau Emyr. Heb rheini byddai ar waelod y dosbarth, a roedd o angen marc dros saith deg (neu'n well byth dros saith deg pump) i godi ei *average*. Roedd Ifan yn iawn; am ei fod yn wych yn Maths a hwnnw'n cyfri fel tri pwnc, roedd o wastad ar ben y dosbarth, ac ar ben hynny fo oedd ffefret Jem Bach Miwsig am ei fod yn medru chwarae'r piano hyd at radd pump.

Gofynnodd farn Mam ryw gyda'n nos cyn yr arholiadau, ar ôl bod yn darllen trwy hanes Oes y Cerrig (diflas dros ben – rhyw hen hanes heb bobol).

"Darllen, Emyr, darllen hynny fedri di," oedd ateb Mam.

Pan ddeudodd o bod yn rhaid iddo ffagio ar gyfer yr arholiadau a nad oedd ganddo fawr o amser i ddarllen, codi ei hysgwyddau wnaeth Mam yn ddiamynedd. Roedd yna bob amser ddigon o amser i ddarllen, yn ei barn hi. Ar y bỳs, yn y bàth, yn y gwely, wrth ddisgwyl am y doctor neu'r *dentist*. Pan ddaeth Emyr adre o'r ysgol ar y nos Wener, roedd yna bentwr o lyfrau ar y bwrdd bach yn ei lofft. Edrychodd drwy'r cloriau yn frysiog (roedd *Crackerjack* ar fin dechra) – *Y Tri Llais*, gan Emyr Humphreys – hwn wedi ei gyfieithu o'r Saesneg. *Traed mewn Cyffion*, Kate Roberts. Mi oeddynt wedi darllen stori am brynu dol ganddi dechra'r flwyddyn, yn y dosbarth Cymraeg. A rhai Saesneg – *Cider with Rosie* – hwnna'n edrych yn dda, llun tas wair a dau gariad yn gorwedd ynddi a'u coesau yn yr awyr. *Far From the Madding Crowd.* Teitl diddorol a darlun o soldiwr yn trin cleddyf, efo dynes dlws yn syllu arno, ar y clawr. *The Mill on the Floss.* Chlywodd o rioed am George Eliot. Tynnodd ei jymper ysgol a'i thaflu i ben draw'r stafell, a'i dei mewn pelen ar ei hôl. Syllodd ar ei freichiau. Oeddynt, mi oeddynt yn fwy blewog. Roedd pob dim yn fwy blewog.

Adeg swper dilynodd Emyr ei drwyn i'r gegin newydd lle roedd Mari yn tynnu rhywbeth o'r popty.

"*Pizza!*" meddai Mari, ac ysgwyd y paced yn ei wyneb.

"From Napoli, Italy," darllenodd yn uchel.

Ar y paced roedd llun o'r Eidal, a teulu wrthi'n bwyta tu allan yn yr ardd. Torrwyd y *pizza* yn ddarnau. Roedd Mam wedi gosod y poteli sos coch a brown ar y bwrdd rhag ofn. Roedd y bara'n galed ond eto'n felys, fel cardbord blasus, a'r saws tomato yn dew a sawrus, yn wahanol i domatos tun, petha diflas a dyfrllyd a gawsant mewn lle gwely a brecwast unwaith. Braidd fel lastig oedd y caws.

"Wel, dyna fi wedi trio *pizza*, drostaf fy hun," meddai Mam.

Dim ond Dad wrthododd ddarn. Roedd yn well ganddo rywbeth efo cig ynddo.

Erfynnodd am gael aros ar ei draed am dipyn bach ar ôl i Mari fynd i fyny'r grisia. Mam a fynta'n sbio ar ffilm ar BBC2. Ffilm o Ffrainc oedd hi, efo is-deitlau, a teimlai yntau'n rêl jarff yn cael edrych arni. Roedd yna un rhan efo hogyn a hogan yn y gwely efo'i gilydd, a mi aeth Mam, oedd wedi bod yn sylwebu dipyn ar y ffilm, yn ddistaw iawn. Gwridodd yntau, ond o leia daeth yr olygfa i ben yn sydyn. A wedyn am ryw reswm y peth nesa oedd y ferch yn sgrwbio'r gwely.

Llanrwst, diwrnod mart. Canol y Mis Bach. Doedd yn dda gan ei fam mo'r Mis Bach. Un twyllodrus oedd o, yn gaddo gwanwyn am ychydig ac yna yn loetran yn hir efo'i ddyddiau byr a gwynt main, fel ryw fisitor digroeso. A cofiodd Guto am 'rhen Elis y tramp yn dod heibio, yn sefyll ar riniog y drws ar nos Sadwrn a'i fam druan yn gorfodi croeso i'w llais a'i gwyneb.

"Dowch i mewn wir, peidiwch â sefyll yn fanna'n rhynnu, dowch Elis bach."

Ac i mewn y dôi, o lech i lwyn fel petai, a chael lle o flaen y tân yn y gegin, a sychu ei draed, a tynnu'r sana oedd wedi troi'n garpiau, a'i fam yn chwilio am bâr arall iddo ac yn estyn platiad o fwyd. Ac yn dweud wrth ei meibion,

"Yr hen gradur, bechod drosto fo, ond nefi wen be oedd o'n dŵad heno, dwch, a finna isio picio i'r capal efo bloda at fory?"

Doedd Guto ddim wedi clywed hanes Elis ers llawer dydd. Debyg iawn ei fod wedi marw. Efo'i feddwl yng nghegin ei fam cafodd drafferth i ganolbwyntio ar leisiau Llanrwst a Chonwy o'i gwmpas, a'r strydoedd yn atsain efo sgidia hoelion ffarmwrs.

"Sut mae hi'n mynd efo defaid ac ŵyn, Guts?"

Dafydd, efo cap dros ei glustiau, a sgarff sgotsh-plod. Newydd ddechra dŵad yr oedd ei rai fo; atebodd Guto bod petha'n ddigon tebyg yng Nglasynys. Cerddodd y ddau efo'i gilydd i gyfeiriad y mart.

"Welist ti Now? Uffar o olwg arno fo, sti."

Ysgydwodd Guto ei ben.

"Wedi bod yn poetsio. Torri ei drwyn."
"Cwffio?"
"Syrthio ar y ffordd adra o'r Llew. O'i go. A ma gwaeth

golwg ar y cariad. Nora di gweld hi yn siop. Llygad ddu fawr."

"Watsia."

Pwy oedd yn eu pasio, yn mynd yn groes, ond Edwart Llwyn, tad Now. Efo "Sut dach chi?", a nòd fach sych, roedd o wedi mynd.

"Wnawn ni ddim gofyn sut mae'r trwyn," meddai Dafydd. "Tyd 'laen, rhai fi sy nesa."

Roedd gan y ddau ohonynt loi i'w gwerthu. Cafodd Dafydd bris reit ddymunol, deud ei fod ar lwgu ac am fynd i far yr Eagle am ginio cynnar. Lle agored, digon diflas oedd y mart yn y gaeaf a'r gwynt yn rhuo drwyddo. Addawodd Guto ddod ar ei ôl, wedi gwerthu ei rai o.

Ffarmwr bach tew o ochrau'r Rhyl, boliog fel Robin goch, brynodd y lloi. Cafwyd pris teg – roedd yr ocsiwnïar yn un o Ben Llŷn, a nabodai Guto ei dad yn dda. Rhoes ei law ar ben y llo gosa ato, yr un coch, mewn ystum o ffarwél. Un bach del oedd o. Ond edrych drwyddo wnaeth y llo. Roedd mymryn o waed yn diferu o'i glust lle yr aeth y tag drwyddi. Trodd Guto am yr Eagle – byddai'r peis cig yn diflannu'n sydyn ar ddiwrnod mart.

Wrth gerdded ar hyd y palmant prysur daeth yn ymwybodol o rywun yn cerdded yn dynn ar ei sawdl. Rhywun arall ar yr un perwyl? Tarodd gip dros ei ysgwydd. Gwelodd mai hi oedd yno. A gwyddai ei fod wedi amau, ar sŵn ei cherddediad. Gadawodd iddi ddal i fyny ag o.

"Mr Roberts, ife?"
"Dach chi ddim yn Dre ar gyfer y mart, go brin?"

Chwarddodd, a cafodd gipolwg o'r gwallt disglair o dan yr hwd tywyll oedd ganddi.

"'S 'da fi ddim byd i werthu. Ond mae siope da yma."
"Wel, oes."

Cerddasant yn eu blaenau. Culhaodd y pafin, a camodd yn ôl

fymryn i roi mwy o le iddi. Be oedd am ei wneud? Cynnig mynd â hi i rywle, dyna be hoffai wneud, ond ar ddiwrnod mart roedd y byd a'r betws o gwmpas y lle. Ond diawl, mi oedd raid iddo fo ofyn. Roedd ar fin gwneud, pan ddywedodd hi,

"Wy'n meddwl eich bod di gollwng hwn."

Ac estynnodd *Farmers Weekly* iddo. Edrychodd arni'n hurt am eiliad cyn sylweddoli a gwenu. Rhowliodd y papur a'i stwffio i'w boced.

"Diolch yn fawr."

Edrychodd arni'n mynd i lawr Stryd y Felin, ei chôt dyffl las tywyll, a bŵts. Cofiodd am Nancy Sinatra'n canu. A pan gerddodd yn ei flaen roedd yn chwibianu, "These boots are made for walking."

Yn lobi y Royal Oak tynnodd yr *FW* o'i boced. Oedd, roedd un dudalen wedi ei throi i lawr. Byseddodd y tudalenna yn llawdrwm. Rhes o rifau. Rhif ffôn.

Sut oedd o am ei ffonio? A pha bryd? Gyda'r nos fyddai ora? Mae'n debyg y byddai hi yn ei gwaith yn ystod y dydd – er nad oedd hi ddim, chwaith, y dydd Mawrth hwnnw yn Llanrwst. A ni fedrai ddefnyddio ffôn y tŷ. Roedd bocs ffôn y pentre gyferbyn â'r Leion, a golau ynddo, fel bod y sawl oedd tu fewn i'w weld yn glir i bawb. Dim ffiars ei fod yn mynd i fanno. Yn y diwedd, penderfynodd bicio i Conwy tua pump nos Wener. Clywodd Emyr yn swnian ei fod angen inc i'w ffownten pen, a Mari wedyn yn dweud fod ei *ruler* wedi torri. Câi'r ddeubeth yn siop Richards, a fferins i'w cnoi ar yr un pryd. Stopio yn y bocs ffôn ar y ffordd yn ôl. A petai rhywun yn ei weld – wel, digon hawdd dweud ei fod yn ffonio adre rhag ofn ei fod wedi anghofio rhywbeth.

Fasa fo byth yn gwneud y fath beth, wrth gwrs. Ond dim ond ei deulu wyddai hynny.

Cael a chael oedd cyrraedd Richards cyn amser cau. Ond fu o

fawr o dro yn prynu'r botel inc a'r *ruler*. Cymerodd chwarter o *pear-drops* i'w rhannu rhwng y plant, *chocolate limes* i Lil, a'r taffis efo siocled tywyll iddo fo'i hun. Efo un o rhain ym mhen draw ei geg trodd y fan am adre. Parcio gyferbyn â'r blwch. Diawch, lle oedd y nymbar? Hwn oedd y *Farmers Weekly* iawn? Teimlai'n rêl ffŵl, yn mynd i ffonio dynes ddiarth mewn blydi ciosg! A beryg na fasa hi ddim adra, beth bynnag, byddai raid iddo wneud rhyw blania llechwraidd fel hyn eto. Iesu, dim honna oedd fan Dafydd naci? Trodd i sbio wedi iddi basio; na, dim hi oedd hi er ei bod yr un lliw.

Fedrai o ddim dal ati i eistedd yn fama chwaith.

Pan gaeodd y drws yr eilwaith, efo clep, roedd ganddo gyfeiriad, dyddiad, ac amser.

Roedd rhaid paratoi. Yn gyntaf, ac yn gyfleus iawn, digwyddai bod angen moron ar Westy'r Ffesant (The Wild Pheasant Country Hotel). Fel arfer, byddent yn cael moron gan fferm Glan Conwy, ond am ryw reswm roedd eu cnwd yn llai nag arfer, a gwyddai mab y lle bod gan Guto foron. Cytunodd Guto y caent ddau sachaid, yn barod ar gyfer y ciniawau Gŵyl Ddewi. A roedd y ffordd gefn a arweniai i'r gwesty yn croesi lôn fach arall.

Y noson cynt bu Guto'n llusgo'r arwyddion i berfedd y fan. Synnai at eu pwysau, a rhegi wrth i'r ochrau rhydlyd suddo i gledrau ei ddwylo. Gwnaeth gamgymeriad yn trio cario tri y tro cyntaf, a llithrodd un ohonynt o'i afael a glanio wrth ei droed. NEVIN. Arhosodd am eiliad yn pwyntio at i fyny cyn syrthio'n drwm ar ei ochor, ar droed Guto. Gwingodd mewn poen. Y blydi petha trafferthlyd! Cymerodd bron awr iddo gario'r cwbwl, a'u gwthio i ben draw'r fan, ac yna eu gorchuddio â hen sachau. Cariodd y sacheidiau moron a'u gosod o flaen y rhain yn barod at y bore. Ac yna ychwanegodd sachaid arall o foron ac un o datws.

Roedd Lilian yn falch ei fod wedi cael yr ordor. Dim yn unig am ei fod yn bres handi, ond am ei fod o wedi dod adre o'r Leion yn gynnar i fod yn barod i ddelifro fory. Ond doedd yna ddim hwyl i gael yno heno, beth bynnag. Now â'i drwyn wedi ei gleisio, yn arthio ar bawb. Roedd Lil, hefyd, wedi gweld llygad ddu ei gariad, ac wedi dweud wrth Guto bod Now yn ddyn anghynnes. Gwyddai nad oedd ganddi feddwl ohono ac nad oedd hi'n cymeradwyo'r cyfeillgarwch rhyngddynt. Ond doedd hi ddim yn gweld Now yn ei hwyliau, yn swyno pawb o'i gwmpas.

Bore heulog oedd hi, y diwrnod olaf ond un o fis Chwefror. Roedd hi wedi meirioli rhywfaint ar ôl cyfnod rhewllyd, a rhai daffodils bron iawn ag agor, yn dangos rhimyn melyn rhwng eu dail tyn. Cofiodd am Mari llynedd, yn mynnu plicio'r dail yn ôl a gorfodi'r petalau i agor, er mwyn mynd â nhw i'r ysgol ar ddiwrnod Dewi Sant. A'r siom wedyn ar yr olwg druenus arnynt, wedi eu hambygio yn y fath ffordd. Siawns na fyddai digon wedi agor erbyn y cyntaf o Fawrth eleni.

Roedd Lil ac yntau'n mynd i ginio Gŵyl Ddewi'r Blaid nos Wener nesa, er nad oedd o'n edrych ymlaen. Yr un hen wynebau; Dewi Pritch y Cadeirydd a'i debyg yn codi eu haeliau (mawr, trwm) os oedd o'n yfed mwy nag un glasiad o win. Roedd yn ddigon i wylltio unrhyw un.

Aeth pethau'n hwyliog yn y Ffesant. Tynnodd Ed foronen ne ddwy allan i gael golwg arnynt, a canmol be welai.

"I like the look of these. We'll come back to you, Guto, if we need more."

Gwenodd yntau, a gresynu mai dim ond ychydig o foron yr oedd wedi ei blannu llynedd. Mwy eleni, felly. A rŵan am ei ail fisit. Troi i'r chwith yn lle mynd yn syth yn ei flaen. Lôn fach gul oedd hon; lle diarffordd i ddynes ifanc fyw ar ei phen ei hun. Ond dyna fo: ei busnes hi oedd hynna. Dynes ifanc hunan-feddiannol iawn oedd hi. Dyma ni. Dau fwthyn agos at ei gilydd. Cae'r Bedol oedd y pellaf ohonynt. Pwt o ardd; tybed oedd y cae wrth ymyl yn perthyn iddo hefyd? Roedd yno sièd, mewn cyflwr gwael.

Roedd o'n dal yn ei unfan pan ddaeth hi i'r golwg o gefn y tŷ. Gwisgai drowsus digon tebyg i drowsus ffarmwr, a siaced drom. Galwodd arno.

"Wedi dod â moron ych chi?"

"Moron, a tatws!"

"I'r dim. Dewch â nhw ffor' hyn."

Dangosodd y ffordd i'r drws cefn, a cariodd yntau'r ddau hanner sachaid i'r gegin. Cegin hen ffasiwn iawn oedd hi, efo hen *sink unit* a chypyrddau bregus, blêr yr olwg ar y waliau. Wrth wthio'r tatws dan y sinc, gofynnodd:

"Lle dach chi isio'r bechingalw?"

"Caiff y maip fynd i'r sièd. Ddo i i roi help llaw i chi."

Cawsant dipyn o job i orchuddio'r "maip" drwy eu stwffio i fewn i'r sachau sbâr. Byddai Guto wedi eu cario fel yr oeddynt, ond roedd yn amlwg nad oedd hynny'n dderbyniol ganddi hi. Yn y sièd roedd dwy gist de, ac yn y rheini rhoddwyd yr arwyddion efo papur llwyd o'u cwmpas.

"Lwcus taw newydd symud wy, te," oedd sylw Llinos.

"Digon o le i bob math o betha! Mond lle braidd yn hen ffasiwn, ddyliwn i, i rywun ifanc fel chi."

"O mae 'da fi blanie. Bydda i'n tynnu'r hen silffoedd na ac yn gosod celfi newydd pren. Ailbaentio, hefyd. Ffansi cael cegin goch, welwch chi."

"Coch, ia!"

Roeddent yn sefyll wrth ymyl y giât erbyn hyn.

"Mae 'da fi le i ddiolch i chi, Guto. Gymerwch chi goffi?"

Gwyddai na ddylai dderbyn. Dim ond cynnig o ran cwrteisi oedd hi. Ni ddylai aros, a gadael y fan o flaen ei thŷ.

"Coffi bach sydyn ta."

Roedd gwneud coffi yn ei thŷ hi yn ddefod go wahanol i wneud coffi yng Nglasynys. Nid o dun Nescafe ne Maxwell House oedd y coffi'n dod, ond o dun coch ac arian a'r enw Lavazza arno. Gwyddai mai Eidalaidd oedd hwnnw. Estynnodd wedyn fashîn bach efo deuben metal, a oedd yn dadsgriwio. Gwyliodd Guto hi'n llenwi'r canol â'r coffi cryf ei arogl, rhoi dŵr yn y gwaelod, a gosod y peiriant ar y ring.

"Fase nwy yn well," meddai, "ond trydan yw popeth ffor' hyn."

"Dim ond yn y trefi gewch chi *gas*."

Saib.

"Un o'r De dach chi felly?"

"Llandeilo."

"Llandeilo! Dach chi'n bell o adra."

Gwenodd, a dweud ei bod yng Nghymru, doedd, a felly ddim mor bell â hynny.

"Gwlad fach sy 'da ni."

Teimlai Guto fod y ferch yma wedi teithio i wledydd pell ac nad oedd dau gan milltir i Dde Cymru megis dim iddi. Ond aeth yn ei blaen i ddweud:

"Cymrâg ŷn ni'n glywed ar strydoedd Llandeilo a Chonwy, ife."

"Tewch! Digon Seisnigaidd dwi'n gweld Conwy ma i gymharu â Pwllheli."

"Un o Ben Llŷn? Fues i yn Abersoch 'da rhywun o'r coleg unwaith."

Cafodd ar ddeall mai "Aber" oedd y coleg hwnnw. Llanwyd y gegin fach â sawr y coffi – doedd Guto erioed wedi profi ei debyg. Yn gymysg â hynny teimlodd ryddhad yn cwrso drwyddo – o fod wedi gofalu am yr arwyddion, dod allan o'r sefyllfa anghyffyrddus o wneud rhywbeth na ddylai. Pan dywalltodd Llinos y coffi cymerodd lwnc mawr a tagu.

"O's gynnoch chi siwgr?"

Chwarddodd hitha ac estyn y bowlen iddo. Rŵan roedd y chwerw a'r melys yn gymysg yn ei geg. Roedd yr awyr drwy'r ffenest wedi cymylu erbyn hyn, ond creai'r gegin ei byd lliwgar ei hun. Posteri ar y wal – gerddi Kew yn Llundain – "Go there by Underground!" tra datganai un arall "the struggle goes on", dan wyliadwraeth pâr o lygaid tywyll. Mi fetiai mai llun o'r Eidal oedd yr un agosaf at y ffenest, llun o fae hardd a mynyddoedd yr ochor bellaf. Ond na.

> "Y Swistir, Llyn Geneva. Ond mae'r llun yn neisiach na'r wlad."
> "O. Pam dwch?"
> "Rhyw wlad fach hunan-gyfiawn yw hi. Mwy o flas ar siocled nag ar fyw!"
> "Ffrainc yn well i hynny?"
> "Chi'n iawn. Fuoch chi yno?"

Ysgydwodd ei ben. Disgwyliai iddi restru enwau'r llefydd lle fu hi, ond wnaeth hi ddim, dim ond gwenu.

> "Mae'r coffi'n ddolen gyswllt."

Saib. Roedd yn well iddo fynd. Eto nid oedd awydd symud arno. Gallai weld pentwr o recordiau wrth ymyl *record player* o ansawdd da ar y silffoedd tu ôl iddi hi. Ysai am gipolwg arnynt, a hefyd ar y llyfrau. Ond yr unig beth a ddywedodd oedd,

> "Yn y gegin fyddwch chi'n cadw'ch *record player*?"
> "Beth? O, ie, braf gwrando pan wy'n cogino, chi'n gweld."

Dyma ei gyfle.

> "Ar be fyddwch chi'n gwrando?"
> "Pob math o bethe. Bob Dylan. Meic Stevens yn Gymraeg. The Doors. Wy'n hoff iawn o fiwsig clasurol, hefyd. Newydd brynu hon – Debussy. 'La Mer', sef 'Y Môr'."

A cododd i ddangos clawr y record iddo. O dan enw Debussy a'r teitl "La Mer" yr oedd llun o ddyn syber canol oed, mewn siwt a thei.

"On i'n meddwl bod Debussy wedi marw – yn perthyn i'r oes o'r blaen."

"Ma fe. Yr arweinydd yw hwn – Aldo Ciccolini."

Teimlai Guto fel ffŵl, ond gwenu oedd hi.

"Peidiwch becso. Falle gewn ni gyfle i wrando arno ryw dro."

"Tro nesa?"

"Os bydd na dro nesa. Sdim isie i neb weld eich colli, nac oes?"

Cododd Guto, a drachtio gweddill ei goffi. Cafodd ei geg yn llawn o waelodion priddlyd a tagodd. Estynnodd Llinos wydriad o ddŵr iddo, mewn gwydr pinc, o bopeth. Gan bwy oedd gwydr pinc?

"Diolch. Tan y tro nesa, ta."

"Pan ddaw'r amser, sbo."

Pan ddeuai'r amser, os deuai. Nid oeddynt wedi sôn gair am y "gwaith" gwleidyddol, nac am ei gwaith bob dydd hi, chwaith. Y cwbwl wyddai o yn fwy amdani oedd ei bod yn lecio miwsig clasurol, Bob Dylan a rhyw Mike Stevens. Wrth ddreifio oddi yno, penderfynodd y dylai fynd i Landudno yn fuan, ac ymweld â'r siop fiwsig. Mi fyddai angen i rywun ei roi ar ben y ffordd. Byddai hynny'n plesio Emyr a Mari, ac wrth gwrs Lwl, a oedd yn gwirioni ar bob math o fiwsig.

Ar y ffordd yn ôl gwelodd Guto fflach o biws mewn ffos. Ar amrantiad – doedd neb ar ei gwt – breciodd a neidio allan i gael gwell golwg. Oedd, mi oedd yna lond llaw o fioledau yn nythu wrth fwsog y ffos. Gadael iddynt – ta? Estynnodd ei law a rhoi plwc i'w coesau eiddil, a cludo'r bwnsiad bach i ogla oel, lledr ac ŵyn tu blaen y fan.

Yn y gegin adra roedd Mari a Lwl yn lliwio'n ddyfal ar fwrdd y gegin. Doedd dim hanes o osod y bwrdd at amser cinio, er ei bod yn tynnu am hanner awr wedi deuddeg. Mygodd ei awydd i weiddi ar ei wraig.

"Bloda neis, Dad! I mi ia?"

"Os ffendi di jwg iddyn nhw, mi cei nhw."

Stryffagliodd Lwl i ben cadair i drio estyn un o'r cwpwrdd gwydr.

"Dos i'w helpu, Mari, ne mi fydd yn siŵr o dorri rwbath."

Aeth Mari, a dadfachu jwg bach. Llanwyd o â dŵr, a sodrodd Lwl y fioledau ynddo.

"Ddowch chi â bloda i mi tro nesa? Briallu."

"Does na ddim briallu eto, sti, Mari. Ond pan ddôn nhw..."

"Beth am Mam? Lle ma ei bloda hi?" Torrodd Lwl ar draws.

"Ac i Mam 'fyd. Rŵan, ta, oes na hanas am ginio?"

Gwyddai ei drwyn yn iawn fod lobsgows dydd Sadwrn yn ffrwtian ar y stof yn y gegin newydd. Nid oedd llawer o chwant arno amdano, ond amser cinio oedd amser cinio. Ar hynny daeth Lil i'r golwg, a llwch dros ei dwylo.

"Ydi hi'n amser cinio'n barod? Dowch genod, symudwch eich petha."

"Lle oeddat ti?"

"Yr atig. Choeli di ddim be welis i yno."

Ac ar ôl cinio, aeth chwilfrydedd Guto'n drech na fo, a dringodd y ddau ohonynt i fyny'r ystol i edrych ar ddarganfyddiad Lilian. Powlenni grisial, a phwysau arnynt. Ac ar ben hynny, dau wydr mawr. Gwyddai mai gwydrau brandi oeddynt.

"Wel, mi wyddai'r manijyr sut i fwynhau ei hun! Ei betha fo oedd rhain, mae'n siŵr."

"Rhyfedd iddyn nhw eu gadal ar ôl, te," oedd sylw Lil.

A croesodd y syniad ei feddwl o, a'i hun hitha roedd o'n amau, yn syth – be oedd ar ôl o'u heiddo nhw, yn Hendre? A oedd Lil wedi taflu ambell degan i ben draw'r twll dan grisia, ne dorri cwpan yn deilchion yn erbyn wal – fel yr oedd yntau wedi rhoi ffling i un ne ddau o betha tu ôl i'r tŷ gwair?

"Wel, ni pia rhain rŵan, a maen nhw'n mynd i'r cwpwrdd gwydr."

Aeth Lilian â'r llestri i'w golchi, er mwyn i'r "sbarcls", chadal Lwl, gael eu gweld ar eu gorau. Aeth Guto allan i'r iard gan deimlo rhywfaint yn gyfoethocach. Roedd yn deimlad braf, gwybod bod gan Glasynys drysor i'w roi iddynt, fesul tipyn.

Ar ddiwedd y pnawn ei bleser oedd pori drwy'r papur newydd o flaen yr Aga. Heddiw, wedi diosg ei sgidia hoelion a rhoi slipars am ei draed, setlodd efo'r *Caernarvon and Denbigh*, a digwydd sylwi ar hysbyseb. Ocsiwn. Plas Helyg, ochor bellaf i'r Rhyl. "Furniture. Bric a brac. Brasses. Open for viewing at 12 noon. Auction at 2.30 pm." Dydd Sadwrn nesaf. Roedd wedi clywed Now a Dafydd yn trafod Plas Helyg. Dim etifedd i'r stad; neu yn hytrach dim ond cefnder o bell, yn byw yn Lloegr, a'i fryd ar werthu popeth. Y plas a'i gynhwysion, mae'n amlwg. Medrai ofyn i Lil ddod efo fo.

Neu mi fedrai fynd ar ei ben ei hun. Mynd am dro bach, a snwyro o gwmpas y lle, gweld be oedd ar gael. Llestri. Dodrefn. *Ornaments* pres. Pethau hardd. Roedd arno syched am harddwch.

A chan fod Lilian wedi rhoi ei meddwl ar fynd i weld ei brawd a'i deulu, mynd ei hun a wnaeth, ar ôl cinio cynnar. Aeth y genod am dro efo'u mam, ond dewis Emyr oedd mynd i gicio pêl efo ffrindia ysgol tua Conwy. Cafodd bàs yno gan Guto. Roedd hwylia da ar y ddau ohonynt. Roedd Emyr yn hymian dan ei wynt, a gofynnodd Guto be oedd y gân.

"Carlo," meddai Emyr.
"Carlo?"
"Cân Dafydd Iwan. Am yr Arwisgo."
"Lle glywist ti honna dywad?"
"Dosbarth Cymraeg."
"Dosbarth Cymraeg! Fela mae hi, ia, tua Glan Clwyd na. Duwcs, ella dylan ninna ei chael hi."
"Dach chi am ei phrynu, ta? Hwyl!"

Neidiodd allan o'r fan, a rhoi clep ar y drws nes gwneud i'r fan druan grynu. Sylweddolodd Guto nad oedd wedi gwneud dim ar ôl ei benderfyniad diweddar. Aeth ymlaen yn fwy ystyriol.

Cyrhaeddodd Plas Helyg mewn da bryd. Roedd yna geir a fania ar hyd y lle, yn parcio yn y cae gan nad oedd lle yn yr iard, er cymaint oedd honno. Roedd cynnwrf lond y lle a sŵn fel haid o wenyn yn cyniwair: pobol yn siarad, injans ceir yn refio wrth i fwy o geir gyrraedd a thrio cael man gweddol sych i barcio, drysau'n clepian draw yn y plas ei hun. Ond roedd sŵn arall yn eisiau: bref a chlwc anifail. Roedd y stoc wedi ei werthu'n barod, mae'n rhaid.

Adeilad mawr o garreg lwyd oedd y plas, dim gymaint â Glynllifon ond yn dyddio o'r un cyfnod mae'n debyg, efo'r un ffenestri hirion, hanner dwsin bob ochr i ddrws llydan. Ymestynnai gardd ac ynddi bwll a llawer o berthi o flaen y tŷ, ac roedd pennau coed i'w gweld dros ben wal gerrig ar yr ochor bellaf – perllan, debyg. Safai'r drws ffrynt ar agor; clamp o ddrws wedi ei baentio'n ddu, efo cnocyr pres ar ffurff pen ci arno. Doedd *hwnnw* ddim ar werth. Cymerodd Guto at y blocyn du solat oedd yn ei ddal ar agor – peth clyfar. Mi fetiai bod pwysau arno.

Cafodd ei hun yn sefyll mewn neuadd agored, efo grisiau cerfedig yn troi'n osgeiddig tua'r llawr. Roedd lle tân ar yr ochor chwith, ond doedd neb wedi cynnau tân yn y simdde fawreddog. Safai dodrefn o gwmpas y lle, efo sticeri arnynt yn dweud "lot 23" ac ati. Dim pris. Synnodd am eiliad, cyn cofio: ocsiwn. Roedd yno bob math o bethau, yn fyrddau, cadeiriau, gwaelod tresel, cypyrddau gwydr, setl, cadair freichiau, *chest of drawers*, silffoedd llyfrau. Symudai'r lli o bobol rhyngddynt yn bodio a trafod. O flaen Guto safai dynes nobl mewn côt goch a sgarff yn dynn am ei phen. Rhedai ei bysedd ar hyd wyneb y cwpwrdd cornel.

"*Rosewood.*"

"Naci, *mother*, *walnut* ydi hwnna. Sbïwch ar y patrwm,"

meddai ei chymar, a wisgai gôt law drwsiadus a chap brethyn.

"*Walnut*? Dew. Ia wir?"

Symudodd y ddau yn eu blaenau i bawennu silff lyfrau, a cafodd Guto gyfle i edrych ar y cwpwrdd. Roedd yn hardd, efo patrwm golau yn rhedeg drwyddo. Faint fasa peth fel hyn, tybed? Roedd pâr o *bookends* wedi eu cerfio wrth ei ymyl. Plygodd i gael gwell golwg, ond cafodd ei bwnio yn ei gefn gan fwy o bobol. Nid oedd y cloc mawr wrth ei ymyl (un crand, Caernarvon, 1794) yn mynd, ond yn ôl ei wats dyliai'r ocsiwn ddechrau mewn chwarter awr.

Yn lle, tybed? Ond dyma'r ateb, sef yn y fan a'r lle. Doedd dim camgymryd yr ocsiwnïar yn ei gôt frown, sbectol ar ei drwyn, a beiro yn ei law. Gosodwyd ei ddesg, digon tebyg i bulpud, wrth waelod y grisiau, a swp o bapurau arni. Gosododd Guto ei hun wrth ymyl y lle tân, a paratoi i wylio, a mwynhau ei hun. Dechreuodd yr ocsiwn yn brydlon am hanner awr wedi dau, ac ymhen awr roedd Guto'n berchen ar gadair freichiau ledr, cawg anferth, a'r *bookends*. Y ddynes yn y gôt goch gafodd y cwpwrdd cornel; aethai'n rhy ddrud iddo. Gwelodd hi pan aeth i gyrchu ei bethau.

"Wel, wel, mi gawsoch chi hwyl arni," meddai wrtho.

"A chitha."

"O, dwi'n lecio ocsiwn, 'chi, ydw wir."

"O lle daethoch chi heddiw?"

Cafodd wybod mai o Rosneigr yn Sir Fôn y deuai, a chwarddodd pan welodd ei syndod. O, meddai hi, doedd yn ddim ganddi fynd draw i ochra Llangollen, neu Oswestry hyd yn oed, am ocsiwn dda. Roedd hi wedi dodrefnu mwy nag un tŷ.

"Mae'r hen blastai ma i gyd yn mynd rŵan welwch chi. Y stadau yn torri i fyny, te. Cyfle i gael rywbeth gwahanol."

Mi wyddai Guto hynny cystal â neb, wrth gwrs, gan fod llawer o'i gymdogion yn y Dryslwyn wedi prynu ffermydd gan stad Glynllifon, a rŵan roedd yntau wedi prynu Glasynys gan stad Penrhyn. Ychydig o bobol a nabodai oedd wedi etifeddu ffarm. Brawd Lilian, Twm, oedd un ohonynt. Cafodd o Plas Trefnant. Ac wrth gwrs ffarm teulu mam Lilian a Twm oedd honno, yn hytrach na ffarm teulu Thomas Davies ei hun. Catherine Llewelyn oedd yr etifedd. A dyna ei frawd ei hun, Robat, wedi gwneud rhywbeth tebyg, yn priodi Gwen Bronerch.

Torrodd llais ar draws ei fyfyrdodau:

"Wel ella gwelwn ni chi eto! Unwaith gewch chi flas ar ocsiwn does wybod."

Ffarweliodd â'r ddynes o Rosneigr, a'i feddwl yn dal yn bell i ffwrdd, a diolchodd i'r hogan ifanc oedd wedi lapio'r fas fawr mewn papur newydd iddo. Wrth gario'r cawg at y fan sylweddolodd ei faint a'i bwysau. Roedd yn llawer mwy rywsut nag a edrychai yn y plasty. Byddai gwaith llenwi arno – angen blodau tal, ne ella'r brwyn efo pennau brown melfat – wel, byddai Lil yn siŵr o wybod. Daeth dyn i'w helpu i gario'r gadair freichiau foethus, ac yna ffitiwyd y *book ends* rhwng coesau'r gadair yn reit ddel.

Cafodd y newydd-ddyfodiaid groeso gan Lil, yn y drefn ganlynol. Yn gyntaf, y *book ends*. Roedd hi, fel yntau, wrth ei bodd yn darllen, a roedd yna silff lyfrau ym mhob stafell yn y tŷ bron.

"Handi iawn! Gawn ni roi llyfra ar silff ucha'r silff lyfra yn y parlwr ffrynt rŵan. Pren neis, hefyd."

Yn ail, y cawg blodau.

"Ew, mi fydd raid i mi blannu mwy o floda, i lenwi hon! Mwy na fas capal, hyd yn oed. *Gladioli*. Ro'n i wedi bod yn meddwl rhoid rhai yn ben draw'r ardd. Mi geith hi fynd ar y cwpwrdd ar waelod y grisia."

Yn olaf (er rhywfaint o siom iddo a bod yn onest), y gadair

freichiau ledr. Mi hoeliodd ei wraig ei sylw ar y staen oedd ar y sêt, a dechrau dyfalu be oedd wedi ei achosi.

"Te? Menyn?"

"Gwin coch, siŵr," mynnodd yntau.

"Gwin?"

"Ia, gwin, byddigions fela, doeddan nhw'n yfed gwin efo bob pryd bwyd."

"Ella bod nhw, ond ddim yn y stydi. A cadair stydi ne lyfrgell ydi hon."

Roedd hi'n iawn. Ailystyriodd.

"Wel, port, ta. Roedd y dynion yn yfed port ar ôl swper. Mae hynna yn bob stori Somerset Maugham. Efo sigâr. A hitia befo am y blwmin staen beth bynnag, teimla'r lledar yma. Mor gynnas ydi o. A llyfn."

"Mm. Lle rown ni hi, dywad? Parlwr gora – parlwr ffrynt? Ta parlwr pella?"

"Parlwr pella. Wrth ymyl y tân. Efo'r pwffi yn barod wrth ei hymyl!"

"Sti be, mae na ddigon o olwg ar y pwffi, Guto. Y gwellt yn dod trw'i ochor o."

"Wel ella bydd raid i mi fynd i ocsiwn arall ta cyn bo hir ..."

Doedd Guto ddim yn hitio am y disgrifiad, "parlwr gora" – doedd o ddim yn credu mewn cadw ystafell, na llestri, na fawr ddim arall tasa hi'n mynd i hynny, i fod yn "orau". Gwelsai mewn amal i gartref bobol yn troi eu cefnau ar stafelloedd yn cynnwys eu dodrefn gorau, oedd fel rheol yn drwm ac yn dywyll, er mwyn byw mewn ceginau bach cyfyng, ac yn yfed o hen gwpanau wedi gwisgo neu hyd yn oed gracio. Dim felna oedd o isio i'w gartref ei hun fod. I'w defnyddio oedd stafelloedd a llestri fel ei gilydd, y rhai del a drud fel y rhai cyffredin – ac oes oeddan nhw'n torri neu'n cael ambell staen – wel! dyna fo.

"Lle gawsoch chi honna, Dad?" Mari oedd yn gofyn, wrth weld ei thad yn cario'r gadair i'r parlwr pella (oedd hefyd yn y ffrynt, ond yn bellach o'r gegin).

"Cadair Lord Malmesbury ydi hon, Mari."

"O! Pam bod hi yma ta?"

"Fi brynodd hi, yn y sêl. Mae'r werin yn cael eistedd ar ei gadair o rŵan, yli."

Dilynodd Mari Guto a'r gadair i'r parlwr. Gosododd yntau hi ar ochor dde'r lle tân, gan symud cadair y *three piece* o'r ffordd i wneud lle iddi. Eisteddodd Mari arni'n syth.

"Pwy di'r werin, Dad?"

Sut i ddechra?

"Wel y bobol gyffredin. Dim boneddigion efo lot fawr o bres ac eiddo. Pobol sy'n gorfod gweithio i ennill eu tamaid."

"Pobol 'fath â ni."

"Wel ia."

"Ydw i'n edrach fel ledi?"

Croesodd Mari ei choesau. A dweud y gwir, synnodd wrth sylweddoli mor dal oedd hi erbyn hyn – yn ddeg oed bron.

"Mond sgidia sodla uchel wyt ti angen, ac mi fyddi."

Neidiodd Mari o gôl y gadair. Un felna oedd hi, fel gafr ar d'rana trwy'r adeg.

"Be ydi eiddo?"

"Eiddo? Tir. Tai. Stoc. Gwartheg a defaid a ballu."

"A petha neis? 'Fath â'r gadair?"

"A petha neis. Ia, Mari, petha neis."

Y noson honno cafodd Guto bleser yn mwytho lledr y gadair lliw concyrs wrth yfed ei baned ar ôl swper, tra oedd o'n gwylio'r niws. Y diwrnod canlynol, daeth i gwfwr Now yn mynd tua Conwy, a fynta ar ei ffordd i Gae'r Meirch. Cododd Guto ei law, ond arafodd

Now yn syth, ac yna gwnaeth ynta 'run fath, er bod lori wartheg yn dod y ffordd arall, a'r dreifar yn edrych yn flin fel tincar yn gorfod osgoi'r ddau gerbyd.

"Iesu, Glasynys, ti di mynd yn ddiarth. Heb dy weld yn Leion ers dwn i'm pryd."
"Pythefnos. Sesh go lew doedd?"
"Sesh? Hanner diwrnod barodd honno! Tyd draw heno. Ma Dafydd yn cal ei draed yn rhydd. Y misus efo'i mam."

Cysidrodd Guto. Y fo oedd yn nôl y ddau hynaf o'r Band of Hope am chwech, câi swper wedyn, a mi oedd hi'n nos Wenar, doedd?

"Wela i di yno Now. Tua'r wyth ma."
"Goda i ddau i ti Guts, i ti gael dal i fyny efo Daf a finna."

I ffwrdd â Now, y car yn sglefrio ar hyd y lôn. Roedd o am wneud pnawn ohoni.

Roedd hi'n sesh a hanner, yn y diwedd. Mi gawson nhw *lock in* gan Frank, am bod hi'n nos Wenar, a'r plismyn i gyd yn brysur ochra Conwy a Llandudno. Lot o sbort efo Wendy, oedd ddim yn gweithio ar ôl i'r bar gau'n swyddogol am hanner awr wedi deg, a'i ffrind Mary oedd ar ei holides o Birmingham ac yn berffaith ddiniwed. Bu profocio di-ben-draw ar yr hogan druan am feddwl bod moron yn tyfu rownd y flwyddyn, a bod modd reidio tarw a buwch.

Roedd hi'n berfeddion arno'n cyrraedd adra, a roedd y tŷ fel y bedd. Gwnaeth goffi iddo fo'i hun, a llosgi ei fysedd rywsut efo'r teciall, ond dim ots, wedyn aeth i nôl Fflei am gwmpeini a bu'r ddau yn syllu'n dyner i lygaid ei gilydd. Roedd o isio miwsig ond dim ond rwtsh oedd gynnyn nhw yno, Hogia Llandegai a Sassie Rees a rhyw nonsens felly. Doedd Hogia'r Wyddfa ddim yn apelio chwaith, wedi gwrando arnynt ormod o weithia. Roedd angan miwsig o safon! Cerddoriaeth glasurol a ballu. Angen prynu recordia – mi âi i Landudno, i'r siop fiwsig oedd gan y Sais na, dipyn o snob medda rhai, ond roedd raid gofyn i rywun ei roi ar ben ffordd. Achos doedd o ddim isio dangos ei anwybodaeth o flaen Llinos, pe deuai'r cyfle eto.

Biti na fasa gynno fo lais.

"Mrawd gafodd hwnnw, te, Fflei?"

Robat oedd yn medru canu. Llais bas, diawl lwcus, a Gwen a bob dim, hogan mor ddymunol.

"I be oedd isio i'r diawl fod mor anniolchgar? Hy? Wyt ti isio tamad o gig, Fflei?"

Tarai cynffon Fflei'n gyflym ar y llawr. Oedd wir. Daeth â tamaid o ham wedi ei ferwi i'r ddau ohonynt a bu o'n cnoi a hitha'n llyncu ffwl sbid, ei llygaid yn pefrio.

Pan aeth o i'w wely, ar ôl ffarwelio â Fflei a'i rhoi yn ôl yn ei chwt, troi ei chefn wnaeth Lil.

Yn y bore roedd penna ei fysedd yn goch a phoenus, ond soniodd o ddim gair wrth neb, dim ond chwilio yn nroriau'r bathrwm am rywbeth i rwbio arnynt. Rhyw eli i fabis gafodd o. Cliriodd Lilian y llestri coffi o'r parlwr heb air. Gan ei bod hi'n ddydd Sadwrn, roedd y plant i gyd dan draed, ac uffern o dwrw yn y tŷ. Ond diolch byth, dim Cled i fwydro o gwmpas yr iard. Roedd hi'n fore digon mwll, wedi bwrw yn y bore bach a pyllau dŵr ar hyd yr iard.

Dihangodd i dawelwch a thywyllwch y cwt mochyn. Steddodd am rai munuda ar y pentwr o sachau. Roedd angen mynd trwyddynt, taflu'r rhai sâl a cadw'r lleill. Doedd dim sôn amdani *hi*. Pryd fyddai yna ymgyrch eto? Doedd 'run wedi bod ers wythnosa. Daeth awydd i alw ar Llinos drosto. Ond pa esgus fyddai ganddo i fynd yno? Danfon tatws a moron? Wyau? Ond doedd y blydi lle ddim ar y ffordd i nunlle.

Cododd, gan deimlo'i goesa'n stiff, a dechra ysgwyd y sacha fesul un, gan greu cwmwl o lwch. Roedd amryw wedi dirywio a taflodd rheini ar y llawr – byddent yn handi i gynnau tân adeg tân gwyllt. Misoedd i ffwrdd. Clywodd ei hun yn canu dan ei wynt, a stopiodd i wrando – ia, emyn. William Williams Pant y Celyn. Ond be arall fasa fo'n ganu? Cofiodd am ei addewid iddo fo'i hun neithiwr, i brynu cerddoriaeth. Ar unwaith cododd ei galon. Sief bach, crys glân, ac mi âi am y Dre, a'r siop fiwsig. Medrai ofyn i Lil oedd hi am ddod am dro.

Lobsgows oedd yna i ginio, fel bron bob dydd Sadwrn. Yr un hen beth, eto. Er hynny cafodd flas arno, a bwytaodd sawl tamaid o fara menyn, a llnau'r plât. Gofynnodd i Lil oedd hi ffansi tro i'r Dre, ond na, roedd awydd garddio arni medda hi. Ac atgoffodd Guto eu bod yn mynd i Gae'r Meirch am swper, am saith.

"Saith! Braidd yn gynnar."
"Pobol felly ydyn nhw."
"Pa fath o bobol, Mam?"
"Pobol sy'n lecio bwyta'n gynnar, Lwl."
"Pobol sy ddim yn lecio glasiad o win efo swper."
"Pam, Dad?
"Dwn i'm."
"Pam, Mam?"
"Dydi pawb ddim yn lecio gwin."

Gadawodd Guto'r bwrdd. Tro Mari oedd hi i ddweud rŵan bod yna win yn y capel, i'r Cymun, ac wrth gwrs roedd Lwl isio gwybod oedd Anti Megan yn lecio hwnnw. Ychwanegodd Emyr yn ei dro bod yna stori yn y Beibl am yr Iesu yn troi dŵr yn win, mewn priodas, a felly doedd yna ddim yn erbyn gwin yn y Beibl. Da iawn, was, meddyliodd.

"Mi ddo i â potelaid o win o Dre i fynd efo ni."
"Guto! Na, paid wir. Paid â gwneud ati."
"Gwneud at be?"

Gwnaeth lygaid syn ar ei wraig a'i blant. Ambell waith roedd hi'n hwyl pryfocio.

Mwynhaodd eillio'n hamddenol, dan chwibianu, a daeth o hyd i'w hoff grys, yr un glas, wedi ei smwddio.

125

"Paid â phoeni, Lil, wna i ddim creu embaras i ti," meddai wrth ei wraig, a taro sws ar ei boch ar ei ffordd allan.

Yn y Dre prynodd fwnsiad o flodau i Megan – mi fyddai hynna'n syrpreis i'r hen hogan – tiwlips pinc a gwyn.

"A beautiful bouquet for a lucky lady!" meddai'r ferch, gan glymu rhuban am eu coesau.

Roeddan nhw ar y ffordd braidd yn y siop fiwsig, ond am ei fod yn teimlo'n chwithig beth bynnag, doedd dim llawer o ots.

"Anything in particular you were looking for, sir?"
"Classical."
"Ah, classical. A composer, a piece of music? Maybe a compilation – we have the Classical Greatest Hits here – very popular."

Doedd o ddim isio hynna, rhyw bytiau o diwns. Gofynnodd am Beethoven, a wedyn dangosodd y boi sawl symffoni gan hwnnw, a wyddai o ddim lle i ddechra.

"The Pastoral, number six, is a favourite of mine."
"Oh – why is that then?"
"I think it's the birdsong in it, all the sounds of nature, but in the music, you know."
"I'll take that, and one more."

Dewisodd y Nawfed – roedd llun côr ar y clawr, a roedd hynny'n apelio ato. Roedd y dyn wedi clenio, ar ôl dallt bod ganddo gwsmer o ddifri, a cynigiodd roi darn arall i chwara ar ei *record-player*. Prokofiev oedd enw diarth y cyfansoddwr, boi o Rwsia, a "Romeo and Juliet Overture" oedd teitl y darn.

"Listen," meddai boi'r siop, "this is the dance at the masked ball – and then later we'll hear the fight music, when the Capulets and Montagues clash."

Roedd y synau yn ddiarth, ond teimlai Guto pe medrai ddod i'w hadnabod yn well, y deuai i'w mwynhau. Rhoddwyd honno efo'r lleill. Bu'r dyn yn hwrjio Bach iddo, ond a dweud y gwir doedd yr organ ddim yn dweud llawer wrth Guto – rhy debyg i'r capel a'r Steddfod ella. Felly yn olaf, record gan Debussy a brynodd, efo'r teitl "Après-Midi d'un Faune". Cawsant sgwrs bach am be oedd "faune" yn ei olygu. Math o dduw gwledig, eglurodd y dyn.

"A good choice, sir, a very good start to the collection."
"How do you know I'm starting a collection?"
"Well sir – my apologies – I must confess I thought ..."

Gwenodd Guto arno, a dweud y byddai yn ôl cyn bo hir i ychwanegu at y casgliad.

Cafodd y blodau groeso gan Megan.

"Wel wir doedd dim angen. Nac oedd wir! Ma raid deud, mi fydda i'n lecio cael bloda yn y tŷ."

Aeth y noson heibio'n ddidragmwydd, er gwaetha'r diffyg gwin, efallai am fod rhan o'i feddwl yn rhywle arall, yn gwrando ar y miwsig, ac yn cael sgwrs fach efo Llinos. Roedd o wedi mynd adre o Landudno ar hyd y lôn fach gefn, ond doedd dim hanes o'r Mini Cooper gwyn. Petai hi wedi bod yno ... yn sefyll tu allan wrth ymyl ei char, yn codi llaw arno, ynta'n weindio'r ffenast i lawr, ac yn cael gwadd am baned. Na dim paned, be oeddan nhw'n ddeud? Dysglaid? "Dishgled". Câi fwy o'i hanes hi. Gwybod chydig am ei theulu. Oeddan nhw'n deulu Steddfod, y teip oedd yn mynd â charafan bob blwyddyn, doed a ddêl? Athrawon a phobol oedd yn gweithio mewn offis oedd yn gwneud petha felna. Ella ei bod hi'n mynd â'i charafan ei hun erbyn hyn! Clywodd ei hun yn holi,–

"Lle mae'r Steddfod 'leni – yn y Gogledd, te?"
"Wel Fflint siŵr! Dw i'n trio perswadio dy wraig i ymuno â'r parti cydadrodd. Lleisiau Llanrwst. Mae un ohonon ni wedi gorfod rhoi'r gora iddi. Salwch."

"Pam nad ei di?"

"Ond does isio mynd i ymarfer, bob nos Fawrth?"

"Ond os wyt ti'n fodlon helpu, Guto – a chi, blantos, chitha hefyd, er mwyn i Mam gael mynd i gydadrodd. Meddyliwch, mor falch fyddwch chi, ei gweld hi ar lwyfan y Steddfod Genedlaethol!"

Roedd y tri ohonynt yn awyddus i helpu, ac yn gaddo y byddent yn gwneud eu gwaith cartre ac yn mynd i'w gwelâu heb brotestio. Erbyn dallt, mi oedd Emyr yn paratoi at y Steddfod hefyd, yn cymryd rhan mewn cystadleuaeth drama fer trwy'r ysgol.

"Mi fydd Blodwen yr arweinydd wrth ei bodd. Lilian, mi ro i gopi o'r gerdd i ti cyn i chi adael."

Ar ôl gorffen ei chacen afal, efo pestri penigamp, ochneidiodd a dweud,

"Wel mae'n dda bod na Steddfod, wir, i ddilyn yr holl helynt Arwisgo ma."

A buont yn trafod yr achlysur hwnnw, ymhen chwech wythnos, oedd yn peri i Lilian a Megan ffromi, ond a dweud yn gwir yn golygu chydig i Guto a Ben. Roedd Alun yn gandryll, meddai ei fam, ac wrthi fel gwenyn mewn pot jam yn protestio tua Aberystwyth.

"Tydi o isio gorffen yr MA ma, ochneidiodd ei fam."

"A chwilio am ryw fath o job, os na di o am ddŵad adra i ffarmio," meddai Ben.

Roedd ganddynt le i boeni, cytunodd Guto, heb ddweud dim, ond gan feddwl hefyd mai anaml iawn y byddai Ben yn lleisio barn. Mae rhaid bod yr hen foi'n poeni am ddyfodol ei ffarm, ac yntau'n tynnu at ei drigain.

"Wyt ti'n siŵr, Guto, efo'r côr cydadrodd?" holodd Lilian pan oeddynt yn y car yn mynd adre.

"Ydw, Duw, 'nelo tri mis, pam na fedrwn ni neud?"

"Wel, mi ro i drei arni, ta."

"Dyna chdi."

"Bydd yn reit braf cael cyfarfod mwy o ferched yr ardal," meddai hi yn nes ymlaen.

Cydsyniodd Guto.

Mai

"Pen Carlo di hwn!"

Rhoes Ifan gic i'r bêl, a hedfanodd i ben draw'r cae chwara. Roeddynt wedi gorffen eu gêm efo hogia'r Rhyl a roedd pawb heblaw Emyr, Ifan ac Aled wedi troi am adra.

"Fi sy'n gorod ei nôl hi," cwynodd Aled. "Mhêl i ydi hi, sti. A ti di mynd yn rêl Welsh Nash 'fyd boi!"

"Na dwi ddim! A be sy o'i le ar hynny?"

"Dwi'n gwbod pam. Ffansïo Luned Bengoch wyt ti de?"

Taflodd Aled hyn dros ei ysgwydd wrth gerdded i nôl ei bêl.

"Pawb yn blydi ffansïo honno, dydyn?" oedd ateb Ifan i hyn.

"Hei gesiwch be? O'n i wrthi'n cadw llyfra iddi hi heddiw."

"A?"

Er nad oedd Emyr yn hitio llawer am y sgwrs, roedd o isio gwybod pob dim amdani hi.

"Welis i flew o dan ei cheseilia hi! Yn y blows fach wen na oedd gynni amdani. Mae nghyfnithar i Janice yn siafio o dan ei cheseilia. Dio ddim yn beth neis bod yn flewog medda hi."

Chwarddod pawb ohonynt, Aled yn cicio'r bêl yn ddiog o'i flaen, ogla gwellt wedi ei dorri yn cario yn yr aer gynnes. Roedd sôn am flew wedi cynhyrfu Emyr.

"Ia, ella bod pawb yn ei ffansïo hi," medda Aled wedyn, "ond ddyla hi ddim rhedeg ar y Cwîn a Prins Charles a ballu chwaith. Lot o bobol yn lecio nhw, does?"

Amheuai Emyr bod teulu Aled yn eu plith ond roedd o isio clywed mwy am LB. Gwyddai hefyd nad oedd teulu Ifan yn lecio'r teulu brenhinol, dim mwy na'i deulu o, wrth bod ei dad yn aelod selog o Blaid Cymru.

Roedd Emyr wedi digwydd dweud adre bod ei athrawes Gymraeg yn erbyn yr Arwisgo, a cael ymateb gwahanol gan y ddau riant. Dywedodd ei fam ei fod yn beth da bod ganddi ddaliadau cryf – chwarae teg iddi. Ond roedd ei dad wedi dweud bod yn well iddi fod yn ofalus, rhag ofn iddi golli ei job os oedd rhai pobol yn cwyno. A rŵan dyma Aled yn cwyno, a hwyrach wedi sôn adre hefyd. Meddai wrtho,

"Ia, ond mae hi'n athrawes lot gwell na'r hen Eddie Jones, tydi! Tasa hi'n mynd, fo 'sa'n ni'n gael."

"Duw, dwi'm isio iddi fynd na'dw, geith hi ganu hynny o ganeuon lecith hi, mond iddi dewi am y bali *investiture*. Dwi'n clwad digon am y peth adra. Ma Mam am fynd i G'narfon efo Anti Pegi i drio gweld y Cwîn. Ffans mawr, y ddwy. Werth i chi weld Mam diwrnod Dolig, isio clywad be sgin y Cwîn i ddeud. 'Mam 'fath â fi ydi hi cofiwch,' a rhyw rwtsh felly."

"Mam ia, ond dim yn debyg iawn i dy fam di chwaith! Ddarllenais i yn rwla bod hi rioed wedi agor cyrtans hyd yn oed – ma na wastad ryw was ne forwyn i neud drosti."

Aeth Aled un ffordd, a cerddodd Emyr ac Ifan at stondin y bysus. Yn y Rhyl yr oeddynt yn newid o fýs ysgol Glan Clwyd i fýs lleol – ac yn weddol amal byddent yn cael dipyn o sbort ar y ffordd, cyn i Aled gerdded adre.

"Wyt ti'n meddwl y basa Waldo yn gas efo hi?"
"Efo pwy?"

"Luned Bengoch te. Am redeg ar yr Arwisgo a ballu."

"Dwn i'm, sti. Ma Waldo yn dipyn o genedlaetholwr ei hun."

Waldo oedd y prifathro. Mr Elwyn Williams oedd ei enw iawn.

"Ydi o?"

"Sut wyt ti'n meddwl y cafodd o ei lysenw? Hy? Wel am bod o'n sôn am ryw fardd o'r enw Waldo trwy'r amsar, a hwnnw'n sôn am Gymru. Llwyth o farddoniaeth am Gymru fach."

"Pwy ddudodd hynna wrthat ti?"

"Sion, de."

Roedd Sion, cefnder Ifan, yn y chweched dosbarth, yn un o'r hogia tal oedd yn cael gwneud fel fynnant, felly roedd o'n siŵr o fod yn wir. Roedd yr hogia a'r merched yma o hyd fel petaent yn byw ar dir uwch na'r plant cyffredin, 'run fath â'r duwiau Groegaidd ers talwm.

Beth bynnag, teimlai Emyr yn well, a bu'n synfyfyrio am weddill y daith ar y bŷs, wedi i Ifan ei adael. Caeodd ei lygaid, a gweld y blew yn swatio'n gyrliog o dan ei chesail. Chwys yn codi'n beraidd wrth iddi fynd o gwmpas ei phetha. Buasai'n braf bod yn ddigon agos ati i arogli ei chroen a'i sent. Tro nesa gwnâi'n siŵr ei fod o'n cynnig helpu efo'r llyfra. Ella caent sbel fach dim ond nhw eill dau, ar ddiwedd y dydd, ar ôl gwers dydd Mercher. Ni fyddent yn sôn am betha diflas 'fath â'r Arwisgo, ond petha neis fel mynd i nofio yn y môr. (Sut fath o siwt nofio oedd ganddi, costiwm undarn ynte bicini? Bicini oedd ora ganddo. Ond wrth gwrs ni feiddiai ofyn y fath beth.) Cyrhaeddodd y bŷs y groesffordd lle oedd yn troi am adre, ac i lawr â fo.

Sylweddolodd Emyr gymaint oedd ei fam yn casáu holl fusnes yr Arwisgo pan ofynnodd Mari iddi a fuasai hi'n edrych ar y seremoni ar y telifishion. Poerwyd ei hateb,

"Dim ar unrhyw gyfri!"

Codi ei aeliau a wnaeth ei dad, a dweud dros ben y papur newydd,

"O leia mae o wedi dysgu dipyn o Gymraeg."

"Rhyw chydig o eiria! Fydd o fawr o dro yn eu hanghofio nhw gewch chi weld."

Roedd gwrthdaro yn yr ysgol hefyd. Er nad oedd yr ysgol yn cefnogi'r Arwisgo mewn unrhyw ffordd swyddogol, roedd rhai o'r disgyblion yn perthyn i gorau neu fandiau oedd yn cymryd rhan yn y seremoni. Un amser cinio cafodd Emyr ei hun ar yr un bwrdd â dau ohonynt, hogia Blwyddyn Saith, fengach na fo, un brycheulyd efo gwallt cochfrown, llwynogaidd, a'r llall yn hirheglog efo sbectol. Dewi oedd enw'r ail, wyddai Emyr mo enw'r llall. Andros o fwrdd sâl oedd o, wrth bod y ddau hogyn ar ben y bwrdd yn chwaraewyr rygbi nobl a wastad ar eu cythlwng. Roeddant yn cadw'r rhan fwyaf o'r bwyd iddyn nhw eill dau. Y dydd Mawrth yma, peis caws a nionyn – un i bawb – oedd i ginio, felly roedd yn rhaid i bawb gael un bob un. I wneud i fyny am hyn, cymerodd y ddau hŷn hanner y tatws, a'r grefi bron i gyd. Erbyn cyrraedd y llwynog bach, prin lond llwy de a datws oedd ar ôl. Edrychodd yn siomedig, ond ddeudodd o ddim byd. Roedd ei law yn estyn am y bîns pan gipiwyd y ddesgl fetel gan fraich gref. Hen fîns efo blas od braidd oedd rhai'r ysgol, ond roeddent yn well na dim.

"Dan ni'n dal isio bwyd fan hyn, tydan Meur?"

"Ydan wir boi. Gêm yn erbyn Syr Huw pnawn ma, achan."

Llwythodd y ddau ohonynt weddill y bîns ar eu platiau. Decheuodd Emyr brotestio rhywfaint efo'i geg yn llawn.

"Be sy? 'Tisio rhoi'n bwyd ni i hen gachgwn bach 'fath â rhein?"

Roedd yr hogia llai yn edrych i lawr ac yn llyncu eu cinio ar frys.

"Cachgi dwi'n galw rhywun sy'n canu yn y blydi *investiture*. Te Meurs!"

"Taeog," medda hwnnw.

Doedd neb yn gwybod be oedd ystyr hynny, ond gwyddent nad oedd yn beth dymunol.

"Deud wrtha i Meurs, be di'r pwynt dod i ysgol Gymraeg a bihafio 'fath â corgi'r frenhines?"

"Dwn i'm, Ger," medd hwnnw, gan lwytho bwyd i'w geg fel combein yn sgwrio cae.

"Mond chwara yn y band ydan ni," medda'r hogyn talaf.

"Dan ni ddim yn erbyn dim byd Cymraeg."

"Dos i chwara yn Steddfod yr Urdd ta, y caneri," meddai Ger, gan lanhau ei blât efo'i fys. "Rŵan, ta, oes na rywun isio pwdin, 'blaw Meurs a fi?"

Ar y radio a'r telifishion roedd sôn am yr FWA., a'r posibilrwydd o derfysgaeth, 'run fath ag Iwerddon. Yn y wers Hanes, roeddynt am gael dadl a'r pwnc oedd: a fedrwn ni gyfiawnhau terfysgaeth dan unrhyw amglychiadau? Roedd Emyr i fod i ddadlau o blaid y gosodiad, ac Ifan yn erbyn. Bu'n paratoi adref y noson cynt.

"Gei di sôn am Dde Affrica," meddai ei dad. "Mae'n sobor ar y bobol dduon yn fanno."

"Chwara teg iddyn nhw yn brwydro dros eu hawlia," meddai ei fam, gan dorri bara menyn i fynd efo'r facrell i swper.

Mecryll cyntaf y tymor, a roedd dannedd pawb yn dyfrio.

"Mae'n braf arnon ni i gymharu â nhw."

"Ia ond ma raid i ninna wneud be fedrwn ni hefyd."

"Wyt ti isio gweld lle 'fath â Werddon yn fama? Sôn am yr FWA, myn diawl, maen nhw fel chwara plant. Mae na soldiwrs ar bob stryd yng Ngogledd Iwerddon."

"Wel mae na soldiwrs yn Llanrwst 'fyd," meddai Emyr.

"Be ydi FWA?" holodd Lwl "Ydio'n rwbath i fyta?"

"Nac di," medda Dad. "Dim os wyt ti isio byw. Gyma i banad arall."

"Y Free Wales Army ydi o, Lwl," atebodd Mari. "Pobol sy'n cwffio."

"Dynion gwirion," meddai Dad, gan ddrachtio'r te oedd Mam newydd ei dywallt. "Mecryll gwerth chweil."

"Cystal â rhai Pen Llŷn," cytunodd Mam. "Chwara teg i Cled."

Roedd Cled yn pysgota efo'i gwch 'radeg yma o'r flwyddyn a fo oedd wedi dod â'r mecryll.

Mam fu'n darllen ei araith wedyn, ac yn awgrymu newid ambell i air, neu atalnodi'n wahanol mewn ambell le. Roedd Dad wedi mynd am y Leion. Y diwrnod canlynol, yn y wers Hanes, rhoddodd y gora i ddarllen ei bwt a siarad fel prygethwr, yn edrych ar y gynulleidfa, wrth ddweud sut oedd raid i bobol amddiffyn eu hunain mewn sefyllfa drychinebus, neu fyw fel caethweision am byth. Siaradodd Ifan yn dda, hefyd, ar ei ôl, a disgrifio sut fath o fyd fyddai ohoni petai pawb yn ymosod ar ei gilydd, a bywyd bob dydd mor beryglus fel na wyddai neb sut oedd diwrnod yn mynd i ddod i ben. Sôn am y bomia yn Iwerddon oedd o wrth gwrs. Yn y diwedd cafwyd pleidlais. Emyr aeth â hi, o un fôt.

Cafodd y ddau eu llongyfarch gan yr athro, Mr Evans (Lew Trwyn Smwt). Roedd angen clwb dadlau yn yr ysgol, meddai, ac wedyn caent fynd i Steddfod yr Urdd i gystadlu.

"Jans am drip was! Lawr i'r De na. Gei di aros efo teulu, sti. Dwi'n gweld fy hun efo merch o Sir Benfro ne Caerfyrddin … Hogan benfelen – ne walltgoch … bronna mawr …"

"Am bwy ti'n sôn dywad?"

Chwerthin wnaeth Ifan.

Digwyddai Emyr fod yn Tŷ Pella, cartre Ifan, ar y diwrnod ei hun, sef y cyntaf o Orffennaf. Tŷ efo dau gae tu ôl iddo oedd o – reit debyg i dyddyn taid a nain Emyr, heblaw bod y tŷ ei hun yn fwy. Ac ar y diwrnod yma roedd Mei Williams, tad Ifan, yn cario gwair o'r ddau gae. Roedd o ar ei hôl hi braidd am bod pawb arall wedi gorffen erbyn mis Gorffennaf, ond dyna fo, doedd dim help am hynny, achos roedd ganddo job arall yn y Dre, sef bod yn fanijyr Garej Crosville Llandudno. Doedd yno ddim tŷ gwair, felly byddent yn cadw'r bêls yng nghornel y cae gosa at y tŷ, a rhoi tarpwlin drostynt, wedyn byddai Mei yn eu gwerthu fesul belan dros y gaeaf.

Roedd mecanydd o Garej Crosville yno i helpu hefyd, boi mawr cryf a arferai fod ar y môr, efo tatŵs ar hyd ei freichia. Benji oedd ei enw a Saesneg oedd o'n lecio siarad, "er bod o'n dallt Cymraeg yn iawn, wedi ei fagu yn y dre ma," chadal Mei.

Roedd tad Ifan yn parhau i siarad Cymraeg efo fo beth bynnag, tra oedd mam Ifan yn defnyddio tipyn o'r ddwy iaith. Cafodd Emyr a Benji'r job o rowlio'r bêls at ei gilydd a wedyn eu taflu ar y trelar. Mei oedd yn dreifio'r tractor a trelar, ac Ifan oedd wrthi'n stacio'r das wair.

Cawsant seibiant wedi i'r trelar fynd am y das, cyn dechra cerdded i gyfeiriad y tŷ am eu te. Taniodd Benji sigarét.

"Want one?"

Ysgydwodd Emyr ei ben.

"You not watching Charlie then?"
"No."

Edrychodd Emyr yn bryderus braidd ar y sigaréts, wedi clywed digon o rybuddion gan ei dad am fatsys a sigaréts yn achosi tân mewn tŷ gwair. Ac mi oedd Benji yn chwifio ei fraich, efo'r sigarét yn loyw-goch, wrth siarad.

"You one of them Welsh Nash too then?"

Doedd Emyr ddim isio sôn am y diawl peth. Roedd wedi bod yn braf anghofio pob dim wrth rowlio'r bêls a'u llwytho, teimlo'r gwair yn cosi ei war a'r haul yn cochi ei freichia. Chwerthin wnaeth Benji.

"Reckon Lora's enjoying it all though!"

Roedd mam Ifan yn watsiad y seremoni felly! Go brin y buasai Mei isio ei gweld. Ella – tybed oedd o wedi dewis peidio cario gwair tan heddiw, er mwyn cael rhywbeth arall i'w wneud? Gwyddai bod ei fam wrthi'n garddio ym mhen pella'r ardd, yn tocio'r coed lelog medda hi, a chwynnu. Roedd chwyn yn rhemp yn fanno. A be oedd yn fan hyn, hanner o'r golwg …

"Watsia dy hun!"

Ond yn rhy hwyr. Trodd Benji ond roedd o wedi sefyll ar biga'r bicfforch a roedd un ohonynt wedi mynd trwy ei esgid at gnawd ei droed.

"Ffwcia'r dam peth!"

Roedd o *yn* medru Cymraeg felly. Roedd mam Ifan wedi clywed y waedd a rhedodd allan, yn ei brat.

"Oh Benji what have you done, was?"

Aeth Emyr i fewn i'r gegin dywyll, a cael ei dynnu tuag at y parlwr bach. Safodd yn y drws a rhythu ar y sgrin fach ddu a gwyn. Dyna hi'r frenhines, a dyna ei mab yn ei lifrai. Ar bob ochor iddynt eisteddai'r rhengoedd tawel, ufudd. Ar y chwith, eisteddai'r delynores efo'i thelyn. Daliodd Emyr ei wynt. Awchai am i ynfytyn noeth redeg ar draws y glaswellt yn gweiddi, "Rhyddid i Gymru!" neu "Cymru am byth!" Dyheai am i'r wal gerrig enfawr yn y castell ddymchwel mewn ffrwydriad aruthrol ac i gymylau o fwg esgyn i'r awyr. Neu – a dyma'r delynores yn plygu yn ei blaen – i honno ganu "Carlo", efo'r Cymry yn y gynulleidfa'n ymuno yn y gytgan dan chwerthin a churo dwylo.

Sŵn traed Ifan a Mei Williams yn nesáu at y tŷ i gael te. Chwa o ogla pobi braf o gyfeiriad y bwrdd te llwythog, cacen felen a bara brith. Safodd Emyr yn y fan, wedi ei barlysu, yn dilyn geiriau'r anthem genedlaethol yn fud, nes i fam Ifan ruthro heibio, a rhoi taw ar "Gwlad! Gwlad! Pleidiol wyf i'm …" drwy bwyso botwm, a chwilota mewn cwpwrdd uchel wrth siarad dan ei gwynt,

"Mae o yma yn rwla, y bocs *first aid*, mi wn i'n iawn."

Cafodd ddallt y diwrnod wedyn bod Mari wedi gweld rhywfaint o'r peth, yn nhŷ ei ffrind Teleri.

"Wnaethon ni sbort am eu penna nhw, efo eu hen ddillad stiff a gwyneba fel proceriaid."
"Oeddat ti'n disgwl i rwbath ddigwydd?"
"Be ddigwydd?"
"Wel. Dwn i'm. Bom. Protest."

Cysidrodd Mari.

"Dim a deud y gwir. Di petha fela ddim yn digwydd yma, nac 'dyn."

I'w fam, gofynnodd,

"Ydach chi'n falch bod o drosodd, Mam?"
"Ydw mewn ffordd," atebodd hitha. "Ond eto, tydi o ddim."

A roedd hi'n iawn. Roedd lluniau o'r Arwisgo ar dudalen flaen pob papur newydd a chylchgrawn (heblaw am *Tiger* a *Princess Tina*) trwy'r wythnos wedyn, heb sôn am y niws teledu a radio. Tybed oedd ei fam wedi ofni y byddai rhywbeth mawr yn mynd o'i le? Roedd yn gas ganddi bob math o drais. Dyna be oedd gan Anti Megan yn syth wedi iddi ddod trwy'r drws y pnawn Gwener canlynol – llai nag wythnos cyn i'r ysgol dorri – a suddo ar y setl.

"Wel, dyna fo drosodd! Mi fasa wedi gallu bod yn waeth! Wir i chi."
"Ma golwg boeth arnoch chi Anti Megan," oedd sylw Lwl.
"Di bod yn brysyr ydw i, Lwl fach, yn llnau ac ati. Iesgob, Lili, fuo'r lle 'cw rioed cyn laned."
"Fasach chi'n lecio ffan?"
"Ffan! Be nesa dwch?"

"Presant o Sbaen, gin Caren, fy ffrindia," meddai Lwl, a rhedeg i ffwrdd i'w nôl.

"Sbaen! Wel wir mi aethon yn bell o adra."

"Sut mae Alun?" gofynnodd Mam, cyn troi am y gegin newydd i ferwi'r teciall.

Ochneidiodd Anti Megan yn drwm, a daeth Lwl i'w hachub efo ffan bluog efo llun merch yn dawnsio fflamenco arni.

"Diolch, mach i. Does na fawr o Gymraeg i'w gael, cofia. Dos i weld dy frawd, medda fi. Trip bach i Lundain wneith les i ti."

"Mae Huw ddigon pell oddi wrth y stŵr ma."

"Meddwl am ei job mae o. Ond – sti be, mi wnes i anghofio sôn efo'r holl firi ma – mae o wedi cyfarfod hogan Gymraeg! O ochra Treffynnon mae hi'n dod. Merch ffarm, cofia, Lilian."

A rŵan roedd Anti Megan yn wên i gyd, yn meddwl am ei mab hynaf, a sut roedd o a'i gariad wedi cyfarfod yn y Clwb Cymry Llundain, a pwy fasa'n meddwl, ella y byddai aelwyd Gymraeg yn fanno, cyn bo hir.

"Gwylia! Mam, dan ni isio mynd am wylia."

Mari oedd wrthi. Anamal y byddai Mari'n swnian, ond unwaith yr oedd hi wedi penderfynu ei bod hi isio rhywbeth, doedd dim pall arni. Bu'n sôn am yr holl lefydd yr hoffai fynd ar ei gwyliau. Llundain. Sbaen. Yr Alban. Iwerddon. Roeddynt wedi cael gwyliau ddwy flynedd yn ôl, teithio trwy Gymru benbaladr i lawr i Fryste, mynd i weld y sŵ, a chael trip mewn cwch o gwmpas yr harbwr.

"Mi gei di fynd i'r Steddfod cyn pen dim."

"Ia ond mynd am y diwrnod ydi hynny te. Ddeudoch chi y cawn ni fynd i Lundain! A dan ni ddim wedi bod."

"Ond mae'n anodd i ffarmwrs fynd ar eu holides, Mari."

"Mae teulu Cwmisdir yn mynd i'r Eil of Man."

"Twt lol, does na ddim byd i weld yn fanno."

Dad oedd wedi dod i mewn a clywed diwedd y sgwrs. Trodd Mari yn obeithiol tuag ato, i weld a oedd hwylia da, a gobaith am gael codi pac, ond ddeudodd o ddim, dim ond chwibianu.

Awst

A wedyn roedd hi'n wythnos Steddfod y Fflint. Y Fflint, tref ddigon digymeriad a diGymraeg ym mhrofiad Guto. Roedd pawb yn dweud, wrth gwrs, y gwnâi'r Steddfod fyd o les i'r Fflint – ei hadnewyddu, ei ffrwythloni ac yn y blaen. 'Fath â rhyw ddigwyddiad o'r Beibil. Roedd Lilian a Megan yn ategu pob dim roedd y Wasg Gymreig yn ei ddweud, fel pader. Ac mi oedd Guto yn anarferol o brysur, 'radeg yma o'r flwyddyn. Roedd yr haidd wedi aeddfedu'n gynnar, a roeddynt yn gaddo tywydd ansicr yn ail hanner y mis (os oedd *Farmers Weekly* i'w drystio). Daeth y combein o Llwyn ar y dydd Mawrth a'r dydd Mercher, a bu Lilian wrthi'n gwneud brechdana ben bore a'u cadw mewn papur *greaseproof* wrth bod raid iddi fynd i bracteisio efo'r grŵp llefaru. Roedd yn rhyfedd dod i'r tŷ a hitha ddim yno. Cliriodd Guto'r bwrdd yn ffwrdd-â-hi a roedd yn friwsion drosto gyda'r nos, y caws ar ei blât wedi dechau caledu a pryfaid o gwmpas ceg y pot jam riwbob.

Ond roedd hwylia da ar Lil, yn enwedig pan gafodd y parti lwyfan, ac ennill ail wobr.

> "Doeddan ni ddim yn disgwyl cynta, ond mae'r arweinydd yn bles iawn efo ail – y parti o ochra Caerfyrddin sy'n mynd â hi bron bob blwyddyn. Parti Llandeilo."
>
> "Wel, ma'r Steddfod yn y De flwyddyn nesa, beryg bydd hi'n anoddach curo nhw ar eu tir eu hunain."

Roedd yn falch o'i gweld yn hapus, a hefyd fymryn yn eiddigeddus a dweud y gwir. Doedd ganddo fo ddim byd tebyg.

Ar y dydd Iau dyma Mari yn cystadlu efo'i grŵp dawnsio, a fo atebodd y ffôn amser te, a clywed ei llais yn llawn cyffro – wedi cael gwobr gyntaf. Ar y dydd Gwener, ni fu Emyr a'r parti drama llawn mor llwyddiannus. Roeddynt dipyn yn iau na'r cystadleuwyr eraill, ac ni chawsant lwyfan, ond cafwyd beirniadaeth dda – dangos addewid mawr.

Roedd yr haidd wedi ei gael, a gwaith aros am y gwenith, felly aeth Guto am sesh efo Now a Dafydd i ddathlu'r llwyddiant yn y Steddfod, ar y nos Wener. Mi oedd Dafydd mewn hwylia digon sâl – roedd y bychan yn crio sawl gwaith bob nos. A Now yn brofoclyd tuag at bawb, fel y gallai fod ar adega.

"Be di dy gyfraniad di i'r teulu talentog ma, Glasynys, y? Gin y wraig ma nhw'n cael y cwbwl siŵr. Teulu cefnog Plas Trefnant, dwi di clywad amdanyn nhw, doedd ei thad yn codi canu a sgwennu emyna, a'i mam yn sgwennu barddoniaeth. Catrin o Lŷn."

Roedd o'n corddi Guto, a cafodd waith dal arno'i hun. Wrth gwrs roedd Now yn ei nabod ac ailddyblodd ei ymdrechion i'w wylltio.

"A'i brawd Tomos yn canu tenor yng Nghôr Eryri. Dydi rhai'n cael pob dim dwch. I'r pant y rhed y dŵr."

Ysgwyd pen dramatig wedyn a drachtio'i ddiod. Ar y wisgi oedd o heno. Ni fedrai Guto faddau.

"Roedd Mam yn chwara piano a mi chwaraeodd yn y capal am dros ugain mlynadd i ti gael gwybod. A mewn tiwn bob amser os oedd hi'n canu."

Roedd hyn yn hollol wir. Ond os oedd Guto yn mentro agor ei geg i ganu nodyn, gallech fentro y byddai Katie yn crychu ei thrwyn ac yn dweud,

"Guto bach, mi wyt ti allan o diwn!"

Doedd hi ddim yr un stori efo Robat. Roedd ganddo fo lais bas dymunol, ond wrth gwrs wnaeth o ddim ymdrech i'w ddatblygu heb sôn am ymuno ag unrhyw gôr, dim ond synnu pobol yn y capel pan âi i wasanaeth o bryd i'w gilydd.

"Gad lonydd iddo, nei di Now," medda Dafydd. "Dim chdi bia'r rownd yma? Iesu, mae llais y bychan yn dal i ddiasbedain yn fy mhen i. Dwi angan peint arall tasa hi mond i anghofio be sy o mlaen i."

Chwarddodd Now lond y lle.

"O felly mae hi ia," medda fo, un yn cadw part y llall.
Ond cododd ei fys ar Wen ac ordro'r diodydd, a pan drodd yn ôl roedd Guto a Dafydd yn trafod peirianna, a doedd dim troi arnynt.

Pan aeth Guto am bisiad, dilynodd Dafydd ef, ac wedi i'r drws gau, meddai,

"Mae hwylia drwg ar Now achos bod Julie'n mynnu bod yr hogyn yn dŵad i fyw efo nhw."

Aeth yn ei flaen i ddweud bod yr hogyn, Simon, yn dair ar ddeg (yr un oed ag Emyr, meddyliodd Guto) ac yn ormod o gyfrifoldeb i'w nain tua Prestatyn erbyn hyn. Teimlai Guto'n well, ond penderfynodd fynd adre beth bynnag. Roedd o wedi gweld tafod miniog Now yn difetha noson cyn heno.

Y diwrnod canlynol oedd diwrnod olaf yr Eisteddfod. Roedd Guto wedi sôn am fynd i wrando ar y bandiau pres, ond yn y diwedd aeth y gwaith o gael trefn ar y sgubor yn drech na fo. Daeth i'r tŷ amser te yn chwyslyd a phigog, a datgan ei fod yn mynd i'r Fflint yn syth wedi bwyta, molchi a newid. Mwya sydyn, wrth iddo gerdded o'r iard, daethai'r teimlad drosto fod y Steddfod ar fin gorffen am flwyddyn arall, a'i fod wedi ei hanwybyddu, ac y byddai hitha yn symud yn ei blaen efo'i phac gan ei adael yn edrych ar ei hôl hi a difaru.

Penderfynodd y byddai'n mynd i wrando ar gystadleuaeth y Ruban Glas yn y Pafiliwn. Eilliodd yn ofalus, rhoi ei *aftershave* Gentleman (presant Dolig gan Lil) a gwisgo ei grys gwyn.

Edrychai croen ei freichiau a'i ddwylo yn dywyll bron wrth ymyl gwyndra'r defnydd. Neidiodd i'r car, ac i ffwrdd â fo.

Roedd golwg diwedd yr wythnos ar y Maes. Rhimynnau o fwd wedi cledu ar ochrau'r llwybrau ar ôl cawodydd nos Iau a dydd Gwener, gwellt wedi ei sathru. Powliai'r awel ysgafn dybiau eiscrîm a pamffledi ar hyd y llwybrau, lle roedd stondinwyr yn cau'r siop am y tro olaf, neu'n pentyrru llyfrau a phapura i focsys. Gresynai na fuasai wedi dod dipyn bach yn gynt i gael cipolwg ar y llyfrau – ond dim ots, byddent yn y siop gwerthu offer Cymraeg yn Llandudno wythnos nesa. Dechreuodd y gystadleuaeth am saith, a pan gymerodd Guto ei sedd mewn da bryd roedd y lle yn dri chwarter llawn.

Eto ni fedrai ganolbwyntio o ddifri ar y canu, dim ond gadael i'r gwahanol leisiau fod yn gefndir i'w feddyliau yn crwydro, yn gweld Lilian a'i pharti ar y llwyfan yma, yn cydadrodd nerth eu penna a'u llgada yn disgleirio, gymaint o ddifri, eu lleisia yn codi a gostwng yn y ffordd mor nodweddiadol o gydadrodd (a mor ddiflas, ym marn Guto, nad oedd ganddo ddim i'w ddweud wrth y peth a bod yn onest). Mari wedyn yn dawnsio. Hwyrach mai Emyr fyddai ar y llwyfan yn y dyfodol, efo'i ddramâu, neu Lwl fach yn canu. Yn y diwedd torrodd llais drwy'r niwl yma – "Aros mae'r mynyddoedd mawr", canodd Geraint Berwyn, a gadawodd Guto i'r gerddoriaeth forio drwyddo. Ar ei ffordd allan – ar ôl i Berwyn ennill – medrodd Guto amneido â'i ben a chytuno pan glywodd bobol yn dweud,

"Wel am dda, dyna i chi enillydd gwerth ei halen, ia wir."

Trodd am y maes parcio. Erbyn hyn roedd hi'n noson braf a lleuad fochgrwn uwch eu pennau. Cydiodd anniddigrwydd ynddo. Dim ond hyn oedd am fod, agor drws a megino'r tân, a wedyn ei ddiffodd eto? Safodd wrth ymyl y cerbyd, yn gwrando. Clywodd leisiau, rhialtwch, yn cario ar y gwynt – roedd rhywrai'n cael hwyl, yn rhywle, mewn rhyw dafarnau yn strydoedd culion y Fflint. Edrychodd ar ei wats. Chwarter wedi deg. Petai'n ei cherdded am ddeng munud rŵan, roedd o'n debyg o gael peint, a cwmni – hanner awr bach cyn ei throi am adra.

Cymerodd y daith fwy o amser nag yr oedd wedi'i feddwl. Cerddai ar ochor y lôn ar y gwelltglas, a cheir yn pasio'n rheolaidd o gyfeiriad y meysydd parcio. Ymhen tipyn dechreuodd ddod ar draws grwpiau bach yn cerdded y ffordd arall – tuag at y maes carafannau mae'n debyg. Roedd rhai'n chwerthin a sgwrsio wrth gerdded, gan wneud iddo deimlo'n fwy unig. Cipolwg ar y wats – bron yn hanner awr wedi, beryg ei bod yn mynd yn ben set, ond dal i gerdded yn ei flaen a wnaeth, ei ben yn is.

"Chi ar frys!"

Doedd o ddim wedi sylwi arni yn cerdded yng nghysgod y clawdd, i'w wyneb. Rŵan daeth ato. Roedd ganddi ffrog lliw tywyll amdani, dim côt.

"Meddwl cael peint cyn ei throi hi."
"Ond chi'n rhy hwyr, nawr."

Safodd y ddau yn eu hunfan, yn gwynebu ei gilydd. Ei llygaid yn fflach o ddireidi.

"Well i mi droi am adra, ta."
"Well i ti ddod 'da fi gwboi."

Trodd Guto, a gafaelodd hitha yn ei fraich.

Ar y ffordd adre meddyliodd eu bod wedi bod yn lwcus. Ddaeth ei chwaer hi ddim yn ôl yn un peth. Roedd hi wedi bod yn cystadlu, meddai Llinos, roedd hi'n canu. Wedi mynd i ddathlu efo gweddill ei chriw, mae'n debyg. A hefyd, ar y maes pebyll yr oeddan nhw, a dim y maes carafannau. Doedd o'n nabod neb yno – neb fasa mor hurt â trio gwasgu i fewn i dent, a dioddef holl dwrw a stŵr y lle.

Ond roedd o wedi lecio'r cyrcydian, y cropian, y gwasgu. Roedd hitha wedi chwerthin a giglan drwy'r busnas o 'myrraeth efo dillad ac agor botyma. Roedd y cwbwl fel chwa o wynt cynnes, o'r adeg pan oedd o'n llanc.

Roedd y lleuad yn uwch ac yn llai erbyn hyn, yn tynnu'n rhydd o'r ddaear fel barcud wedi ei ollwng, ar ei thaith ei hun i'r gofod. Weindiodd ffenest y car i lawr iddo gael pwyso'i benelin ar y silff. Cofiodd deitl llyfr a ddarllenodd rai blynyddoedd yn gynt – *Ieuenctid yw Mhechod*, am weinidog yn pechu yn erbyn y drefn drwy gael perthynas gorfforol efo merch nad oedd yn wraig iddo fo. Ar y mat o flaen y tân y digwyddodd y peth, roedd wedi ei serio ar ei go (ac ar gof y genedl gyfan, cymaint fu'r sôn amdani). Fedrai o ddim pledio mai ieuenctid oedd ei bechod. Ac yn sydyn daeth atgasedd drosto tuag at y gair "pechod". Pa bechod oedd Llinos ac yntau wedi ei gyflawni? Pechod o ddiawl. Roeddynt wedi mwynhau awr o garu. Awr! I'w gymharu â'r holl flynyddoedd – y degawdau – o fyw a charu efo'i wraig.

A doedd o ddim yn ei chwennych hi, hi nad oedd yn wraig i'w gymydog na neb arall beth bynnag – ddim mwy. Dyna fo. Roedd y peth wedi digwydd, roedd o wedi digwydd yn y Steddfod diolch byth, roedd hynny fel rhyw syrcas yn para wythnos fer, pan oedd rheolau gwahanol ar waith. Doedd yna ddim ffordd hawdd i gysylltu â hi, da o beth oedd hynny, roedd y profiad wedi bod yn wefr. Mi oedd yn wefr.

Doedd pobol yn diflannu? Fo oedd yr unig un o'i deulu gwreiddiol oedd yn dal ar y ddaear. Oedd, roedd Lilian ganddo, a'r plant. Ond pwy wyddai be oedd o'u blaenau? Peth ansicr oedd bywyd, mi ddaeth heb unrhyw garantî. Pam na châi ynta ddiflannu weithia? 'Fath â'r *astronauts* Americanaidd na, Buzz Aldridge a Neil Armstrong, ar y lleuad am y tro cynta erioed, mi oedd yntau wedi gadael ei fyd bob dydd a rhoi ei droed ar dir newydd.

Arafodd y car am funud i droi cornel – ac yna codi sbid unwaith eto. Byddai adre cyn hanner nos.

Diwedd Awst

Er syndod i bawb, yn cynnwys fo'i hun, penderfynodd Guto fynd â'r teulu am wylia ar ddechra wythnos olaf mis Awst. Roedd y cynhaeaf ŷd wedi ei gael, yn ddi-fai, a rhoddodd rywfaint o rybudd i Lilian, fel petai.

"Dan ni wedi bod i ben yn reit daclus, mi fedra i edrych o nghwmpas."

Y math yna o beth. Roedd hithau wedi amau digon i estyn y ces glas o ben draw'r cwpwrdd a tynnu llwch oddi arno. Felly pan ddaeth yr alwad, bore dydd Sul cyn cinio, wnaeth hi ddim mynd i sterics, dim ond dal ati i droi'r grefi, yn gyflymach, a holi i lle.

"Gwlad yr Ha, dwi ffansi," medda ynta. "I ni gael dal ein gafael arno am dipyn bach os fedrwn ni."

Roeddent yn mynd i "Wlad yr Haf". Roedd o'n swnio fel dyffryn y tylwyth teg. Iawn i Mari a Lwl ond be fyddai yna i rywun hŷn fel fo? Doedd ateb ei dad, sef "creiriau – *fossils*", ddim yn codi ei galon ryw lawer, chwaith. Pwy oedd isio treulio ei wylia yn chwilota am hen gerrig ar y traeth, efo'i deulu? Roedd o wedi gobeithio am ddinas, stryd, goleuada, siopa a theatr. "Llundain, tro nesa," meddai ei dad. Ond Duw a ŵyr pryd fyddai'r tro nesa. Roedd ei fam yn ansicir – hanner cydymdeimlo, gan ama y byddai dinas yn rhy boeth a phrysur ar ddiwedd mis Awst. Ond mi wnaeth Emyr ei farn ar un peth yn hollol amlwg.

"Dwi'n rhy hen i rannu efo'r genod, dwi angen llofft fy hun."
"Mi wnawn ni'n gora," oedd ateb ei fam.
"Gawn ni weld," meddai ei dad. "Gawn ni weld be sy ar gael."

Achos wrth gwrs doedd ei deulu ddim wedi trefnu dim o gwbwl o flaen llaw, dim lle i aros, dim man arbennig i aros, hyd yn oed. Roeddynt yn crwydro i lawr trwy Gymru i gyfeiriad Somerset, sef Gwlaf yr Haf – a Dorset oedd y rhanbarth efo'r creiriau, cafodd ar ddallt, a roeddynt am fynd i fanno hefyd.

Dyma'r haf cyntaf i Emyr fod yn anghyffyrddus yng nghwmni Mari. Ymddangosai ei chwaer braidd fel hogan fach iddo, tra oedd o'i hun yn meddwl am, wel, lot o betha. Roedd ei lais yn mynd i fyny ac i lawr, roedd hynny'n un peth, a Mari yn ei bryfocio os dôi allan yn wichlyd, neu'n ddwfn fel baswr. Roedd ambell beth arall yn ei gwneud hi'n bwysig iddo gael stafell ei hun. Ond roedd o'n sicir o un peth – roedd yn rhaid, rhaid iddo gael ei wely ei hun.

Gwnaeth Lwl iddynt chwerthin yn ynganu'r enwau Saesneg fel rhai Cymraeg, a gwneud i "Ludlow" swnio 'fath â "lludw". Wedyn bu'r ddwy ohonynt yn chwara "mi wela i efo fy llygad bach i", nes i Mari laru ar eirfa gyfyng Lwl, a wedyn ymunodd Emyr a gwneud yn dda iawn efo "ael".

Roedd hi'n amser swper cyn i Mam a Dad feddwl am chwilio am le i aros, a roeddent wedi croesi ffin Dorset. Roeddynt mewn tref glan môr o'r enw Lyme Regis, yn sbio ar bob arwydd "B and B", a'r rhai oedd yn datgan "No vacancies", sef pob un.

"Be wnawn ni Guto?" Roedd Mam o leia yn dechra panicio dipyn bach.

"Cario mlaen, te! Dan ni'n siŵr o ffendio rwla."

Roedd Dad yn iawn. Yng nghefn y dref, wrth ymyl y parc, roedd yna arwyddion "Vacancies". Dwy lofft am ddwy noson gawson nhw, ac erbyn hyn roedd Emyr yn falch o gael dod o'r car a chael clwydo yn rhywle. Beth bynnag, roedd eu stafell nhw yn fawr, efo *bunk beds* a gwely sengl. Cytunodd Mari a Lwl i gymryd y *bunk beds*, ac aeth Mari i deyrnasu ar yr un top yn syth.

Cawsant fynd allan eto am *fish and chips*, ar y promenâd. Un mawr oedd o, efo pier ar y pen draw, ond o wneuthuriad cerrig yn hytrach na haearn a phren fel pier Llandudno ac un Colwyn Bay. Roedd o'n enwog, meddai Mam, a sôn amdano yn un o nofelau Jane Austen.

Roedd hi'n braf bod yn ei wely, oedd gyferbyn â'r ffenest, a teimlo'r bybls o'r Vimto yn treiddio drwy waelodion ei stumog. Cysgai Lwl a roedd Mari hefyd wedi troi ei chefn a setlo. Roedd hi'n amser i LB ddod heibio. Roedd hi'n gwisgo ffrog wen gwta, ac wedi paentio'i hewinedd yn binc. Trip ysgol, ac yntau mewn bync top, mewn trên yn rhuo ar draws Ewrop. Drwy lwc doedd yna neb yn y bync gwaelod. Wrth gwrs ei job hi oedd gwneud yn siŵr bod pawb yn iawn, a felly bu raid iddi ddringo i fyny'r ysgol fach, ac eistedd ar erchwyn y gwely bync. Croesodd ei choesau, ac i wneud ei hun yn fwy cyfforddus, tynnodd ei hesgidiau. Clywodd Emyr nhw'n syrthio, un ac yna'r llall, yn erbyn llawr leino'r trên. Dim ond gola gwan oedd yna, gan y lamp fach ar yr ochor, achos roedd y trên yn croesi'r Alpau a dim ond mynyddoedd o'u cwmpas. Crynodd hitha, wrth feddwl ella am y copaon yn eira drostynt – ella bod yna chwa oer yn dod trwy'r ffenest – a doedd dim rhaid iddo ddweud dim, dim ond codi'r cwilt, a dyma hi'n nesáu – sut, ar ei phedwar? Neu'n llithro ar ei hyd tuag ato, ei llaw yn rhedeg ar hyd ochor ei gorff ... bu'n hir cyn cael yr olygfa berffaith, yr ychydig eiriau perffaith, y diwedd perffaith.

Roedd Dad yn siaradus ar y gwyliau yma. Y bore cyntaf, pan aethant yn ôl i weld y Cob, trodd at Emyr a dweud,

> "Mae'r byd yn newid wsti. Y math o ffarmio dan ni'n ei wneud yng Nghymru, dwn i'm faint o ddyfodol sy na iddo fo. Fedar ffarmwrs llaeth ddim troi proffit. Biff ydi bob dim."
>
> "Pam eu bod nhw isio gymaint o biff ta?"
>
> "Wel i fwydo'r boblogaeth te! Dyna be ydan ni'n da."
>
> "Ydi o'n wir bod nhw'n dod â menyn o China?"
>
> "Lle glywis di hynna?"
>
> "Rhys o'r ysgol. Deud bod ei dad o'i go'."

Cyfaddefodd ei dad bod yna sôn wedi bod am hyn ar *Farming Today* (rhaglen ofnadwy o *boring* am ffarmio a thywydd). Erbyn hyn roedd Dad yn cicio cerrig, a'r genod yn swnian am gael *candy floss*, felly dyna ddiwedd ar y sgwrs. Ond mi ailddechreuodd Dad arni amser te, mewn caffi, dros y sgons a hufen a jam.

"'Sa'n lles i chdi, Emyr, ddechra darllan papur newydd, i ti gael gwbod be sy'n mynd ymlaen yn y byd. Mae na newidiada mawr."

"Mam, pam bod nhw'n rhoi crîm ar y sgons a dim menyn?"

"Felna maen nhw'n gneud ffor' hyn. 'West Country Cream Tea' ydi o."

"Wyddoch chi bod na dractor ar gael rŵan fedar redig, a hau, a belio hefyd, heb yr un dyn ar ei gyfyl?"

"Fedrwn ni gael un, Dad?"

Chwerthin wnaeth Dad.

"Dim ond un sy'n bod, Lwl bach, a ma hwnnw yn y National Agricultural Centre. Ydach chi isio gwbod sut mae o'n gweithio?"

Aeth yn ei flaen heb ddisgwyl am ateb, ac egluro bod raid gosod gwifren o dan y tir, tua dwy droedfedd dan yr wyneb, i'r tractor gael gwybod pa ffordd i fynd, ac i wneud yn siŵr ei fod yn saff. Edrychodd Mam, oedd yn taenu mwy o hufen ar ei sgon, i fyny ato, ond be ddeudodd hi oedd,

"Meddyliwch y fath le fasa na, trio gosod gwifrau ar draws y tir i gyd. Ond ella y basa fo werth o ..."

"A'i enw," cyhoeddodd Dad, "ydi – gesiwch chi byth – Fido!"

"Fido! Enw ci ydi Fido."

Torrodd pawb allan i chwerthin. Ond roedd Emyr yn gweld bod yna fanteision i'r tractor newydd yma, na fyddai'n gwneud camgymeriad nac yn llithro.

Yn Weymouth, un llofft i'w rhannu gawson nhw eto, ond y tro yma dim byncs ond gwely sengl ac un dwbwl, a mi wnaeth Mari ffŷs a chwyno bod Lwl yn cicio fel mul. Ond cadwodd Mam bart Emyr ac addo y câi Mari rywbeth neis am ddioddef ei chwaer fach am ddwy noson. Bodlonodd ar hynny, a gwgu ar Emyr. Roedd hi'n lwcus eu bod yn mynd i'r theatr, achos mi aeth y cynnwrf yn drech na'r dig beth bynnag.

Dim ond yn y Rhyl yn gweld pantomeim yr oeddynt wedi bod. Roedd Mam a Dad wedi bod yn theatrau Llundain, a rhybuddiodd Dad hwy mai dim theatr "yng ngwir ystyr y gair" oedd Weymouth Pavilion, ond doedd neb fawr callach. *Variety show* yr oeddynt am weld, efo lot o wahanol artistiaid yn canu a dawnsio a dweud jôcs. Gwisgodd pawb eu dillad gora, Mam mewn ffrog binc edrychai'n ddel efo'i gwallt tonnog tywyll, Dad mewn crys gwyn a siaced, Lwl yn ffrilog a Mari yn "ferch fodern iawn" mewn sgert fini, chadal Mam.

Roedd gan bawb sedd iddyn nhw eu hunain, yn cynnwys Lwl; er i Mam ddweud y câi hi eistedd ar ei glin hi, roedd Dad yn daer bod isio i bawb gael mwynhau eu hunain. Roedd y theatr yn llawn o sŵn pobol yn siarad a chlebran a troi eu penna i edrych o'u cwmpas. Ac yna diffoddwyd y goleuadau, ond aros wnaeth y cyffro, fel petai pawb yn dal eu gwynt. Ymddangosodd dyn mewn siwt ddu a bo-tei o flaen y cyrtans i gyflwyno, a bwriodd iddi:

"Good evening ladies and gentlemen, good to see so many of you here tonight, now have we got a show lined up for you. You'll be whisked to Covent Market garden by the lovely Jenny Hampton – oh, smell those violets – and then our comic duo, Don and Benny, will entertain you with their never-heard-before gags – yes gagging you will be ladies and gentlemen and children too, you lucky children, gagging with laughter I guarantee you – then we have a delicious treat of a turn by a troupe of artistes all the way from distant Romania. And that's just the first half an hour, the first half of the first half! Ah now don't say we don't give you your money's worth here in wonderful Weymouth."

Agorodd y cyrtans melfed coch, a daeth merch i'r golwg, yn eistedd yn freuddwydiol o flaen stondin flodeuog yn gafael mewn bwnsiad o fioledau. Bu canu, bu curo dwylo, bu sibrwd a bwyta da-da, bu mynd am dro i'r toiledau (yr holl ffordd i lawr y grisiau, efo glàs anferth o'r nenfwd i'r llawr, riportiodd Mari, a soseri llwch i ferched oedd yn smocio, a *chandelier* bron mor fawr â'r rhai yn y cyntedd). Cawsant lemonêd yn yr egwyl, a cafodd Mam Babycham, a Dad beint o gwrw. Roedd Lwl wrth ei bodd efo'r canu a'r dawnsio a'r tricia, ond yn diflasu yn ystod y deialoga digri am nad oedd hi'n deall digon o Saesneg i'w dilyn. Roedd Mari ac ynta yn gwerthfawrogi llawer mwy, wedi gweld petha tebyg ar y telifishion, er bod *Morecambe and Wise* yn ddigrifach na rhein. A bod yn onest y canu oedd Emyr yn lecio fwya hefyd, am y rhôi'r cyfle iddo freuddwydio'n nwydus, a dwyn i go' y ferch ddel ar glawr *Cosmopolitan*.

Tra oeddynt yn Weymouth bu raid mynd i siopa un diwrnod diflas, ar gownt Mari a Lwl. Roedd Mari yn dechrau yn Glan Clwyd ymhen pythefnos, a Lwl yn dechrau yn 'rysgol fach. Doedd Mari ddim yn siŵr a oedd y trip siopa am ddillad ysgol yn syniad da.

"Mam, dach chi'n gorod mynd i'r siop *iawn*, ma pawb yn gwbod hynny. Yn Llandudno. Efo'r *list*."

Ond roedd Mam yn amau fod cotia glaw a dillad isa a ballu i'w cael am brisia mwy rhesymol yn y siopa mawr yma na mewn un siop yn Llandudno. Roedd Emyr yn ofni y buasai'n bnawn diflas tu hwnt, wrth bod gan Dad lai o fynadd na Lwl hyd yn oed mewn siop o unrhyw fath. Yn y diwedd cafodd Mam ei ffordd, a prynu dwy flows wen i Mari, a dwy sgert a pinaffor i Lwl.

"O mi fyddi di'n edrach rêl hogan ysgol, Lwl, yn y binaffor!"

Hon oedd noson olaf y gwyliau, a cawsant fynd am swper i le bwyta neis, Le Canard, sef Yr Hwyaden. Archebodd Dad stêc, efo saws pupur, a cafodd Mam ac Emyr borc wedi ei rostio. Roedd Mari am gael *veau blanquette*, nes i Dad edliw mai cig llo bach oedd o. Llanwodd llygaid Mari, rhoddodd Dad y gora iddi, a newidiodd hitha ei hordor a mynd am y *poulet*, sef cyw iâr efo rhyw saws gwin gwyn. Bu raid cael ordor sbesial o sosej (*saucisson*) a tsips i Lwl, fel arfer. Mynnodd lifio drwy'r sosej dew ei hun, heb help. Roedd yn rhaid iddi ddysgu, meddai hi.

150

"O Lwl! Mi fydd hi mor rhyfadd hebddat ti adra! A dim Mari chwaith i gadw cwmpeini i ti. Ddaw hi ddim adra rŵan tan hanner awr wedi pedwar."

Roedd tinc hiraethus, dagreuol bron, yn llais Mam.

"Dyna fo, ma gynnon ni ddwy hogan fawr, does?" medda Dad, ac yfed ei win coch. "Rŵan pwy sy isio pwdin? Neb, mae siŵr gin i."

Archebwyd tair *gateau au chocolat* i'r merched, a *crêpe* i Emyr. Brandi o Ffrainc gafodd Dad. Roedd Emyr ei hun wedi cael blas rhyfeddol ar y geiriau Ffrangeg; y rhai oedd yn cael eu siffrwd, fel *chocolat*. Y rhai benywaidd, fel *blanquette*. Y rhai caled, efo canol gwag, fel *cognac*.

Medi

Yn y diwedd Guto oedd wedi mynd â Lwl i'r ysgol ar ei diwrnod cyntaf. Gwisgai'r binaffor newydd, a cariai fag ysgol bach, anrheg gan Megan, gallech fentro. Roedd ei gwallt wedi ei dorri'n fyr, a'r ffrinj yn uchel ar ei thalcen. Eisteddai'n falch a chefnsyth wrth ei ochr yn y fan, yn parablu am gael mynd i'r ysgol a be fasa na i ginio. Ond edrychai fel oen wedi ei gneifio, o'r cefn, wrth iddi gychwyn cerdded ar draws iard yr ysgol. Safodd Guto wrth y giât. Tybed fyddai hi'n troi'n ôl, neu'n crio? Ond dyma lais Gladys Cae Du, flwyddyn yn hŷn ond yn yr un dosbarth ysgol Sul, yn galw ei henw, "Lw-wl!" ar draws y lle, a hitha'n dechra rhedeg, a fo wnaeth droi yn ôl at y fan. O, mi fyddai Lwl yn iawn. Roedd digon o gythral ynddi.

Doedd o'n poeni dim am Mari, yng Nglan Clwyd am y tro cyntaf. Giamstar ar bob dim oedd honno a byddai'n siŵr o wneud ffrindia newydd yn gyflym. Roedd o'n fwy poenus ei fyd pan ddechreuodd Emyr, rywsut. Hogyn oedd yn teimlo petha oedd o. Gwyddai bod ganddo hiraeth am hir am ei frawd bach, a bu'n sôn llawer am ei hen ffrindia ar ôl iddynt symud.

Chwistrellodd y dŵr dros lawr y beudy, hen job ddiflas ond oedd angen ei gwneud, a'i sgubo efo'r brws bras. Bron yn amser te ddeg. Sut siâp fasa ar Lilian? Roedd o wedi bod yn y tŷ yn rhoi ripôrt iddi pan ddaeth adra, a roedd golwg wedi hario arni, wrthi'n tynnu llestri oddi ar y dresel i'w golchi.

"Dim job sbring-clin ydi honna?"
"Mae'n dro ar fyd, tydi?"

Ella y dylai fod wedi sôn wrthi am gael moch, neu fwy o ieir. Ond trafferth oedd efo nhw, yn y bôn, a roedd Lil wedi gwneud digon o hynny cyn heddiw. Na, mynd yn ôl at y côr cydadrodd, dyna oedd y syniad gora, iddi gael cwmni merched eraill. Capel. Trwy bregeth a phader oedd ei fam wedi byw, ac eto faint o help oeddant mewn cyfyngder go iawn? Trodd y bibell ar ei sgidia hoelion a gadael i'r dŵr ddisodli'r llaid a'r gwair. Roedd hi'n fregus, fel ŵy yr oedd rhaid ei wylio'n ofalus rhag iddo syrthio o'r nyth. Ei waith o oedd goruchwylio. Gwneud yn siŵr nad oedd neb na dim yn ei thramgwyddo. Cyn belled ag y medrai.

Wrth droi am y tŷ gwair i weld faint o waith atgyweirio oedd arno, ar yr ochor bella, aeth y rhesymau dros y pylia yma o iselder trwy ei feddwl. Colli ei mam yn ifanc, pan anwyd Twm ei brawd. Bron yn bedair oed. Ond mi ddaeth ei modryb Lora i lenwi'r bwlch, ac yn fuan hefyd. Roedd y ddwy ohonynt yn ei gwneud hi'n dda, er bod yna wahaniaeth o ran anian, a Lora yn ddynes fwy sidêt a chonfensiynol na Lilian a'i mam, Catherine (yn ôl yr hanes, beth bynnag). Dyn dihiwmor, strêt iawn oedd ei thad, dyn emyn a gweddi. Dyn deallus, doedd dim dowt am hynny – roedd ganddo lyfrgell o ysgrifau, pregethau a barddoniaeth, yn Gymraeg ac yn Saesneg. Ond gwyddai Guto mai dim ond yn y gegin, a hynny tu ôl i'w dwylo yn amal, y byddai chwerthin a hwyl ar aelwyd Plas Trefnant. Mynd i'r parlwr i ddweud adnod, neu i roi adroddiad ariannol (mi wyddai Tomos am gadw cownts, yn iawn) yr oedd Lil a Twm ifanc, a Lora ei chwaer hefyd tasa hi'n mynd i hynny.

Yn ôl Lil, roedd priodas ei mam a'i thad wedi bod yn un

ramantus, ac wedi llwyddo i newid (neu orchuddio?) natur ddifrifol ei thad. Catherine Llewelyn oedd etifedd Plas Trefnant; mab fferm gyfagos oedd Tomos Davies. Ar eu priodas, daeth y stad yn ffarm bron i bedwar can acer, y fwyaf yn yr ardal. Doedd dim yn rhamantus yn hynny. Ond mi oedd gan Catherine – bengoch, dlws – enw am fod yn anghyffredin. Bu mewn ysgol breswyl tua Treffynnon am rai blynyddoedd, a hoffai archebu dillad drud o siopa mawr Lerpwl. Roedd Lil wedi cadw dwy ne dair o hetia ei mam mewn bocs, ac erbyn hyn roedd Mari a Lwl yn cael chwarae gwisgo i fyny efo nhw. Roedd Catherine yn gerddorol – yn ogystal â'r piano, fel pob merch arall, chwaraeai'r delyn. Ni chafodd Lilian wersi telyn. (Pam? Am fod Tomos yn rhy grintachlyd i dalu amdanynt, neu am nad oedd yna neb i'w dysgu? Neu, tybed, am nad oedd o isio codi bwganod?) Ond gwyddai Guto bod gweld telyn ei mam yn dirywio, y *sound board* yn pydru a difetha, wedi rhoi poen meddwl i Lilian.

Roedd Catherine hefyd yn dipyn o fardd, ac yn cystadlu mewn eisteddfodau lleol. Nid oedd Guto wedi darllen dim o'i gwaith, wrth nad oedd wedi cyhoeddi dim byd.

Roedd yna sibrydion eraill hefyd amdani. Bod Catherine yn cael dyddiau tywyll pan na fynnai godi, a bod Tomos yn gorfod ei thynnu o'r gwely. Wrth gwrs mi oedd yna forwynion, a ganddynt hwy y cafwyd y straeon yma. Mi oedd Catherine ei hun wedi marw ers bron i ddeugain mlynedd, erbyn hyn.

Roedd yna dipyn o waith ar y tŷ gwair, meddyliodd wrth edrych ar y to, lle roedd un o'r darnau sinc wedi syrthio. Rhy hwyr am eleni, rŵan, ond dylai drefnu i ail-doi yn y gwanwyn.

Lwl aeth i'r ysgol y bore hwnnw, ond Lowri ddaeth adre amser te. Enw babi oedd Lwl, meddai hi. Y wers gynta yn yr ysgol oedd dysgu sgwennu eich enw, a'i henw hi oedd Lowri. Roedd golwg wedi blino arni, a roedd yna strancs amser swper, a gwely cynnar – bu raid i Lilian ddarllen mwy nag un stori i wneud i fyny.

Y bore wedyn roedd na helynt efo'r hwfer.

"Dydi o'n codi dim, dwi ddim haws."

"Wel, gwagia'r bag, ta."

"Ond dwi di trio, a mi oedd o'n well i ddechra, ond rŵan ma na sŵn drwg eto ac ogla llosgi!"

Plygodd Guto i gael gwell golwg ar y teclyn. Roedd y gwaelod rwber yn mygu, ac wedi troi yn ôl fel gwefus ddirmygus. Roedd hi'n hollol amlwg fod y peiriant wedi llyncu rhywbeth nad oedd i fod, a bod hynny wedi difetha'r injan.

"Be wna i efo fo? Mynd â fo at Robat Huws yn Dre?"

"Waeth i ti heb, mae o wedi ei chael hi."

"Wel be wna i ta? A dim ond ers dwy flynadd mae o gynnon ni."

Safai uwch ben y teclyn yn ddiymadferth fel bwgan brain, yn disgwyl iddo fo wneud y penderfyniad, neu gario'r peiriant o'no a'i wella. Cododd ei sgwyddau, a gwasgu'r ochenaid oedd yn dengid rhwng ei wefusau.

"Gad iddo fo am rŵan."

"Ond sut dw i am llnau'r llawr?"

"Wel gwna be oedd pawb yn ei neud cyn i bali hwfer ddŵad, ac iwsio brws llawr!"

Roedd hi bron â chrio, ond pan wenodd o daeth cysgod o wên dros ei hwyneb hitha.

"Mi wna i grempog i de."

"Gwna di! Gei di weld, mi fydd y plant ar eu cythlwng, mae'n oeri."

Cafodd Guto ei hun yn rhydd, ac aeth at ei ddesg. Roedd arno isio rhoi dipyn o drefn ar y bilia cyn mynd i'r Dre i weld yr acowntant pnawn fory. Byddai hwnnw'n siŵr o ofyn am filia oel a llwch. Peth drud oedd cyfrifydd, ond roedd Now wedi ei berswadio y byddai'n arbed pres iddo yn y tymor hir, trwy ddweud mai dyna oedd ei chwaer a'i frawd yng nghyfraith cyfoethog yn ei wneud – "job ffŵl ydi 'i gneud nhw dy hun, fath â Nhad a fi, be wyddon ni sut mae'r dyn tacs yn meddwl?" Dyma hi'n ôl efo'r olwg boenus eto.

"Fedra i'm meddwl be i neud i swper."

Roedd hi wedi bod yn gwneud swper bob noson ers iddyn nhw briodi. Dywedodd y peth cynta a ddaeth i'w feddwl.

"Corned beef."
"Corned beef?"
"Dwi'n lecio stwnsh *corned beef.* Heb ei gael ers oesoedd."
"Ond di'r plant ddim yn lecio *corned beef*! Dim ond Emyr."

Ei hwyneb yn tywyllu efo, a'r dwylo yn gafael yn dynn yn ei gilydd.

"Bîns ar dost, te, iddyn nhw," trugarhaodd wrthi.
"Wneith hynny, gwneith?"

Nodiodd ei ben a dal ati i ddidoli'r papurau nes oeddynt mewn pentyrrau taclus, a rhoi *rubber band* amdanynt yn barod i fynd efo fo. Insiwrans. Rhaid iddo gofio holi a oedd ganddo ddigon o insiwrans. Ella basa hynny o help efo atgyweirio'r tŷ gwair, erbyn meddwl, neu'n rhywbeth i'w roi yn erbyn incwm y ffarm.

Roedd mynd i nôl Lwl (neu Lowri) adra o'r ysgol yn ddefod ddyddiol am hanner awr wedi tri gan ei mam, ond y pnawn dydd Gwener ar ddiwedd Medi Guto fu raid mynd. Roedd hyn am fod Lwl yn cael ei pharti pen blwydd yn bedair y diwrnod hwnnw, a Lilian wrthi'n gwneud y te. Dim jest Lwl oedd yn cael te, wrth gwrs, a bu raid cael dipyn o drefn ar gefn y fan er mwyn ffitio pump o blant yno, ar ben bêls.

Roedd Guto wedi cael bore digon blinedig, yn gwahanu'r ŵyn oedd yn mynd i'r mart, cyn i Now ddod efo trelar Llwyn i'w nôl. Aeth y sŵn brefu drwy ei ben, yr ŵyn yn y cwt ar un ochor a'r mamau yr ochor arall yn y cae dan tŷ. Doedd dim llawer o hwyl mynd i'r Mart arno, ond roedd y prisia'n eitha teg pan ddaeth ei dro o'r diwedd. Gwelodd ambell un am bwt o sgwrs; roedd golwg giami ar Edwart Llwyn, tad Now, meddyliodd, ei groen yn felynaidd. Faint oedd o, tybed? Dros ei drigain. Doedd na ddim sôn am roi'r gora iddi, wrth gwrs, er bod Now a Julie yn y bwthyn ers bron i dair blynedd. Gwyddai bod Julie isio i'w mab gael dod atynt i fyw – roedd ei mam wedi cael hen ddigon ar edrych ar ei ôl, a Julie wedi bod yn holi sut ysgol oedd Glan Clwyd. Ond pwy fasa isio byw efo Edwart a Rachel, dau ddiflas os buo na erioed? Roedd ganddo le i ddiolch na fu raid i Lilian ac ynta rannu efo'i rieni; cafodd ddilyn ei dad yn denant yn Hendre, a cafodd ei rieni hwythau Tyddyn Ucha ar ôl ei nain a'i daid.

Roedd llond y siop jips o ffermwyr yn hel sgram i'w fwyta yn nhu blaen fan a thryc. Damia! Doedd ganddo mo'r mynadd i aros, a penderfynodd fynd i'r Eagle gan obeithio y byddai pei ne ddwy ar ôl, neu frechdan o leia.

Pan gyrhaeddoedd giât yr ysgol am dri roedd Lwl a'i chriw bach yn disgwyl. Nabododd Gladys, wrth gwrs, yn llond ei chroen mewn jymper binc, a hogyn Tŷ Capel, Elwyn. Merch Ffarm Penisarlôn oedd y llall, a hogan Wil yr ocsiwnïar oedd yr un efo gwallt golau. Hogyn o'r pentre, oedd yn byw efo'i fam a'i nain, wedi colli ei dad, oedd yr olaf. Un bach eiddil o ran golwg oedd o, ond roedd ganddo sbarc o ddireidi yn ei lygaid, a roedd Lwl ac ynta'n ffrindia.

"Dad, dad, ma raid i chi fynd i mewn! Ma Miss Evans isio gair efo chi!"

"Be ti di neud ta Lwl?"

"Lowri! Dim byd! Isio rhoid rwbath i chi mae hi."

Damia, doedd o ddim yn barod am hyn, yn ei drowsus ffarmio efo mwd y mart rownd eu godre, a côt wedi colli botwm. Agorodd gefn y fan i'r plant gael dringo i mewn. Wrth gwrs roedd pawb isio ista ar y bêls yn y cefn a neb isio mynd yn y tu blaen efo fo, yn hollol groes i'r arfer.

Clywodd ei sodlau'n taro'n swnllyd ar y llawr pren. Dyna un peth oedd heb newid ers iddo fod fynd i'r ysgol. Roedd y rhengoedd o ddesgia pren yr un fath hefyd, ond roedd y waliau'n wahanol iawn, yn fwrlwm o luniau a lliwiau. Roedd o'n falch, dros Lwl.

"Dowch i mewn, Mr Roberts."

Roedd athrawes y babanod wedi dod at y drws i'w groesawu, er bod pentwr o lyfrau ar ganol eu marcio ar ei desg uchel. Dynes yn ei thridegau hwyr, yn ei farn o, tenau, ond gwyneb clên ganddi (diolch byth).

"Dim ond isio rhoi hwn i chi oeddwn i, ylwch. Y ffurflen feddygol. Mi faswn wedi ei rhoi i'ch gwraig ddoe, ond mi oedd Mrs Roberts wedi gadael cyn i mi gael cyfle."

Eglurodd bod yr ysgol wedi darganfod nad oedd rhoi ffurflenni pwysig i'r plant ieuengaf i fynd adre yn syniad da iawn. Diolchodd yntau iddi, a holi a oedd Lwl – Lowri – yn dod yn ei blaen yn iawn.

"Ydi wir, mae hi'n dechra darllen yn reit ddel yn barod. Dim syndod o nabod Mari ei chwaer! Ac un bach dda am gydweithio efo plant eraill, hefyd."

Cofiodd yntau am y criw yng nghefn y fan. Ar ôl dangos rhyw waith oedd Lwl wedi ei gyfrannu at "brosiect" Byd Natur yn yr Hydref, gadawodd yr athrawes iddo fynd. Cafodd ei hun yn meddwl a fyddai wedi bod yn lles i Lilian gael addysg uwch, a mynd i ddysgu fel Megan ei chyfnither (ne chwaer hŷn honno, aeth i nyrsio) – fyddai muriau'r ysgol wedi ei chynnal hi'n well na bod adre efo ieir, a chŵn a chathod? Ac yntau wrth gwrs. A beth am Miss Evans? Dynes ifanc alluog, digon del hefyd – biti na fuasa rhyw foi wedi ei bachu. Gobeithio y dôi un yn o fuan cyn iddi golli ei chyfle. Waeth pa mor braf ei theyrnas drefnus, os oedd o'n nabod merched, roedd yn well ganddynt gartre a theulu, yn y bôn.

Yng nghefn y fan roedd pawb ar ben ei gilydd yn bendramwnwgl, a sgrechian dros y lle. Ychwanegodd at y miri drwy addo y buasai Fflei a Mot yn cael dod atynt ar ôl cyrraedd adra, i gael trefn arnynt, fel defaid di-glem.

"Fydd Fflei a Mot yn cael dod am y te pen blwydd?" holodd yr hogyn lleia (Tudwal oedd ei enw, erbyn dallt).
"Mae Fflei di bod yn edrach ymlaen trwy'r dydd," medda fynta, "a Mot wedi cael bow tei yn sbesial."
"Be maen nhw'n roid yn bresant?" Tudwal, eto.
"Asgwrn, te. Wedi ei gladdu ers Dolig."
"Ych a fi! Y! Glywist ti, Lowri!"

Ar ôl mwy o weiddi a phryfocio, cyraeddasant Glasynys, rhyddhawyd y plant, a rhedodd pawb i fyny'r llwybr tuag at y tŷ. Daeth Lil at y drws i'w croesawu, a roedd Guto'n falch o weld gwên ar ei gwyneb a ffrog ddel amdani. Wrth eu bod dipyn yn hwyrach, mi oedd Mari ac Emyr newydd gyrraedd adra hefyd, Mari a'i gwallt hir am ben ei dannedd a bag ysgol llwythog ar y llawr wrth ei thraed, ond yn addo helpu efo'r te a difyrru'r plant. Cafodd gipolwg ar Emyr yn sleifio drwy'r drws efo sosej bach a chacen.

Daeth yn hydref. Wythnos o wynt a glaw yn chwipio'r coed a tynnu eu dillad nes oedd golwg hanner noeth arnynt, y brigau'n trio dal gafael ar y darnau oedd ganddynt ar ôl. Sypiau o ddail dan draed, yn troi'n wlyb, yn glynu wrth wadnau. Cyn bo hir byddai'n cario gwair i'r gwartheg eto. Roedd y fan yn cwyno, yn 'cau tanio – sut siâp fyddai arni ar fore rhewllyd? Roedd angen teiars ôl newydd arni, wrth eu bod yn llyfn, ac yn troi heb symud yn y mwd wrth ymyl giât Cae 'Rafon. Mwya sydyn, darganfuodd Guto nad oedd ganddo fynadd. Dim amynedd i wynebu'r gaeaf a oedd yn rhythu arno, yn paratoi i fynd yn dywyllach, yn fwy hagr. Dim amynedd chwaith i ddal pen rheswm efo Lilian, nes iddi ddod dros y pwl yma. Os câi hwyl dda ar wneud iddi wenu amser cinio, byddai cymylau duon wedi hel eto erbyn amser te. Roedd Rachel Llwyn wedi bod yn annymunol efo hi, pan wnaeth hi drio egluro pam na fedrai hi fynd i oedfa nos Sul.

Hen genawes felna oedd Rachel, ymresymodd yntau – dyna oedd ei mab ei hun yn ddweud wedi'r cwbwl – ond yn lle chwerthin efo fo, fel arfer, dim ond agor ei llygaid yn fawr a chlwyfus wnaeth Lilian.

"Os ydi'n deud petha fela am ei fam, be mae o'n ddeud amdana i?"
"Fasa fo ddim yn meiddio deud dim gair amdanat ti. Heblaw i dy ganmol."

Daeth rhyw fflach bach i'w llygaid wedyn, ond o, roedd o fel naddu carreg yn erbyn carreg am oria.

Ond mi oedd yn wir, sylweddolodd, wrth blygu i godi moron, nad oedd o'n rhedeg ar ei wraig yn yr un ffordd â Dafydd a Now. Roedd Dafydd yn cwyno am Nora, am godi ffrae pan oedd o'n yfed a gweld bai arno am wastraffu pres; a roedd Now yn dweud ambell beth cas iawn am Julie. Ei bod hi'n dal i weld ei chyn-ŵr, tad yr hogyn. Oedd, mi oedd gan Julie druan lygad ddu arall ar ôl hynny, ryw ddau fis yn ôl, a Lil wedi ei gweld yn Dre, ac yn pitïo drosti. Buasai'r hen Lil wedi bytheirio yn erbyn Now, ond dim ond dweud yn dawel bod gan Julie fywyd anodd wnaeth hi'r tro yma.

Roedd cefn Cled o'i flaen, yn codi'r rhes nesa. Roedd Guto wedi paratoi'r cwt mochyn yn barod i'w cadw, a phrynu stoc o sachau. Moron da oeddan nhw eleni. Bwriadai fynd â bwnsiad heibio Gwesty'r Ffesant, i weld a fuasent yn prynu ganddo eto.

Fory roedd y maharen newydd yn cael ei ollwng i blith y defaid. Maharen tal efo gwlân brown, a llygaid bywiog, deallus. Roedd Guto ac yntau'n dallt ei gilydd yn iawn. Braf ar hwn. Dim angen iddo brocio'i gydwybod, dim ond procio hynny o ddefaid a fedrai, pawb yn hapus! Dim canlyniad, heblaw ŵyn.

Diwedd Rhagfyr

Nos Calan. Trothwy degawd newydd yn ogystal â blwyddyn newydd. Y saithdegau! Eleni byddai Emyr yn bedair ar ddeg. Dyn ifanc bron. Roedd yna hogia o'r oed yna yn gweithio yn y Dre, mewn hotel a garej. Hwyrach y dylai holi am joban i Emyr, tua'r Ffesant. Ond y cynhaeaf gwair ac ŷd, dyna oedd yn drysu petha – angen pawb adra wedyn, i gario.

Cleciai'r barrug o dan ei sgidia trymion. Roedd o ar y ffordd i'r tŷ am bwt o swper, a wedyn i'r Leion yn nes ymlaen. I ginio Merched y Wawr oedd Lil yn mynd. Peth newydd oedd hyn. Roedd yn argoeli'n dda bod Lilian wedi ymuno. Cangen newydd ei sefydlu yn Llanrwst oedd hi, gan Eirlys Jones oedd yn cadw siop yno. Dynes smart, canol oed cynnar (dros ei deugain, ond faint?), heb briodi, digon o amser i ymroi i ryw betha newydd. Dim cinio oedd hwn, chwaith. *Buffet*. Pawb yn dod â bwyd ac yn rhannu. Tarten samon oedd cyfraniad Lil. Roedd hi wedi hel bys Guto allan o'r saws gynna. Bu'n ei phryfocio ei fod wedi clywed am dun samon a *salmon fishcakes*, ond pwy glywodd erioed am *darten* samon? Cafodd wên, ac mi welodd y dudalen o *Woman's Own* ar agor – "Mark the Seventies with a Brand-New Cuisine! Our New Year's Eve Buffet Menu–Salmon Tart, followed by Black Forest Gateau."

Crensiodd Guto yn ei flaen. Roedd o'n chwarae efo'r syniad o wneud adduned blwyddyn newydd. Sef peidio, dim yn unig mynd i'w gweld *hi* eto, ond meddwl amdani. Roedd hyn yn mynd i fod yn anodd, achos nid oedd wedi meddwl am lawer o ddim byd arall ar ôl y tro diwethaf iddynt weld ei gilydd, wythnos cyn Dolig.

Yn ei thŷ hi oeddan nhw, nos Wener, a roedd ganddo awr nes gorfod gadael. Roedd hwylia da iawn arni, wedi gorffen ei gwaith tan y flwyddyn newydd, a roeddynt wedi mwynhau. Yn ôl ei harfer, roedd yna fiwsig yn chwara yn y stafell ffrynt, goleuadau tyner, naws ramantus a chyffyrddus ar yr un pryd. A trodd y sgwrs at ei chartre, yn Llandeilo, lle byddai'n treulio'r gwylia, gweld teulu a hen ffrindia. Roedd hi'n edrych ymlaen i weld ei chwiorydd – ei dwy "whaer", Indeg yr hynaf a Manon y whaer fach. Rhain oedd yn canu deuawd efo'i gilydd.

Y fo soniodd am ei chyn-gariad – sboner. Garmon. A mi fyddai'n well petai wedi cau ei geg. Oedd o wedi dod o hyd i gariad newydd, holodd. Falle, meddai hi, ond byddai hi'n debyg o fynd draw. Mynd draw, pam? O, dyna oedd eu harferiad. Pa arferiad? A dyna sut y daeth i ddallt bod – dealltwriaeth rhyngddynt. Nad oeddynt wedi gorffen yng ngwir ystyr y gair.

"Be wyt ti'n feddwl, dach chi'n dal i fynd efo'ch gilydd?"
"Cysgu 'da'n gilydd," atebodd hitha'n ddi-lol.
"Ond yn lle?" gofynnodd yn hurt.

Yn lle! Doedd o'n gwybod erbyn hyn, bod digon o lefydd yn bod. Cefn y car, yn un.

"Yn ei gatre. Sdim tad na mam ganddo fe, ddim mwy. Ma fe'n fòs arno fe ei hun."
"Wela i."

A wedyn mi ofynnodd pwy arall oedd ganddi wedi bod yn gariad. Dyna oedd ei gamgymeriad. Soniodd o am yr unig gariad arall a gafodd cyn priodi, Maggie merch ysgolfeistr Llannerch, gan feddwl y buasai ei hanes hitha'n ddigon tebyg. Ond mi oedd hi wedi bod yn y coleg, dyna oedd y gwahaniaeth. Ar ôl gorffen, os gorffen oedd o, efo Garmon, cafodd Llinos garwriaeth efo hogyn o Ben Llŷn, o Abersoch, pan oedd hi yn ei blwyddyn gyntaf yn Aberystwyth. Mab rheolwr banc, medda hi – Rich oedd ei enw, addas iawn meddai o, a gwenodd hitha. Bu diwedd ar Rich pan aeth hi i Ffrainc am flwyddyn i stydio. (Pwy wyddai bod hyn yn bosib? Blwyddyn gyfa yn Ffrainc. Doedd o ddim yn ddigon cael mynd i Aberystwyth?) Ac yno, bu hi'n caru efo rhyw foi o'r enw Jean-Luc. A fel petai hynny ddim yn ddigon, yn ystod yr haf bu'n teithio o gwmpas gwledydd Ewrop efo dyn arall, Americanwr y tro hwn. Rex oedd ei enw. 'Fath â Rex Harrison.

Roedd golwg bell, hapus yn llygaid Llinos wrth grybwyll hyn

oll, nad oedd Guto'n ei lecio o gwbwl. 'Daeth hi ddim i fanylu mwy ar Rex – doedd dim angen ma raid, achos ymhen mis ne ddau roedd o'n hen hanes, a hitha yn ôl yn Aber.

"Gest ti amsar i wneud rywfaint o waith coleg efo'r holl gariadon ma?"

Agor ei llygaid yn fawr, chwythu mwg. Ddywedodd hi ddim byd.

"Wel, dy flwyddyn ola oedd hon te? Dim mwy o gariadon ma siŵr."

Ond na. Roedd hi wedi cael gafael ar un arall, mab i weinidog o bob dim. Wnaeth Guto ddim trafferthu gofyn ei enw.

"Ddeudist ti wrtho fo am yr holl ddynion ma?"
"Beth? Do, siŵr. Pam lai?"

Gwgodd arno. Triodd yntau egluro. Y ffordd oedd Llinos yn ei dweud hi, roedd pob cam yn dod mor naturiol ar ôl y llall, fel bod ei agwedd o, yr un amlwg, yn swnio'n od.

"Mi fasa unrhyw hogan o ffor' acw – Pen Llŷn 'lly – oedd wedi bod efo gymaint o hogia – wel, 'sa ei henw hi …"
"Yn faw, ife?"

A rŵan roedd golwg beryg yn ei llygaid, a'r sigarét yn cael ei stwnsio yn y soser.

"Achos, i ti gal gwbod, ma sawl un arall. Ti ofynnodd, yndê?"

Aeth yn ei blaen i sôn am Eric o Gaerdydd – roedd hyn yn y cyfnod pan oedd hi'n gweithio yno – dyn priod oedd o. Yn olaf, dyna'r sboner oedd ganddi ar y funud, boi oedd yn chwarae'r ffidil yn y gerddorfa, ym Mangor. Clywsai Guto am hwn yn barod. Boi swil, Robin, efo job yn y brifysgol, oedd yn mynd â Llinos am dro yn ei Triumph Herald, ac oedd wedi gofyn iddi ei briodi. Yn ôl Llinos, siarad a swsian oedd y cwbwl oeddan nhw'n ei wneud. Mae'n amlwg nad oedd yn ddigon iddi.

"Saith!" cyfrodd.

"Wyth, o leia," meddai hi, gan edrych arno fo.

Doedd fiw iddo sôn am warth a chywilydd na dim byd o'r fath. Dim ond hanner gwrando ar ei thruth hi am ryw "ferched rhydd" y soniai rhyw nofelydd amdanynt, rhyw Doris, yr oedd Guto.

"Lessing, Comiwnydd," medda hi, "o Dde Affrica."

"Felly wir?"

Yn ystod yr wythnos a ddilynodd, tra wrthi'n carthu, a chario gwair, a dreifio tractor, er gwaetha tywydd oer Rhagfyr, roedd o'n llosgi. Cynddaredd. Cenfigen. Awch. Cosai ei groen wrth feddwl am yr holl ddynion eraill yn ei chusanu, ei byseddu, gwthio eu hunain rhwng ei chluniau.

Roedd y Nadolig, a hwyl y plant, wedi lliniaru dipyn ar ei deimladau erbyn hyn. Gwyddai mai gwell o lawer fyddai rhoi'r gora iddi. Yn un peth, mi oedd rhywun yn siŵr o ddod i wybod amdanynt, mewn lle fel hyn. Byddai rhywun wedi pasio tŷ Llinos yn hwyr gyda'r nos, a wedi gweld y fan wedi ei pharcio wrth ymyl y sièd. Wrth gwrs, dim ond teirgwaith oedd y peth wedi digwydd.

Ym mis Tachwedd yr oedd wedi darganfod mai athrawes uwchradd oedd hi. Cyn hynny cymerai'n ganiataol mai dysgu plant bach yr oedd, a meddwl mor lwcus oeddynt yn ei chael. Erbyn deall doedd hi ddim wedi dweud dim o'r fath – dim ond yn ei feddwl o oedd y stafell ddosbarth groesawgar, liwgar. Athrawes Gymraeg oedd hi, wrth gwrs. Athrawes Gymraeg yn Ysgol Glan Clwyd. A dyna reswm da arall dros gau pen y mwdwl ar y cyfan. Bu raid iddo edrych ar lyfrau Cymraeg Emyr a Mari. Diolch byth, Mr E. A. Jones oedd ar glawr y ddau lyfr.

Na. Roedd o wedi dysgu cymaint gan Llinos. Cymaint am gerddoriaeth ac am "ryw". "Rhyw" oedd hi'n ei ddeud, a fynta'n dweud "caru". Dim ond "rhyw" oedd o i Llinos, mae rhaid. Cystal gorffen rŵan, cyn i bob dim ddifetha. Agorodd y giât fach, a cherdded i fyny'r llwybr. Y darten samwn oedd ei swper yntau. Yr un gyntaf, oedd wedi llosgi braidd. Doedd o ddim yn siŵr a oedd ganddo flys amdani.

1970

Ionawr

Roedd cinio blwyddyn newydd drosodd, a blas saim yr ŵydd a'r tatws rhost yn dal yng nghefn ei geg. Roedd o'n ginio neis iawn, chwara teg, er bod rhai pobol wedi bod ar eu traed tan oria mân y bore, a rhai pobol eraill wedi cael eu cadw'n effro gan y bobol rheini.

Roedd Emyr wedi prynu dyddiadur iddo'i hun, un gwyrdd, efo 1970 mewn llythrennau aur ar y clawr, efo tudalen ar gyfer pob diwrnod. Am heddiw, rhoddodd ddisgrifiad byr o'r cinio, ac ychwanegu ar waelod y dudalen, "Llygaid Dad yn goch a chul. A dwi'n casáu 'Tylluanod' gan Hogia'r Wyddfa a'i tw-hwit-tŵ-hŵ. Byth isio clywed y gân yna eto ar ôl neithiwr! Na Mari chwaith."

Y peth gora am y tymor newydd oedd eu bod yn dechra ymarfer ar gyfer y sioe gerdd, a câi aros yn hwyr i helpu efo'r cynhyrchu. Hi oedd yn cyfarwyddo, a roedd arni angen pobol y medrai ddibynnu arnynt i baratoi'r cefndir – lot o waith paentio arno. Byddai amryw o'r chweched isaf yno hefyd, i reoli sŵn a goleuadau. Roedd Emyr yn methu byw yn ei groen. Roedd y "clyweliadau" – *auditions* – yn dechrau dydd Mercher. Petai wedi bod yn ddrama gyffredin, byddai wedi trio, ond gwyddai nad oedd ganddo lais digon da ar gyfer rhan unigol, a doedd o ddim isio bod yn y côr. Na, fel hyn byddai'n aelod o'r tîm, yn cael ei werthfawrogi, gweld *ups and downs* y paratoi a'r perfformiadau. Cyn perfformio yn y Steddfod llynedd, roedd hi wedi gofyn i bawb ohonynt sefyll mewn cylch a gafael yn nwylo'i gilydd, a wedyn taflu eu breichiau i'r awyr, a gweiddi, "Dyma ni! Barod am bopeth!" efo'i gilydd. Roedd yn wefr. A roedd o isio bod yn rhan ohono eto.

Fel arall roedd yn gas ganddo fis Ionawr. Rhynnu yn disgwyl am y bỳs ysgol yn y Rhyl, camu i fewn i bylla dŵr rhewllyd ar y ffordd adra yn y tywyllwch. Ond erbyn diwedd y mis, machlud coch syfrdanol oedd yn goleuo diwedd y dydd ysgol, a rhyw sibrwd am dywydd tyner a briallu yn gymysg â'r eira ar y gwynt. Roedd mis Mawrth, mis ei ben blwydd (pedair ar ddeg eleni), yn stori wahanol eto, yn medru bod yn ddieflig o wyntog ac oer, neu'n gynnes fel haf cynnar. Cofiai un o'r dyddia rheini, cyn i Dylan fynd, a'r tri ohonynt wedi gorwedd yn y gwellt hir a tynnu eu dillad i gyd i gael mwynhau'r gwres, fel tasan nhw ar lan y môr. Roeddynt wedi cael row fawr gan Mam:

"Canol mis Mawrth! Be sy ar eich penna! Mi fydd annwyd mawr arnoch chi, gewch chi weld."

Ond wrth gofio rŵan mi oedd o'n falch eu bod wedi gwneud a bod y llun bach hwnnw o'r tri ohonynt yn borcyn yn un o gaea Hendre ganddo'n saff yn ei gof.

Chwefror

Cafodd ddiwrnod neis yn 'rysgol. Cael dod allan o Cemeg achos roedd na bractis drwy'r pnawn, ac LB angen cael rhywun i nôl pobol allan o'u dosbarthiadau. Roedd Ifan ac yntau yn rhedeg ar hyd y coridors, picio i Economeg y Cartre i ofyn i Wini Ffini godi hem y costiwms i'r genod, ogla neis oedd yno hefyd, pawb yn gwneud sbwnj, a cafodd winc gan Teleri ffrind Mari. Neb yn deud y drefn, jest gorfod benthyg llyfr i gopïo'r gwaith Cemeg (*boring, boring!*) wedyn. Ifan yn dweud bod Jem Bach Miwsig wedi syrthio mewn cariad â LB o achos y ffordd roedd o'n edrych arni, ond newydd briodi llynedd roedd o felly rwtsh oedd hynny. Gorfod arwain y côr oedd y dyn, chwara teg.

Roedd yn wir eu bod nhw'n siarad a chwerthin efo'i gilydd ar y diwedd. Fflyrtio, medda Morfudd, ond be wyddai hi? Ei chwaer hŷn hi, Angharad, oedd yn chwara'r brif ran, Merch y Llyn ei hun. Ella bod Morfudd yn *jealous* achos bod ei chwaer yn cael mwy o sylw na hi. Llais dwfn oedd gan Morfudd a dim ond yn y côr yr oedd hi, efo'r altos. Ond eto roedd Morfudd yn fwy o ges nag Angharad, hyd yn oed os oedd hi'n siarad lol weithia.

Mi oedd gan Taid lais tenor da, ac Yncl Twm a Mam yn medru canu, felly pam na chafodd o na Mari ddim lleisia?! Beth bynnag am hynny, roedd ei lais yn torri, teimlad od, fel colli gris ar y ffordd i lawr a baglu. Pwy a ŵyr, ella y câi lais bas bendigedig, erbyn iddo gyrraedd y chweched.

Mawrth

Roedd perfformiad cyntaf "Merch y Llyn" ar Fawrth y degfed ar hugain. O, mi oedd yn ardderchog! Pawb yn llongyfarch yr actorion a'r tîm cynhyrchu. LB a JBM yn wên o glust i glust (a roedd gwraig JBM yno, fel bybl fawr ar fin byrstio, felly naw wfft i Morfudd a'i syniadau!). Mi glywodd Emyr y geiriau "Mi eith *hi*'n bell" am Angharad, neu "Mi eith *o*'n bell" am Owain, oedd yn chwarae rhan y ffarmwr, lawer gwaith ar y diwedd.

Un perfformiad eto nos fory, a wedyn mi fyddai'r cwbwl drosodd.

Ac ar yr ail noson roedd yn well byth, yr actio'n fwy naturiol, pawb yn teimlo mae'n siŵr mai dyma oedd eu cyfle ola. Daeth Dad a Mam, Mari a Lwl. Canodd Lwl y caneuon i gyd ar y ffordd adra. Rhyfedd mor wag y teimlai, yng nghefn y car. Gwag oedd y gwylia, a'r ysgol yn llawn bwrlwm.

Trodd at ei freuddwydion.

Ebrill

"Coffi!" gorchmynnodd Dafydd wrth iddynt gerdded i mewn i'r gegin. Safodd Guto tu ôl iddo. Yn y pen arall i'r gegin safai Nora, yn smwddio ac yn smocio.
"Lle uffar ti di bod ta?"

Dafydd yn agor ei lygaid led y pen.

"Sut fath o groeso di hynna i dy ŵr? A'i ffrindia?"
"Sut fath o groeso gafodd dy *lamb chop* di gan y ci, ddyliat ti ofyn!"

Eisteddodd Dafydd yn drwm wrth y bwrdd.

"Paid ti byth â rhoi fy mwyd i i'r ci, byth eto!"

Trawodd y bwrdd â'i ddwrn.

"A llenwa'r bali teciall na, nei di?"

Gosododd Nora yr hetar smwddio ar y bwrdd, a'r sigarét yn y blwch ar silff y ffenest, ac aeth i lenwi'r teciall. Tynnodd ddau fŷg o'r cwpwrdd llestri a'u gosod wrth ymyl y teciall yn barod.

"Dyna welliant. A ti di gweld pwy sy ma?"

Gwenodd Guto ei wên ddiymhongar ora, a cael awgrym o wên yn ôl ar wefusau main Nora. Roedd yn ddigon iddo fedru estyn cadair ac eistedd wrth y bwrdd gyferbyn â Dafydd. Aeth Nora ati i ailddechrau smwddio a llanwyd y gegin ag ogla bendigedig dillad glân.

"Ddoth y blydi *washing machine* ddim eto, naddo," cyhoeddodd rhwng dau bwff ar ei sigarét. "Blydi Harri Bach na di gaddo ar y ffôn i mi."
"Mae ma gegin grand!" meddai Guto, "i gymharu ..."
"Angen doedd! Oedd hi fel oes yr arth a'r blaidd yma cynt. Te?"
"Coffi i mi plis Nora."

Doedd ogla'r coffi Maxwell House ddim patsh ar arogl y coffi yr oedd wedi dod i arfer ag o, ac yn ddigon dyfrllyd, ond yfodd o'n dawel. Doedd o ddim wedi cael cymaint â Dafydd, am bod isio mynd adre cyn bo hir, a gwaith godro o'i flaen. Diolch byth ei fod yn rhoi'r gora i odro 'leni. Pwysodd Nora swits a llifodd y golau neon dros fwrdd solat y gegin, y mygia gwefl-dew di-serch, a'r llawr teils newydd du a gwyn oedd yn bygwth symud fel petaent yn nodau piano a rhywun yn ei chwarae.

"Mae hi isio bob dim *just so* cyn i'r babi ma ddŵad."

Amneidiodd Dafydd i gyfeiriad ei wraig. Roedd hi'n disgwyl eu hail blentyn.

"*Just so* myn cythral! Ti'n disgwl i mi roi clytia trwy fangl wrth ola lamp?"

Chwarddodd Guto a cafodd wên go iawn y tro yma.

"Chwara teg, Dafydd, mae gin bawb injan olchi iawn dyddia yma."
"Duw Duw, mi geith hi ei blydi injan siŵr. Mae hi'n cael bob dim mae hi isio, dwyt cariad? Oes ma gacan dwch?"
"Ydw, yn y diwedd," metha hitha, yn fwy bodlon. "Oes, yn rwla."

Aeth i chwilio, agor paced, a dyma blatiad o betha lliwgar a edrychai'n debyg i gacenna mwd wedi eu gwneud gan blant pum mlwydd yn ymddangos o'u blaenau.

"Be ddiawl di rhain, dŵad?"

Diolch byth mai Dafydd ofynnodd.

"Kunzle Cakes."
"Kunzle Cakes! Wyt ti am fentro un, Guto?"

Roedd blas melys, melys ar y cacennau, ac yfodd y coffi chwerw bob yn ail â chegiad ohonyn nhw. Taerai eu bod yn taro gwahanol rannau o'i dafod. Ychydig o gacennau siop oedd yna adra, sylweddolodd; byddai Lil yn gwneud cacen sbwnj, neu gacen blât, neu *Bakewell tart* – ww, honno oedd ei ffefryn a doedd o ddim wedi'i chael ers oes pys erbyn meddwl. Tybed, petai o'n gofyn yn neis heno?

Sŵn lyri ar gerrig yr iard tu allan, ac yna lleisiau. Rhedodd Nora at y drws.

"Washing machine?"

"At last! I've been waiting hours!"

Trodd y dyn – Sais o ochra Lerpwl yn ôl ei acen – a mynd i gyrchu'r injan. Clywyd ambell reg wrth iddo fo a'i fêt ei chael ar droli, ac yna ymddangosodd yn y gegin, a llusgwyd hi i'w lle wrth ochor y *sink unit* newydd. Grwgnachai'r dyn drwy'r adeg: lonydd cul, anghysbell – dim ar fap! – dim posib gwybod lle oeddan nhw'n mynd! Cafodd Guto ei hun yn chwerthin wrtho'i hun, a pan oedd y lyri wedi ailgychwyn i lawr lôn bantiog Bryn Castell, a Nora yn rhoi clwt dros wyneb sgleiniog y newydd-ddyfodiad, meddai:

"Hei mi oedd o'n lwcus bod na seins o gwbwl, doedd!"

"Uffar oedd! Tydi'r petha Welsh Nash na di bod wrthi'n tynnu seins eto."

"Dŷn nhw ddim hannar call," ategodd Nora, gan ddal i olchi'n dyner.

"Chwara teg," meddai Guto, "mae o'n wir bod rhai o'r enwa'n hollol Seisnigaidd. Does na ddim 'v' yn Gymraeg ond mae 'Caernarvon' efo 'v' yn bob man."

"Ia, ella – ond maen nhw isio newid Colwyn Bay i Bae Colwyn a pwy ddiawl sy'n deud hynna?"

"Pobol heb ddim byd i neud, mond malu petha. Diawlad gwirion," oedd barn Dafydd.

"Wel," clywodd Guto ei hun yn dweud, "yng Nghymru ydan ni, te, dim yn Lloegar. Pam na chawn ni enwa Cymraeg ar lefydd?"

"O clywch clywch! Pwy sy'n Welsh Nash rŵan? Iesu gwyn, mi fydd o'n peintio'r byd yn wyrdd peth nesa welwn ni!"

Rowliodd Dafydd dan chwerthin, ac ymunodd Nora ag ef. Braidd yn annifyr, chwarddodd Guto yn eu sgil.

"Hei Nora – ella bod o wrthi'n barod gefn nos! Sleifio allan yn y fan! Ddylan ni ofyn pwy sy di bod yn prynu paent gwyrdd ffor' hyn!"

Cymerodd Dafydd saib. Fer.

"Hei ga i ddŵad efo chdi Guts? Na i fod yn *lookout* i ti was."

Chwerthin eto. Cododd Guto ar ei draed, yn teimlo'n rhyfeddol o sobor.

"Well i mi ei chychwyn hi, mi fydd Cled isio help llaw."
"Rŵan ti'n cofio am Cled a'r buchod, yr hen foi!"

Winciodd Dafydd arno.

"Gadwa i dy gyfrinach di, sti."

Trodd y stori cyn gadael wrth ofyn i Nora pryd oedd y babi i fod. Mi wyddai'r ateb wrth gwrs, ond da oedd cael sôn am rwbath arall.

"Chwech wsnos i fynd," oedd ei hateb.
"Reit yn ganol cynhaeaf gwair, cofia. Dwn i'm be ddoth drosta i."

Disgleiriai llygaid Dafydd a roedd golwg digon hapus ar Nora hefyd. Cynigiodd ddangos y llofft bach roedd hi wedi ei phapuro iddo, ond roedd o isio denig erbyn hyn a cafodd fynd drwy addo dod yn ôl efo Lil "yn fuan".

Ar y ffordd adre roedd arno awydd cicio'i hun. Ond wedyn daeth arogl y coffi go iawn, a sent Chanel, yn ôl i'w ffroenau.

Hydref

I'r Motor Show, a dim ond y fo. Doedd o ddim yn deg iawn, ella, ond wedi'r cyfan mi roes wylia teulu iddynt ym mis Awst. Ardal y Llynnoedd, am y tro cynta. Lake Windermere, trip ar y llyn, a phopeth. Wythnos gyfa. Roedd yna ddega o ffarmwrs oedd yn gwrthod mynd o'r ffarm am hyd yn oed ddwy noson. Ond am ei fod wedi rhoi'r gora i'r buchod godro, o'r diwedd, roedd yn haws mynd.

Roedd dyn isio rhywbeth iddo fo ei hun. Bu Now yn trio ei berswadio i ddod i Sioe Smithfield efo fo, ond gwyddai mai traed moch fyddai hynny, a Lilian yn poeni amdano. Byddent yn y pybs fwy na'r sioe. Roedd ganddo ffansi mynd i'r Tate Gallery am y tro cynta, meddai wrthi, ac wrth gwrs mynd i gyngerdd ne ddau. Dim ond o ddydd Iau tan ddydd Sul roedd o'n mynd, beth bynnag.

Cafodd flas garw ar y ceir yn Earls Court. Edmygu'r Triumph Stag (un oedd o wedi ei weld, yn pasio ar sbid ar yr A55), ysgwyd ei ben dros yr Hillman Avenger (enw gwirion, i gar a edrychai fel bocs ar olwynion, dim steil). Siomedig hefyd oedd yr Austin 3 litre, ond cymerodd at rai o'r ceir diarth, y Citroens a'r Fiats. Roedd na ferched mewn gwisg bwni yn gorweddian ar draws bonet y Fiat, heb sôn am dair "Nell Gwynn" efo bronnau mawr a rheini i'w gweld yn bur dda, yn sefyllian mewn sgidia sodla uchel o gwmpas y Triumph. Deallodd yn nes ymlaen, wrth ddarllen papur ym mar yr hotel, bod llawer yn rhedeg ar y merched hyn – "dirty, smutty and unnecessary" ebe'r *Daily Express*. Hen bryd i'r holl sioe symud i rwla arall, bygythiodd y *Times*, ond anghytunai Guto efo'r ddau ohonynt. Roedd o'n edrych ymlaen, wrth sipian ei *gin* a *tonic* (drinc rhyfedd, ogleuo braidd fel sent, ond roedd yn gweddu rywsut i'r achlysur), at nos Wener.

Wrth gwrs doedd o ddim yn beth call na saff i'w wneud. Ond wedyn, roedd o wedi cael llond bol ar fod yn gall. Roedd gaeaf arall yn mestyn o'i flaen, a roedd newydd gael ei ben blwydd yn ddeugain. A cyn dŵad roedd o wedi gorfod claddu'r hen Fot, druan. Blwyddyn a hanner barodd o ar ôl colli ei feistr, ac er ei fod yn cael ambell ddiwrnod go lew, ac yn ysgwyd ei gynffon yn ofnadwy pan wela fo Guto ne Emyr ne Lwl, ei ffefrynna, roedd golwg hiraethus iawn arno'n amal. A dweud y gwir roedd ei weld o yn codi hiraeth mawr ar Guto ei hun. Mi aeth â fo yn ôl i Dyddyn Ucha i'w roi yn y pridd yno, er ei bod yn ddigon o job torri twll yn y tir caregog. Pnawn unig ar y cythral oedd hwnnw, gwynt yn brathu, glaw yn bygwth, a'i figyrna'n goch gan oerfel.

Roedd Lwl bach wedi crio lot ar ei ôl, ac wedi dechra poeni mai Martha'r gath ddu fyddai'r nesa i fynd. Roedd honno'n ddigon musgrell erbyn hyn, a Sunsur wedi diflannu'n llwyr – symud i fyw at hen wreigan yn y pentre oedd yn ei fwydo. Ond cath gall a chyfrwys ar y naw oedd merch drilliw Martha, Meri Mew, er gwaetha ei henw babïaidd. Roedd Guto'n ei gweld yn hela llygod ac adar o gwmpas y lle. Dyna oedd lle cathod i fod, rownd y caea a'r bydái. Ychydig o groeso a gaent ar aelwyd y tŷ – ganddo fo beth bynnag. Ond gwyddai'n iawn hefyd bod yna reolau gwahanol tu ôl i'w gefn.

Bwriadai fynd draw i siop Liberty am y tro cyntaf, hefyd, cyn mynd adra, a prynu un ne ddau o betha tlws, a drud. Sent. Sgarff. Siôl. Rhywbeth felly. Ac ar ôl hynny, siop lyfra fawr, ella, i gael rhywbeth blasus i'r ddau hŷn i'w gnoi – roeddynt yn darllen cymaint â'u rhieni yn eu hoed. Roedd y gwartheg tewion yn gwerthu am bris da, a digon o wair ar ôl cynhaeaf gwerth chweil. Roedd o'n berchen ar fferm wirioneddol dda, cartref dedwydd, a'r plant i gyd yn siapio'n ddel yn yr ysgol. Bwriadai brynu car newydd eleni, am y tro cyntaf yn ei fywyd, dim un ail law. Roedd yna fargeinion i'w cael at fis Gorffennaf, cyn i'r rhifau newydd ddod allan mis Awst, a mi gâi air efo'r bois yn Garej Gaerwen.

Heno yr oedd yn gweld Llinos. Roeddynt yn cyfarfod ym mar y Cadogan Hall cyn y cyngerdd. Hi oedd wedi gofalu am y tocynnau. Y seithfed symffoni gan Beethoven, ac *overture* gan Dax, na wyddai ddim amdano, oedd yr arlwy. Roedd yn edrych ymlaen.

Roedd naws arbennig o braf yn perthyn i stafell fawr gyhoeddus y Cadogan, a'r ffenestri lliw yn dangos ffigyrau Celtaidd. Edrychai Llinos yn berffaith gartrefol, ei chorff yn lluniaidd yn ei ffrog ddu dynn, a'i gwallt wedi ei dynnu'n ôl heblaw am gudyn hir bob ochor i'w gwyneb. Teimlai yntau'n smart yn ei *sports jacket* a chrys glas golau. Pâr oeddynt yng ngolwg y bobol yma; roedd yn falch o gael bod wrth ochor Llinos. Prynodd raglen bob un iddynt, er mwyn iddynt gael rhywbeth i'w gofio.

Cawsant fwynhad yn gwylio'r gerddorfa yn setlo eu hunain ar y llwyfan – bron fel haid o adar du a gwyn ar ganghennau coed, meddai wrth Llinos. Synau tiwnio: gwich uchel y feiolin, tinc ddyfnach y soddgrwth a'r *double bass*, wmff y corn a'r trombôn. Dynion oedd y mwyafrif; dim ond tair o ferched oedd yn y gerddorfa – un yn chwarae'r ffliwt a'r ddwy arall naill ai'r feiolin neu'r fiola – ni fedrai Guto weld gwahaniaeth rhyngddynt. Gwisgent ffrogiau llaes a roedd ysgwyddau a breichiau noeth un ohonynt yn y golwg, yn gyferbyniad trawiadol â siwtiau syber du'r dynion. Dyma'r arweinydd, ceiliog y cwmni, yn cerdded yn dalog a gwenu ar y gynulleidfa, a bu curo dwylo brwd. Ymunasant hwythau yn y gymeradwyaeth.

> "Darn bach sionc oedd y Dax yna," meddai wrth Llinos wedyn, a hwythau'n cerdded. "Gwneud i mi feddwl am lan y môr, a parêd, efo'r offerynnau pres."
>
> "Ie – dim *overture* yng ngwir ystyr y gair, achos nac yw'n arwain i unlle – ond unawde tlws i'r clarinét a'r tiwba. Ond y Beethoven oedd seren y noson, ontefe?"
>
> "O ia, o bell ffordd."

Roedd yn anodd dod o hyd i eiriau i ddisgrifio sut oedd o'n teimlo am harddwch cerddoriaeth Beethoven, ac yn enwedig prif thêm y Seithfed. Roedd wedi corddi rhyw ddyfner o ddigalondid ynddo, a byddai raid gwneud ei ora i beidio â gadael iddo godi i'r wyneb a difetha'r noson.

"Roedd o'n ardderchog, Llinos, ond doeddat ti ddim yn meddwl bod o'n affwysol o drist rywsut?"

Amneidiodd hithau, ac am dipyn buont yn cerdded law yn llaw wrth fynd heibio siopa mawr Peter Jones a Harvey Nichols i gyfeiriad y gwesty. Roedd y ffenestri mawr yn arddangos modela mewn ffrogia a chotia del, rhai efo hetia bach ffwr. Ysgafnodd ei galon; cofiodd am y bore hwnnw, a'r clustiau bach selog ar y bwnis bronnog yn Earls Court. Gwasgodd law Llinos, a cerddodd y ddau ohonynt yn gynt.

Yn hwyrach, wedi'r caru, aeth hi'n flêr, pan oedd o'n ceisio gwneud trefniadau ar gyfer dydd Sadwrn.

"Awn ni i weld dipyn o lunia, y Tate Gallery o'n i di feddwl, a ma siŵr y gwyddost ti am lefydd i fwyta."

"Mae'n ddrwg gen i dy siomi, Guto, ond mae 'da fi bethe i'w gwneud fory. Cer di."

Roedd hi'n brwsio'i gwallt o flaen y glàs ac yntau ar y gwely. Meddai, heb droi:

"Rhaid i fi gwrdd â rhywun. Ti'n gweld, mae hi mor anodd yng Nghymru. Wastod rhyw lygid – rhywun sy'n gweld a gwylio."

Wrth gwrs, dyn oedd hi'n ei gyfarfod. Doedd hi ddim yn fodlon ei enwi.

"Nage peth personol yw hyn. Ni'n trafod strategau."

"Strategau o ddiawl! Deud wrtha i ta. Deud be dach chi'n ei gynllunio, os ydi o mor bwysig."

"Smo ti'n rhan o hyn, Guto."

"Na'dw, ma siŵr."

Aeth hi'n dawel, a hyd yn oed yn ei dymer gwyddai ei bod hi'n ymbellhau oddi wrtho. Ond aeth yn ei flaen.

"Dach chi ddim wedi tynnu 'run arwydd i lawr ers misoedd."

"Mae'r ymgyrch yn dal yn bwysig, ond mae na bethe 'blaw hynny. Ni'n gorfod meddwl am y tymor hir. Iaith y llys – sut ŷn ni am gael deddf iaith? Mater o gynllunio, Guto. A mater o ymroddiad."

Ymroddiad.

"Mi nesh i helpu, do?"
"Dan brotest."
"Mae gin i deulu. Cyfrifoldeba! Fedra i ddim fforddio'r math yna o ymroddiad."
"Fel rŷn ni. Joio ŷn ni – felly pam ei ddifetha? Ond fory, ma 'da fi bethe i wneud."

Ar ei ben ei hun y bore canlynol, wedi iddi ddiflannu ar ôl brecwast, mynd am yr oriel a wnaeth. Ar risia symudol y Tiwb gwelodd boster "The Motor Show" a merch efo'r clustiau bwni'n serennu ar fonet *sportscar*. Wel, dim cwnhingen fach ddiniwed oedd Llinos, ond sgwarnog gyfrwys efo'r gallu i redeg yn gynt na'r helwyr a plymio dan ddaear pan fo galw.

Roedd y lluniau'n bleser, er y buasai wedi lecio cael rhywun wrth ei ochor i'w trafod. Bu'n sefyll am hir o flaen llun John Singer Sargeant o'r merched bach yn yr ardd efo lanternau. Yn ôl y nodiadau, roedd wedi cymryd misoedd o astudiaethau efo genod go iawn i'r artist ei gyflawni, a roedd wedi mynnu bod rhaid i'r amgylchiadau, sef naws y golau, fod yn berffaith addas hefyd. Pwy fasa'n meddwl? Cafodd amgyffred byd arall na wyddai nemor ddim amdano. Beth oedd dyn i'w wneud, os am wella ei hun? Yn y siop prynodd gyfrol swmpus, *The History of Modern Art*, a teimlodd ei phwysau yn ei boced wrth iddo gerdded trwy'r siopa yn y pnawn. Ella y basa Mari yn lecio pori drwyddi hefyd; roedd hi i'w gweld yn mwynhau Celf yn yr ysgol, a'r athro hwnnw'n ei chanmol.

Cafodd flas ar y siopa, a mwynhau estyn ei waled i dalu am betha. Yn Selfridges, prynodd sent Dior, ffownten pen bob un i'r ddau hynaf, a set o bensilia o bob lliw dan haul i Lwl. Cafodd fenig lledr iddo'i hun yn Liberty. Peth nad oedd o wir angen ond roedd wedi gwirioni efo'r meddalrwydd mwythus. Yno gwelodd gymaint o betha fuasai'n gweddu i Llinos – sgarff sidan lliw emrallt, mwclis arian, ffrog felfed ddu, ond ymataliodd. Tybed faint o anrhegion Dolig oedd hi yn ei gael, a gan bwy? Wyddai o ddim hyd yn oed pryd oedd ei phen blwydd. Ond taw oedd pia hi o hyn allan.

Roedd hi ar lwybr gwahanol, meddyliodd wrth droi blaen y car am adra ar ddiwedd y pnawn, a'i chred yn ei gyrru. Wyddai o ddim i lle roedd o'n arwain. Oedd ots? Doedd o ei hun ddim yn credu yn y dyfodol fel rhyw nod a delfryd. Roedd pobol yn rhy frau, yn rhy barod i nogio, colli eu ffydd a chyfaddawdu. Gwelsai nhw'n gloff, yn gleisiau, yn pydru yn eu blaenau cystal ag y medrent – y rhan fwya ohonynt yn trio eu gorau i gael dipyn o sbort ar y daith, rhai'n pwyso'n drwm ar ffon crefydd.

Doedd dim hanes o las a phorffor nefolaidd yn ei ben o ddim mwy. Sglein arian a phres, gwyrddni cloddia'r haf yn frith o floda, melyn troed yr iâr a glas clycha sgwarnog. Lliwiau crin y gaeaf.

Wrth i'r Jag losgi rwber ar yr M1, cofiodd am yr adduned blwyddyn newydd. Aethai'n ufflon. Ond doedd hi ddim yn rhy hwyr i droi'n ôl. A pan ddaeth bryniau Cymru i'r golwg wrth iddo gyrraedd lonydd llydan Sir Amwythig, trodd ei feddyliau tuag at ei gartref a'i deulu. Fynnai o ddim dod adre i dŷ gwag, a diolchodd bod ganddo lond ei hafflau o anrhegion.

1971

Gwanwyn

Roedd ei fam yn hapus. Y gwanwyn, ella, oedd yn gyfrifol am hynny. Roedd yn wanwyn cynnar, y daffodils wedi agor cyn Mawrth y cyntaf, a Lowri'n mynd â bwnsiad ohonynt yn ei dwrn i'r ysgol. Fis cyn pen blwydd Emyr yn bymtheg ym mis Mawrth, ar y pymthegfed o Chwefror, trodd y byd yn *decimal*. Daeth ceiniogau bychain i gymryd lle'r rhai mawr, cyfarwydd, a dimeiau oedd mor ysgafn a di-nod fel eu bod bron yn dryloyw yn lle'r rhai efo llun cwch arnynt. "Wneith rheina ddim para dim," oedd barn tad Emyr amdanynt. Roedd y papurau newydd yn bytheirio am golli mesurau pwys – sut fyddai gwragedd tŷ yn dod i ben? – a llathen, pwy oedd ag unrhyw syniad pa mor bell oedd can medr, yn hytrach na can llath?

Beth bynnag, dyma'i fam, yn mwmial canu dan ei gwynt wrth roi polish i'r brasys ar bnawn heulog o Fawrth, ac yn sôn am gôr cydadrodd yn yr Eisteddfod. Eisteddfod Bangor eleni, a'r Maes ar dir Castell Penrhyn, y Steddfod agosaf erioed.

Roedd Emyr ei hun wedi cael rhan fach yn y ddrama oedd yn mynd i'r gystadleuaeth eleni. Drama gan foi o'r enw Wil Sam oedd hi, a roedd o'n chwara rhan mab y stesion. Wrth gwrs, disgyblion o'r chweched oedd wedi cael y prif rannau. Selwyn oedd y tad, a Sara Ebrill Williams oedd y fam. Roedd gan Sara

Ebrill wallt oedd yn cyrraedd at waelod ei chefn, a rhieni oedd yn amlwg yng nghangen leol Plaid Cymru.

"Digon hawdd gwbod hynny – pwy arall fasa wedi rhoi enw mor wirion arni?" oedd barn Ifan.

Soniodd o ddim bod ei dad ei hun yn aelod, a rhieni Emyr, hwyrach am nad oeddan nhw yn gwneud dim byd heblaw pleidleisio. Beth bynnag am hynny, mi oedd Emyr wedi sylwi bod Ifan yn lecio bod yng nghwmni Sara, ac yn syllu arni yn tynnu ei bysedd drwy ei gwallt, a'i godi ar dop ei phen yn rholyn disglair, heb edrych fel petai hi'n ymwybodol o'r peth hyd yn oed.

"Sara Mai oedd hi i fod, sti, ond mi gafodd ei geni fis yn gynnar," meddai wrth Ifan pan oeddynt yn mynd adra ar y býs un noson.

Roedd o'n falch o'r wybodaeth yma, ond er syndod iddo, torri allan i chwerthin wnaeth Ifan.

"Babi wyth mis? Pawb yn gwbod be ma hynny'n feddwl."
"Be?" holodd yn hurt.
"Eu bod nhw *wrthi*, de, cyn priodi."
"Ma ei thad hi ar y cyngor, tydi, Richard Williams. A'i mam hi'n athrawes gynradd."
"*Felly*?" medda Ifan, gyda winc. "Ma pobol barchus yn cael eu dal 'fyd. Ta-ra!"

Bu Emyr yn pendroni dipyn am Sara ar ôl hynny. Roedd hi tua'r un oed â'i gyfnither, Nia. Ond dim unig blentyn oedd Nia, gan fod ei rhieni, Yncl Twm ac Anti Ceinwen, wedi mabwysiadu mab, Dafydd, pan oedd Nia'n wyth oed. Roedd yn amlwg nad oedd un ferch yn ddigon. Ond mi oedd Sara yn ddigon i Mr a Mrs Williams. A mi oedd hi'n hogan neis – llawer rhy neis i foi fel Ifan, yn ei farn o.

Teulu oedd ar ei feddwl wrth ddod oddi ar y býs a cherdded i fyny lôn Glasynys. Un brawd bob un oedd gan Mam a Dad, ond mi oedd Dad wedi colli ei unig frawd o. Roedd yntau, Emyr, wedi colli ei unig frawd, ond roedd ganddo ddwy chwaer. Roedd ei deulu o yn fwy na teuluoedd ei rieni. Y pnawn braf hwnnw, daeth y cwestiwn i'w fam allan heb iddo gysidro fawr o flaen llaw.

"Ydach chi'n meddwl y cewch chi fwy o blant, Mam?"
"Be nath i ti feddwl am hynna?"

Roedd hi wedi rhoi'r gora i rwbio'r canhwyllbren, a gosododd o'n ôl ar y dresel efo'i bartneres.

"Dwn i'm, sti. Ma petha di dod i drefn yn reit dda erbyn hyn. Lowri'n tyfu i fyny ..."
"Ond oeddech chi isio teulu mawr?"

Edrychodd yn dreiddgar arno, cyn dweud:

"Oeddan. Mi oeddan ni'n dau isio teulu go fawr. Os fedran ni, te."
"Am mai dim ond un brawd bob un oedd gynnoch chi?"

Amneidiodd ei fam â'i phen.

"Os wyt ti'n colli un ..."

Wrth gwrs, gwyddai mai cyfeirio at Dylan yr oedd hi, a dim yn unig at Yncl Robat. Aeth hitha yn ei blaen:

"Dwi'n falch drostat ti a Mari. Mae gynnoch chi'ch dau eich gilydd, does? Rydach chi'n agos."

Gadawyd y sgwrs yn fanna, wrth i sŵn traed y dynion nesáu at y tŷ, a'i fam yn rhuthro am y gegin i lenwi'r teciall a torri bara menyn. Meddyliodd yntau am Mari, oedd rŵan ym Mlwyddyn Dau, ac i weld yn mwynhau ei hun, ei gwneud hi'n dda efo'r plant a'r athrawon. Roedd rhywbeth yn debyg i flodyn gwyllt ynddi, y gallu i ffynnu a sugno daioni o bob math o dir. Bwtsias y gog yn eu gogoniant glas, ne fysedd y cŵn tal beiddgar, ne'n well byth, eithin – digon o liw cryf, ogla da fel mêl ne goconyt, a rhywfaint o bowldrwydd pigog.

Ond gwyddai Emyr hefyd bod Mari wedi newid. Roedd o'n hanner gwybod bod ei chwaer yn cael *periods* ers rhai misoedd. Be oedd y gair Cymraeg hoples? "Mis rwbath." Misglwyf. Gwaed oedd hynny, a roedd cymysgedd o "ych a fi" a rhyfeddod yn ei deimladau o. Ond yn fwy na dim, roedd ganddo biti drosti. Roedd Mari mor ddiamynedd a bywiog, y gynta i ddringo dros ben giât, roedd y blydi "misglwyf"– ia, wel blydi oedd y gair – wel roedd yn bownd o fod yn boen iddi. Llyffethair. Roedd o wedi clywed ei chwaer yn sibrwd wrth ei fam un bore, rwbath fel, "Byth eto! Prynwch rai!" Ond doedd fiw iddo fo sôn am y peth.

Roedd yna si bod hogyn o Flwyddyn Tri yn gwneud llygada ar Mari. Celt oedd ei enw. Roedd o'n ama weithia bod Mari dipyn bach tebycach i Ifan na fo ei hun, yn lecio hogia a chariadon a chlecs. Gwyddai bod ganddi gasgliad go dda o *make up* ar ei bwrdd glàs. Lipstic a lliw i roi ar amrannau, *eyeshadow*, masgara i flew llygaid, powdwr a sent. Ella bod hynny'n beth braf. Fel rhoi masg ar eich gwyneb i fynd allan. Doedd y dewis yna ddim ganddo fo, roedd rhaid gwynebu'r byd efo llais fel si-so yn mynd i fyny ac i lawr, a blew yr oedd rhaid eu heillio yn tyfu dros ei wyneb. Roedd *after-shave* ymhlith ei bresanta Dolig a phen blwydd erbyn hyn.

Amser te, y dydd Mercher canlynol, roedd gan Lwl gwestiwn:

"Pam sgin i ddim brawd ne chwaer fach? Ma gin bawb arall yn y dosbarth un."

"Sgin bawb ddim. Unig blentyn ydi Gladys Cae Du, te."

Roedd Emyr yn ddiamynedd ond roedd Lwl yn mynd ar ei nerfa a fynta wedi blino.

"Dio'm yn deg. Dwi isio bod yn chwaer fawr! 'Fath â Mari."

"Tyd rŵan Lowri, dwi isio clirio'r bwrdd, mae gynnon ni ymarfer am saith heno."

Roedd Lwl hitha wedi blino a daeth y dagra, a wedyn bu raid i Mam swatio efo hi ar y setl a rhannu stori. Wedi i Mam adael, a nhwythau eill dau yn plygu dros waith cartref ar fwrdd y gegin,

Mari efo Maths ac ynta'n dysgu am frwydrau Owain Glyndŵr ar gyfer prawf, meddai Mari,

"Chwara teg, mae gynni hi hawl i ofyn. Wyt ti'n meddwl bod hi'n anghofio am Dylan?"

"Nabododd hi mo Dylan. A mi oedd o'n hŷn na hi."

"Oedd, dwi'n gwbod hynny. Dan ni byth yn sôn amdano fo."

"Mae o yn y llun ar y dresel."

"Ydi, ond dwi'n ama bod Lwl yn meddwl mai *hi* ydi'r babi yn y llun."

Saib, ac yntau'n mynd drwy'r castelli a enillodd Glyndŵr: Cricieth. Caerffili. Caerdydd. 1412 oedd Caerdydd?

"'Tisio sbio ar y llunia yn y bocs?"

Wrth gwrs mi oedd hi. Ar ôl gorffen y sym nesa, i ffwrdd â hi am y parlwr a tynnu'r bocs o ben draw gwaelod y dresel. Roedd y lluniau ar y top yn rhai cyfarwydd. Llun priodas Mam a Dad, Mam yn ei ffrog briodas balerina efo bwnsiad o rosod (pinc, meddai Mari, oedd y rhosod, ond rywsut gwelai nhw yn goch bob amser yn llygaid ei feddwl), Dad efo'i wallt yn fflat (effaith Brylcreem oedd hynna). Anti Lora a Taid ar ochor Mam, a Nain a Taid Tyddyn Ucha ar ochor Dad. Roedd gan y ddwy ddynes hetia lliw tywyll ar eu pennau, ac un Anti Lora efo fêl fach.

"Dwi'm yn meddwl mai du oedd yr hetia, wyt ti?" pendronodd Mari. "Achos priodas ydi hi wedi'r cwbwl, dim cnebrwng. Nefi blw, ella."

"Mae na lot ohonyn nhw wedi marw, does?"

"Mi nath Anti Lora farw cyn i mi gael fy ngeni hyd yn oed. A Taid Plas Trefnant pan o'n i'n ddwy."

"Prin dw i'n ei gofio fo. Pedair oed o'n i. Chawson ni ddim nabod 'run ohonyn nhw. Ond mi oedd Taid a Nain Tyddyn Ucha gynnon ni."

Rhoes Mari ochenaid fach cyn cario yn ei blaen.

"Ond dim ond tan nes oeddat ti'n ddeg a finna'n wyth. A mi

oedd Nain wedi marw ddwy flynedd cyn hynny. Be dwi'n gofio ora ydi bod hi'n gweu dillad i'r dolia. Maen nhw'n dal gin i."

Daliodd Emyr i fynd trwy'r llunia. Dyma un o'i dad a'i frawd Robat. Edrychodd ar y cefn. "Pwllheli, Shore Photography Studio, 1935." Yncl Robat yn sefyll a'i frawd bach Guto yn eistedd ar stôl wrth ei ochor. Digon hawdd gweld mai gwallt tywyll oedd gan yr hynaf a gwallt gola gan ei dad. Roedd ei dad yn bump, a felly Robat yn wyth yn y llun.

"A dyna i chdi beth arall oedd ddim yn deg."
"Be?"
"Yncl Robat oedd ffefryn Nain."
"Sut wyt ti'n gwbod hynna, Mari?"
"Mam ddeudodd."
"Ond sut oedd hi'n gwbod? Ti'n meddwl bod Nain di deud wrthi, 'Mae'n well gin i Robat na Guto'?"

A dyma Mari yn codi ei hysgwyddau.

"Doedd Nain ddim isio byw, nac oedd, ar ôl i Yncl Robat farw."
"Cael salwch ddaru hi. Cansar. Doedd dim help am hynny."
"Doedd dim help am ei bod hi heb ddeud wrth neb, bod hi'n sâl."
"Sbia, llun o Mam ac Yncl Twm di hwn. Yli dillad neis gynnyn nhw."
"Mm, fetia i bod ffrog Mam yn felfed. 'Swn i'n deud bod hi tua deg oed."

Stydiodd Mari y llun yn agos.

"Mae hi mor ddel, tydi? Hi oedd yr hogan ddela welodd o rioed, medda Dad. Pan oedd hi'n ferch ifanc. Ond ma golwg reit bwdlyd ar Yncl Twm – dim isio cael tynnu ei lun mae'n siŵr!"
"O yli hwn, Mari!"

Llun bach sgwâr, gardd ffrynt Hendre, Emyr yn eistedd fel brenin mewn car bach, Mari yn gafael mewn dol gerfydd ei braich, a Dylan efo'i dedi-bêr dan ei gesail. Pob un ohonynt mewn jymper Fair Isle.

"Dwi'n cofio'r jympars yna. Un fi yn goch, d'un di yn las, ac un Dylan yn wyrdd. Nain nath eu gweu nhw."
"Dwi'n cadw hwn," medda Mari, a'i gymryd.
"Ond ..."
"Bedi'r ots? Dim ond mewn hen focs llychlyd maen nhw. Dwi am roi hwn yn fy mocs petha sbesial."

Ar waelod y bocs roedd yna lot o lunia o bobol nad oeddynt yn eu hadnabod. Rhoesant y caead yn ôl ar y bocs, cau drws y dresel, a mynd yn ôl i'r gegin. Roedd yn bryd dysgu pryd roedd Owain Glyndŵr wedi colli pob un o'r castelli yr oedd wedi eu hennill ar ddechra ei ymgyrch.

Nesâi'r Eisteddfod. Yn y Grŵp Drama, roedd pawb wedi hen ddysgu eu llinellau. Roedd Emyr yn cael blas ar y ddrama ei hun. Ymddangosai'n od i ddechra, ond mi oedd wedi tyfu arno. Wrth bod Lwl yn canu efo'r Urdd, mi oedd pawb wedi syrffedu ar "Migl-di-magl" efo'r blydi "hei now now". Roedd parti dawnsio Mari wedi datblygu'n barti clocsio, a medrai Mari wneud sŵn taranllyd efo nhw ar lawr y gegin, a gwneud i Meri Mew (merch Martha'r gath) ddychryn a Dad ruo. Roedd hi hefyd yn cael blas ar gymowta o gwmpas Conwy efo'i ffrindia (a Celt?) ar ôl ymarfer efo'r Aelwyd nos Wener. Dim ond Dad oedd heb ddim byd i'w wneud yn y Steddfod, a roedd o yn jocian bod angen rhywun call i gadw golwg ar bawb ohonyn nhw, a'i fod yn gweddïo'n llawn amser am i'r cynhaeaf gwair fod drosodd a'r cynhaeaf ŷd heb ddechra, wsnos gynta mis Awst, iddo gael mynd i'w cefnogi.

Awst

Steddfod wahanol iawn i un y Fflint oedd hi, ar lawntiau Castell Penrhyn, a felly yn wyrdd lle roedd y Fflint yn llwyd. Aeth Guto i wrando ar barti cydadrodd Lilian yn y Pafiliwn nos Fawrth. Gwelodd Lil yn syth, yn ei sgert ddu laes a blows wen, ar ben yr ail res ar yr ochor chwith, a'i dangos i Mari a Lwl oedd wedi mynnu cael dod efo fo. Roedd yn berfformiad da, ond roedd yn well gan Guto y corau a ddilynodd. Y caneuon traddodiadol Cymreig oedd ora ganddo fo, a bod yn onest. Ond roedd rhyw ias yn "Barti Ddu", darn modern gan Alun Hoddinott. Meddyliodd na fuasai wedi ei werthfawrogi o gwbwl ddwy flynedd ynghynt.

Wyddai o ddim a oedd Llinos yma ai peidio. Cymerai'n ganiataol ei bod, mewn gwirionedd, ond nid oeddynt wedi sôn am y peth. Tybed a fyddai hi ar y maes pebyll bondigrybwyll yna eto? Lle llawer mwy llac na'r maes carafannau teuluol, sidêt. Beth bynnag am hynny, a'r wybodaeth na fyddai eu llwybrau'n debygol o groesi, roedd yna wefr mewn gwybod ei bod hi yma yn rhywle, yn siarad, yn yfed, yn protestio. Ia, protestio. Dyna lle roedd hi'n bownd o fod – protest gan Gymdeithas yr Iaith.

Ond fel bob tro mi oedd yna betha i'w gwneud wythnos Steddfod. Roedd angen bod o gwmpas i Elwyn Cefn drwsio'r belar dydd Mawrth, felly ni fedrai fynd ar ddiwrnod y Coroni. Aethant i gyngerdd yr ysgolion a'r Urdd lleol nos Fercher, am bod Lwl yn cymryd rhan. Tro Emyr oedd hi dydd Gwener, diwrnod o dywydd gwlyb, ond cawsant hwyl dda arni a chael llwyfan. Trydydd oedd y dyfarniad, a roeddynt yn eitha bodlon. Yn y diwedd cynigiodd fynd â Mari ar y dydd Sadwrn, a hynny'n gynnar, achos roedd rhaid bod mewn rhyw ysgol leol am ragbrawf erbyn wyth. O leia byddai'r Cyfansoddiadau ar werth ar y Maes ar ddiwedd y pnawn.

Wrth gwrs roedd Mari fel brych ben bore, ond bywiogodd ar ôl cyrraedd a gweld rhai o'i ffrindia. Mi gwelodd nhw yn griw bach ar y Maes ganol bora – roeddyn nhwytha wedi cael llwyfan, ac yn perfformio am ddau. Prynodd frechdan ddrud a diod i Mari, ac eiscrîm iddi hi a'i ffrind Teleri. Addawodd ddod i'w gweld yn cystadlu yn y Pafiliwn. O'r diwedd daeth ar draws stondin Cymdeithas yr Iaith – ac oedd, roedd bwrdd tu allan yn datgan, "Protest heddiw am 3! Dowch yn llu i gefnogi!" Aeth o gwmpas y stondin yn gyflym. Roedd hi'n llawn o ystadegau yn dangos y gostyngiad yn y niferoedd oedd yn siarad Cymraeg. Doedd o ddim yn hitio dim amdanynt. Doedd o a'i deulu yn byw eu holl fywydau trwy'r Gymraeg – ei fywyd o fel ffarmwr, addysg y plant, capel a gweithgareddau Lilian? Ond dyna'r llinell goch yn dod i lawr, o 1900 i 1920, 1950, 1960 a rŵan 1970. Gostyngiad cyson, digamsyniol.

Cafodd flas ar y gystadleuaeth clocsio, mwy na'r disgwyl. Ond roedd petha'n rhedeg yn hwyr yn y Pafiliwn a dechreuodd Guto ofni y byddai yn colli'r brotest. Gadawodd y Pafiliwn heb aros i glywed y dyfarniad. Faint o amser oedd protest yn para tybed? Brysiodd draw at y stondin, gan addo sefyll yn ôl a gwylio o bellter. Criw bach oedd wedi ymgasglu yno, ond daliai pobol i gyrraedd ac ymuno – pobol ifanc, y rhan fwya ohonynt, ond ambell un hŷn. Dyn ifanc ddechreuodd siarad, efo sbectol, golwg reit o ddifri arno fo.

"Diolch, ffrinda, am ddod i'n cefnogi yma heddiw," medda fo.

Cymerodd Guto gam ne ddau yn ôl. O'i safle wrth ochor stondin y Wladfa, yn llawn o bobol mewn oed yn sipian te, cribiniodd drwy'r dorf fechan. Hi oedd yr un efo'r sgarff ysgarlad? Ynte'r sbectol haul fawr?

"Felly rydym yn gofyn i chi weithredu," medda'r boi sbectol, mewn llais tebyg i lais prygethwr, "a dangos eich ymroddiad yma heddiw."

A bu saib. Pawb yn disgwyl – am i rywun offrymu ei hun, ma raid. Daliodd Guto ei wynt, hefyd. Yn un peth roedd wedi gweld

Mari a Teleri ar yr ochor draw i'r dorf. Ac yn beth arall – be tasa Llinos yn taflu ei het i'r cylch ac yn gaddo gweithredu? Be ddiawl oedd hynny?

Ond yn y diwedd dynes ifanc arall wnaeth gamu yn ei blaen ac addo gweithredu ar ran Cymdeithas yr Iaith, a'r boi sbectol yn diolch iddi o waelod ei galon, ar ran pawb a phopeth. Er chwilio, welai Guto mo wallt coch Llinos, na chlywed ei llais. Clywodd bobol yn dweud, "Mi siaradodd Stephen yn dda, do?" a chasglu mai dyna oedd enw'r boi sbectol, a wedi darllen rhyw bamffled a gynigiwyd iddo gan ferch ifanc eiddgar arall, deallodd mai Cadeirydd y Gymdeithas oedd hwn, sef Stifyn (noder y sillafiad) Harris. Catrin oedd enw'r ferch oedd am weithredu, a roedd hon wedi gweithredu o'r blaen, a wedi bod yn y carchar unwaith. Tybiai ei fod wedi clywed yr enw Catrin Defis o'r blaen. Ofer, felly, oedd ei drip eisteddfodol. Trodd ymaith, gan feddwl chwilio am stondin lyfrau.

"Dad! Be dach chi'n neud yma?"

Yr oedd wedi anghofio am Mari.

"Dim byd – a chditha 'run fath gobeithio! Jest digwydd pasio. Gweld bod pobol di hel."
"Tydi hi'n grêt! Catrin. Mor ddewr."

Teleri oedd yn byrlymu.

"Reit Mari, chwech, yn y maes parcio. Yr ail un, efo'r polyn teligraff. Iawn?"
"Gawson ni gynta, wyddoch chi? Curo grwpia mwy profiadol a bob dim!"

Roedd o'n falch drostynt, yn ifanc, yn ddel, ac yn llawn gobaith.

Ar ôl y Steddfod daeth rhyw anniddigrwydd dros Emyr. Doedd dim llawer i edrych ymlaen ato, a collai hwyl y grŵp drama, a'r ddefod o ddod at ei gilydd bob nos Fercher a nos Wener i ymarfer. Dim ysgol am dair wythnos, iawn, ond be oedd y pwynt?

Daeth Anti Megan draw i longyfarch pawb ar eu llwyddiant yn yr Eisteddfod. Roedd hi wedi gofalu bod yno i gefnogi pob perfformiad gan blant Glasynys.

"Mi wnaethoch yn dda, Emyr, do wir. Safon uchel medda'r beirniaid, a mae'n anodd cael llwyfan. Chwara teg wir – pwy oedd yn eich dysgu chi, dywad?"

"Miss Llinos Owen," medda ynta. "Athrawes Gymraeg."

"Wel da iawn hi. Mi wn i'n iawn bod petha felna'n cymryd lot fawr o amser. A Mari wedyn, yn cael cynta eto! Siŵr eich bod chi'n falch."

"Wnaethon ni guro saith o grwpia eraill, cofiwch."

Dawnsiodd Mari stepan ne ddwy, a chwarddodd Anti Megan.

"Y gamp fydd dal ati ar ôl ennill!"

"Dw i isio cael cynta," medda Lwl, yn rhoi ei phig i mewn wrth gwrs.

"Trio yn yr Urdd, i ddechra, a wedyn y Genedlaethol, faswn i," medda ei modryb. "Gei di bractis mewn steddfod leol, ti'n gweld."

Dyma ei fam yn hwrjio'r jam cyraints duon roedd hi newydd ei wneud. A wedyn aeth hi ac Anti Megan i sôn am goed cwsberis, coed cyraints duon ac yn y blaen. Doedd yna ddim sgwrs o safon, dim diwylliant i'w gael. Roedd arno hiraeth am ei ffrindia, ac isio i rywbeth ddigwydd, rhywbeth diddorol. Rhywbeth heblaw cynhaeaf ŷd, a Dad yn mynd i'r Leion a meddwi, a dreifio'r fan adra, a chanu recordia ganol nos. Er ei fod wedi rhoi'r gora i Hogia'r Wyddfa, a'i ffefryn ar y funud oedd Beethoven, côr yn canu anthem nerth eu penna.

"Gwranda ar hynna Emyr (neu Mari, neu Lil)! Tydi o'n ardderchog? Can mlynadd a hanner yn ôl, cofia."

Duw a ŵyr pam a pha bryd a sut ddechreuodd o wirioni ar fiwsig clasurol, ond roedd o wedi cael y byg.

Diwedd Rhagfyr

Roedd Guto wedi dal arni a dal arni. Doedd o ddim yn hitio am yr adeg yma o'r flwyddyn. Roedd Lilian wedi mynd i banics ynghylch y presantau Dolig. "Be ga i?" oedd ei chytgan. Be i'w gael i ryw gymdogion na fasant yn cofio tasa hi'n rhoi dim o gwbwl iddynt. A bob tro yr oedd o'n cynnig rhywbeth, "Ond mi rois i hynna llynedd" oedd yr ateb, ne "Ond dydi o'n costio dim gwerth," ne ryw lol amherthnasol. Ysgwyd ei ben wnâi o, a mynd allan i gorwynt o eirlaw. O leia roedd y plant yn edrych ymlaen, a cafodd Lilian ac ynta bnawn digon llwyddiannus yn Llandudno, yn prynu beic i Emyr, côt swêd i Mari, a set Lego i Lwl. Doedd yr un o'r plant hynaf wedi cael Lego, ond roedd Lwl wedi gofyn amdano ar ôl mwynhau chwarae ag o yn nhŷ ffrindia. Doedd hi ddim cymaint am chwarae efo dolia â Mari, meddai Lilian, a roedd dyddia'r ysgol bach ne hosbitol dolia wedi dod i ben.

Roedd diwrnod Nadolig ei hun wedi bod yn ddidramgwydd, yn ei farn o beth bynnag. Roedd pawb yn lecio tropyn Dolig, doeddan. A roedd pawb yn lecio'u presanta. Ond erbyn drennydd roedd o wedi laru ar delifishion, ar *Top of the Pops* a Ryan a Ronnie, Noson Lawen a hen ffilmia Americanaidd am Ddolig gwyn a Santa Clos.

Felly, mi ffoniodd. O'r bocs ffonio yn y pentra. Doedd yna yr un adyn byw o gwmpas a hitha'n rhynnu a thywyllu. A beth bynnag go brin y byddai hi yno i ateb y ffôn. Ond mi oedd. Newydd gyrraedd o Landeilo, ac yn colli cwmni ei theulu (a pwy arall? ond doedd fiw edliw). Yn ôl am bod gwaith paratoi ganddi ar gyfer y tymor nesaf, a chyngerdd blwyddyn newydd efo'r gerddorfa. A pan gynigiodd sgawt bach, i rwla tawel ar lan y môr yn Llandudno, derbyniodd. Gwyddai am y lle perffaith, medda hi.

Bar tywyll, mewn seler hotel, efo seti mewn *booths* a chanhwyllau mewn poteli gwin, oedd dewis Llinos. A roedd hi ar ei gora, mewn sgert ledr a top du, a'i gwallt coch yn llifo i lawr ei chefn. Pitïai Guto mewn ffordd nad oeddynt mewn lle mwy cyhoeddus, achos gwyddai bod dynion eraill yn ciledrych arni'n eiddigeddus. Wnaethon nhw ddim sôn am y Dolig na'r gwylia, ond am gerddoriaeth. Bu Llinos mewn cyngerdd yn y Brangwyn Hall yn Abertawe, miwsig siambr – Schubert a Chopin, piano a ffidil – a roedd hi wedi ei chyfareddu. Soniodd yntau am ei brofiad yn gwrando ar Beethoven, a'r Nawfed. Oedd hi'n meddwl mai fo oedd y meistr, ynte oedd Bach yn well byth, fel yr oedd rhai pobol yn honni? Doedd Guto ddim yn hitio fawr am yr organ, a dyna oedd prif offeryn Bach hyd y gwelai.

Bu hithau'n cadw part Bach ac yna aeth yn ei blaen i sôn am y cyngerdd nos Calan, mewn eglwys yng Nghaernarfon. Byddai mor hardd, efo canhwyllau mawr gwyn wedi eu gosod ar y silffoedd ffenestr a chelyn coch. Miwsig siambr oedd hyn hefyd, dim ond grŵp bach ohonynt, wrth bod y mwyafrif o'r cerddorion i ffwrdd ar wyliau. Roedd arni hi angen llonydd, efo'i ffidil a'i llyfrau, cyn i brysurdeb y tymor ddechrau.

Nid oedd llonydd i'w gael yng Nglasynys. Roedd yno fynd a dod bob amser, drysau'n agor, drysau'n cau efo clep. Lleisiau'n galw, gweiddi, crio, chwerthin. Hyd yn oed yn ystod y dydd pan oedd y plant i gyd yn yr ysgol, byddai Cled ac yntau'n dod i'r tŷ deirgwaith, am de ddeg, cinio a the, a rhywrai'n galw, i werthu llwch ne i brynu gwair ne i weld Lilian. Roedd o, Guto, yn fôs arno fo ei hun – dyna pam mai dim ond ffarmio oedd yn plesio a wnâi o ddim ddim byd efo jòb offis – ond prin iawn oedd y pnawnia pan oedd o'n rhoi ei draed i fyny.

Nid oedd y caru mor rhamantus â'r bar yn y seler. Roedd yn benderfynol o beidio â mynd yn ôl i gartre Llinos, a roedd hi'n rhy oer i aros tu allan. Felly sêt gefn y Mini, wedi ei barcio ym mhen pella'r ffrynt, a'r sgert ledr wedi ei rowlio dros ei chluniau. Sana neilons myn uffar. Bu bron iddynt wneud amdano, a cafodd job i agor y pacedyn ac ymbalfalu efo fo. Roedd y rhew'n batrwm ar y ffenest wrth iddynt fwynhau.

Roedd hi gymaint yn haws wedyn mynd drwy weddill y gwylia gwirion, y ffal-di-ral flwyddyn newydd, 1972 eleni.

Safai Megan wrth ymyl ei char, wrth iddo nesáu at yr iard ar ôl bod yn porthi. Diolchodd am 'mestyniad y dydd, achos roedd yn haws gweld lle roedd o'n rhoi ei draed, a petha reit boitslyd o gwmpas y cafn a'r giatia. Car mor lân oedd o – Austin Cambridge glas efo streipen wen, deg oed, ond fel newydd. Urddasol. Mi oedd pic-ŷp Ben yr un mor drwsiadus, er bod honno'n hŷn byth.

"Hylô, Megan."

Sylwodd bod ei breichiau wedi eu plethu ar draws ei brest a dim hanes o wên, nac awgrym chwaith ei bod hi'n symud cam i gyfeiriad y tŷ. Daeth y geiriau o'i genau fel petaent yn fforsio eu ffordd trwy rwystr.

"Mi wyddost cystal â finna, Guto Roberts, pa mor sâl fu Lilian."

Rhewodd Guto.

"Wyt ti isio i dy blant fod heb fam?"

Wnaeth hi ddim aros iddo ateb.

"Oes gin ti ddim syniad am sut le sy ffor' hyn fel pob man arall? Be sy'n mynd i ddigwydd, doed a ddelo, os wyt ti'n cario ymlaen? Do'n i ddim yn coelio, nac o'n wir, pan glywish i. Fasa Guto ddim yn gwneud y fath beth medda fi."

Troes ar ei sawdl ac agor drws y car. Oedd hi ddim am fynd i'r tŷ, at Lil, o gwbwl? Byddai honno wedi gweld y car yn cyrraedd ac yn methu dallt pam nad oedd ei chyfnither wedi dod i'r gegin. Ac, o myn diawl, pwy oedd yn dŵad i fyny o'r iard, ond Cled, yn chwibianu dan ei wynt. Pam na fasa'r diawl gwirion wedi cychwyn am adra'n gynnar fel bron pob noson arall? Hwyrach bod Megan wedi ei weld o, achos dweud dros ei hysgwydd wnaeth hi, wrth ddringo i fewn i'r car,

"Rho di'r gora iddi rŵan hyn Guto. Cyn bydd hi'n rhy hwyr. Rho di dy air."

Gwnaeth ymdrech i gael trefn ar betha.

"'Dei di ddim i'r tŷ at Lil? Mi fydd hi'n methu dallt ...'"

"Deud y do i eto. Fedra i ddim mynd ati rŵan."

I ffwrdd â hi, a diferion o fwd yn glanio ar fetel glanwaith y car, yn ei adael o i wynebu Cled, a codi ei sgwyddau mewn ystum o "Merched!". Gwenodd hwnnw, a gafael yn ei feic. Dim gola wrth gwrs. Roedd y moto-beic Norton wedi cael clec llynedd, a Cled heb gael digon o bres ynghyd i brynu un arall. Wrth ei wylio yn mynd i fyny'r lôn i gyfeiriad y pentre, y *reflector* yn llygedyn coch, gwibiodd petha drwy feddwl Guto. A oedd Cled wedi clywed rwbath? Oedd na ryw olwg bach yn y llygaid glaslwyd? Fydda fo'n hel clecs adra ne yn y Leion heno? Pwy oedd yn gwybod – pwy oedd wedi dweud – a pwy oedd yn ama?

Dros y dyddiau nesa bu'n cnoi'r ffeithia i drio dod i ddallt mwy. Yn Llandudno roedd y peth wedi digwydd, doedd dim amheuaeth am hynny. Ond doedd yna fawr neb o gwmpas y strydoedd, o achos y gwynt a'r glaw – wel, cuddiai'r ychydig rai eu gwynebau tu ôl i hetia glaw ac ambarél. Ond wedyn, y bar. Posib bod rhywrai eraill mewn *booth* bach clyd yn ogystal â nhw eill dau. Alun. Roedd o'n nabod Llinos. Mae rhaid ei fod o adre dros y gwyliau, er nad oedd o wedi bod yn y Leion. Mi oedd Huw, y brawd hŷn, adre o Lundain efo'i gariad, ond go brin ei fod o'n nabod Llinos. Ond wrth gwrs, mi fyddai Huw wedi ei nabod o. Gallasai un o'r ddau fod wedi sôn wrth Megan. O'r ddau, ella mai Huw oedd fwya tebyg – oni fasa Alun yn teimlo rhywfaint o deyrngarwch tuag at Llinos, a fo'i hun, am helpu'r achos? Roedd yn siŵr nad oedd neb wedi dod heibio'r car, yn nes ymlaen. Mi fuasai un ohonynt wedi sylwi, siŵr bownd o fod wedi gwneud.

Arhosodd y teimlad o gael ei gornelu i'w blagio. Cafodd ei hun yn rhedeg ar Megan wrth gerdded o gwmpas y defaid, wrth i'r hen flwyddyn ddod i ben a'r nesa ddechra. Beirniadol, busneslyd, ni-sy'n-gwbod-ora, rhai felly oedd merched Morfa Fawr. Doedd ganddynt ddim syniad am y byd tu hwnt i gloddia pentre, dim rhith o ddealltwriaeth. Ysgydwodd ei ben efo rhyw chwerthiniad bach chwerw wrth feddwl cyn lleied a ddeallent am y byd o demtasiynau yn yr emynau yr oeddynt mor hoff o ganu.

1972

Chwefror

Eisteddai Emyr yn hanner tywyllwch eglwys Aberdaron. Wrth gwrs, doedd o'n teimlo dim. Be oedd o'n ei ddisgwyl? Roedd crefydd wedi gafael yn Bethan ei ffrind, ond rywsut nid oedd wedi ei gyffwrdd o. Roedd y ddadl efo'i fam am gael ei dderbyn i'r capel wedi bod; a doedd hynna ddim am ddigwydd. Dim rŵan, beth bynnag – câi weld, yn nes ymlaen. Roedd yr eglwys yn wag, a'r wraig fach oedd yn poetsio efo potia bloda yn y cefn wedi mynd, a chau'r drws yn ddistaw ar ei hôl.

"Duw Cariad Yw." "Hywyn Sant." "The Jenkins Family 1962." Y geiriau wedi eu brodio ar glustogau hirsgwar, ar y sêt agosaf ato. Mae'n siŵr eu bod yn penlinio arnynt, i ddweud gweddi. Arferiad diarth. Meddyliodd amdano'i hun, yn gosod un o'r rhain ar y llawr ac yn penlinio arni. Go brin. Ond roedd yn syniad beiddgar. Wrth ymyl ei wely y byddai'n penlinio i ddweud pader – a roedd blynyddoedd ers hynny.

A be fasa fo'n ei ddeud mewn gweddi? Annwyl Duw, sori. Annwyl Iesu Grist. A oeddat ti yn meddwl am Mair Magdalen yn y ffordd honno? Oeddat ti? Oedd gen ti lun ohoni yn dy ben, yn tynnu amdani, fesul dilledyn? Ei gwallt hir yn syrthio dros dy wyneb. Sent cynnes ecsotig, cyfarwydd ei chroen hi. O na. Rhaid iddo fo stopio. Fedrai o ddim cael codiad o dan do'r eglwys.

Meddwl am rwbath yn sydyn. Glaw. Cinio ysgol, pwdin semolina. A, dyna welliant. Daeth awydd chwerthin drosto, yn meddwl am semolina, cig a grefi lympiog 'rysgol, fel swyn i sadio'r meddwl. A'r corff.

Doedd gan LB ddim llawer i'w ddweud wrth grefydd. Sylwasai Emyr ar y ffordd roedd cornel ei cheg yn troi i lawr ryw fymryn, pan oedd Bethan a'r lleill yn cyrraedd y wers yn hwyr ar ôl bod mewn cyfarfod gweddi yn ystod amser cinio, pawb yn cydio yn ei Feibl. Y Testament Newydd, clawr meddal, mewn iaith fodern. Chwerthin, ella, fasa hi o'i weld o yma. Daeth awydd chwerthin drosto yntau, gigl yn codi fel bybl i'w wddw. Ond dyma'r drws yn agor eto. Sbeciodd Emyr dros ei ysgwydd. Boi mawr esgyrnog, mewn côt ddu. Y ficer? Diolch byth iddo gael trefn ar betha. Edrychodd yn iawn o'i gwmpas, ar siâp yr eglwys ddwy-ran, yr allor, a'r tusw mawr o lilis gwynion wedi eu gosod mewn cawg copr, er nad oedd hi'n Basg. Cododd i adael, a phasio'r ficer wrth y drws, yn hongian ei gôt ar fachyn. Gwenodd arno, a chael gwên yn ôl. Roedd yn hen bryd iddo fynd at ei fam a'i chiworydd. Roeddan nhw wedi bod yn cerdded ar lan y môr, a roedd Anti Iona yn eu disgwyl am de yn Morfa Fawr. Gobeithiai gael sgram.

"Wel croeso! Dowch at y bwrdd, ylwch, mae'n amser te, tydi?"

Un felna oedd Anti Iona. Doedd hi ddim yn gwastraffu amser, a doedd yna ddim ffýs yn ei chylch. Chwaer fenga Anti Megan oedd hi, wedi aros yn ei chartref, a roedd llawer yn debyg yn y ddwy. Rŵan gwthiodd stôl ychwanegol rhwng dwy stôl yr ochor bella i'r bwrdd, lle roedd ei gyfnither Angharad a'i gefnder Alwyn yn disgwyl yn barod, a gorchymyn,

"Dos di i'r canol, Emyr, a geith Mari a Lowri ista 'rochor yma."

Gwasgodd ei hun ar y stôl, a chymryd brechdan samon a brechdan ham a thomato pan gynigiwyd hwy gan Angharad. Roedd y ddau ohonynt yn yr un flwyddyn ysgol, heblaw ei bod hi yn cael ei phen blwydd ym mis Medi ac felly yn "hen yn ei blwyddyn". "Hen o'i hoed," hefyd, yn ôl Mam. Er mai bychan oedd hi o ran taldra, roedd ganddi ddigon i'w ddweud ac yn barod i chwara a chael hwyl pan oedd hi'n fach. Roedd Alwyn yn fwy tawedog ac yn helpu lot ar ei dad; doedd neb yn amau nad dod adre i ffarmio a wnâi o.

"Wel, Iona bach, mi est i drafferth!" meddai Mam, wrth gwrs, fel arfer.

Roedd hi yn llygad ei lle, achos roedd yna gacen siocled, teisenni cri, fflan efo ffrwythau, a peth nad oedd neb ohonynt wedi ei weld tu allan i siop, sef *eclairs*. Roedd Iona wedi bod yn dysgu sut i wneud y pestri arbennig hwn mewn dosbarthiadau nos yn y Dre, a wedi cael hwyl dda arnynt. Sglaffiwyd llawer ohonynt, nes i Yncl Dewi chwerthin pan ddaeth o i fewn a dweud nad oedd na fawr ddim ar ôl iddo fo.

"Wyt ti am ddŵad i Steddfod Ffermwyr Ifanc, Emyr?" gofynnodd Angharad.
"Wel ia, syniad da," porthodd ei fam a'i fodryb yn syth.

Ac aeth ei fam yn ei blaen i ddweud ei bod wedi bod yn ei annog i ymuno â'r Ffermwyr Ifanc. Rhoddodd Mari ei phig i mewn, a dweud ei bod *hi* isio ymuno. Wedyn, tro Anti Iona oedd hi i ddweud sut y basa hogyn oedd yn ymddiddori mewn drama, fel Emyr, wrth ei fodd efo cân actol a ballu, heb ddallt nad oedd ganddo iota o ddiddordeb yn y fath beth. Gwelodd Angharad yn gwenu a cafodd y teimlad ei bod hi'n ochri efo fo.

"Ella 'ra i, jest i weld be maen nhw'n neud. Ma Ifan di sôn."

Roedd Ifan wedi sôn am yr holl genod del oedd yn mynd yno a deud mai dyna fasa'r lle gora am gatsh. Gwyddai y byddai wrth ei fodd yn mynd efo fo.

"Os doi di, mi wela i chdi yno," medda Angharad, "achos dan ni'n gneud rwbath efo cangen Conwy bob blwyddyn, tymor y gaeaf."

"A mi gei di weld rhai o dy hen ffrindia," ategodd Mam, "o ardal y Dryslwyn."

Roedd o wedi hen golli nabod ar ei hen ffrindia, ond gwenodd.

Mai–Mehefin

Daeth yn ddechrau haf. Roedd Guto wedi – be? Cadw ei addewid? Wnaeth o ddim gaddo dim. Byhafio? Bod yn hogyn da? Roedd yn gas ganddo ensyniad yr holl ymadroddion yma. Roedd yn gas ganddo orfod gwneud unrhyw beth am fod cyfnither ei wraig, dynes gymwynasgar a chlên ond bysneslyd ar y diawl, wedi dweud y drefn wrtho fo. Cadwodd ei ben i lawr. Ond aeth i'r Leion yn amlach, yn y pnawnia yn ogystal â gyda'r nos. Os oedd Lil yn pryderu am hynny – wel, roedd ganddi lai o le i bryderu am betha eraill. Roedd hwylia da arni fel arall, a fel arfer buasai wedi cynnig ambell i drefniant, sôn am fynd allan am bryd o fwyd, yn y bistro bach yng Nghonwy neu wrth lan y Fenai, neu ymweliad i rywle efo'r plant. Y tro yma roedd amdo drosto a'i thro hi oedd cynnig eu bod yn mynd am dro ar bnawn dydd Sul, neu weld a oedd yna rywbeth gwerth ei weld yn y pictiwrs yn Llandudno. Aethant draw i gastell Harlech, do, a hefyd i safle Aberffraw. Doedd dim llawer o hwyl, ond prynodd betha da i bawb, a chytuno bod y wlad yn edrych yn dlws. Ddaeth Emyr ddim ar y tripiau yma. Roedd o wedi mynd i'r arferiad o gicio pêl efo Ifan a rhyw hogia eraill ar bnawn dydd Sul – roedd ei ddyddia Ysgol Sul drosodd. Deallodd Guto bod llysfab Now, Simon, yn un o'r criw weithia. Roedd yr hogyn yn treulio pob penwsnos efo'i fam erbyn hyn. A gan fod iechyd tad Now yn gwaethygu, roedd sôn o'r diwedd am i Now symud i'r tŷ ffarm efo Julie, wedi iddynt briodi. Cafodd Guto a Dafydd lot o hwyl yn pryfocio Now am hyn:

"Pryd ma'r diwrnod mawr ta, Now? Wyt ti di ordro dy gacen briodas?"

"Beth am y ffrog? Ydi Julie wedi bod yn Gaer efo'i mam yn chwilio am un?"

Ysgwyd ei ben a chwerthin oedd o gan amla. Ond roedd rhaid cymryd gofal efo fo, fel ci anodd ei drin, achos os oedd o mewn tempar ddrwg, roedd posib mynd yn rhy bell, a wedyn rhywun arall fyddai'n dioddef.

Dyna un arall na fedrai ddygymod â phobol yn dweud wrtho sut i fyw. Yn Bryn Castell, roedd tafod Nora mor finiog ag erioed, ond dal i wneud yn union fel y mynnai oedd Dafydd prun bynnag. Cawsant fwy nag un sesh yno dros y gwanwyn, ar ôl tymor ŵyna, a roedd gwyneb Nora yn werth ei weld, yn llawn dig a thymestl. Bach oedd y ddau blentyn a dipyn o waith efo nhw. Mi fuo na un sesh gofiadwy yng Nglasynys, hefyd, meddwi'r cŵn a bob dim, ond mynd o'no a'u gadael oedd ymateb Lil. Roedd golwg hurt ar Mari pan ddaeth hi adre o dŷ rhyw ffrind a'r gegin yn llawn o ddynion wedi cael llond bol o lysh. Roedd Guto yn ei wely cyn i Lilian a Lwl gyrraedd yn ôl o Blas Trefnant. Trodd ar ei ochor pan ddechreuodd hi arni bore wedyn, a ni fu llawer o Gymraeg rhyngddynt am dridia.

Cafwyd cyfamod amser cneifio a chynhaeaf gwair. Roedd y ddau ohonynt yn lecio defod cneifio, a mi aeth pob dim yn *champion* eleni, digon o griw a tywydd teg. Ar ôl dechra sâl, a gorfod gadael bêls Cae'r Afon allan yn y glaw nes bron â difetha'r gwair, mi aeth petha'n reit ddel a chnwd da yn y tŷ gwair erbyn dechrau Gorffennaf. Meiriolodd Guto, ac ysgafnodd wyneb Lilian.

Yr unig beth oedd, mi fyddai'n ddiwedd blwyddyn ysgol ymhen dim. A wedyn ella mai dyna fyddai'r diwedd arni. Nid oedd hi, ddim mwy na fo, wedi cysylltu ers misoedd. Diwedd gwael oedd peth fela, dim ffarwél na dim, meddyliodd Guto, wrth ddod yn ôl o fart Llanrwst ganol mis Mehefin. Ar ôl i'r tymor orffen, dyna hi wedyn, mi fyddai i lawr yn y De, yn y Steddfod mae'n siŵr (a honno rywle yn y De 'leni) neu ar wyliau dramor, pwy a ŵyr?

Gorffennaf

Doedd hi ddim yn siŵr. Roedd y flwyddyn ysgol drosodd, oedd, ond roedd angen cael petha'n barod i fynd i ffwrdd. Nodyn oedd o wedi ei adael, efo bagiad o datws cynnar. Fedrai hi ddim ffonio, felly fo wnaeth, dim yn unig y noson honno, ond y noson ganlynol. Ond y tro yma bu'n gall, a dreifio cyn belled â'r ciosg ar y ffordd i Hen Golwyn. Doedd ganddo mo'r help.

"Awn ni am dro," meddai, "i rywle reit bell."
"Ond nac wyt ti'n gallu bod i ffwrdd yn hir."
"Sir Fôn. Dwi'n nabod neb bron yn yr holl sir."

Cytunodd. Tro pnawn yn unig, y dydd Llun cyn iddi gychwyn ei thaith am adre. Y tro olaf. Dim y pnawn gora i fynd am dro, ond, damia, roedd yn siŵr o feddwl am rywbeth. Mynd i Gaerwen i chwilio am ddractor, ella – roedd wedi bod yn sôn am gael un newydd ers tro. Cytunwyd mai cyfarfod yn stesion Llanfair-pwll fyddai ora, yn hytrach na mynd â dau gar. I Benmon yr oeddynt am fynd. Ni fu yno ers blynyddoedd, ac arhosai'n lle hudol, arallfydol yn ei feddwl. Go brin bod Llinos wedi bod yno o gwbwl.

Gadawodd Guto cyn cinio, a mynd yn syth i Gaerwen. Roedd yn falch ei fod wedi mynd, gan bod yna ddau ddractor ail-law mewn cyflwr da, efo cab, ar werth yno. Cynigiodd bris teg am un ohonynt, a tarwyd bargen. Roedd petha'n dda rhyngddo fo a Wyn ers iddo brynu'r car chwech wythnos ynghynt. Trefnodd i ddod i nôl y tractor ar ddiwedd yr wythnos. Trodd am Lanfair-pwll yn ysgafn ei hwyliau, a parcio mewn lle cyfleus fel y medrai weld pwy oedd yn dod oddi ar drên Bangor.

"Hylô!"

Gwyrodd y ddynes i gael gwell golwg arno. Dynes blaen, radlon yr olwg – ond pwy ar y ddaear oedd hi?

"Dach chi'm yn fy nghofio fi na'dach? Ond dwi'n un dda am gofio gwynab os dwi'n deud fy hun. Mi brynoch chi'r *bookends* a finna'r silff lyfra. A mi wela i ar eich gwynab chi eich bod chi'n cofio."

"Ocsiwn Plas Helyg – ma blynyddoedd ers hynny."

"Oes wir. Wel ella y gwnawn ni daro ar ein gilydd eto mewn un arall!"

A hwyliodd i ffwrdd i gyfeiriad y platfform, wedi rhoi sgytwad fach iddo. Roedd enw llawn y pentre, Llanfair-pwll ac yn y blaen, fel baner ar wal y stesion, a dyn canol oed yn cael tynnu ei lun o'i flaen gan ei wraig. Daeth y gair "twp" i'w feddwl. Gair newydd Mari ac Emyr oedd "twp". Roedd lot o betha yn "dwp". Canu emyn bob bore yn y gwasanaeth boreol oedd un ohonynt – "Sneb yn canu go iawn, mae o mor *embarrassing* a twp." Oedd yr enw yma'n dwp? Hyd yn hyn, roedd Guto'n teimlo mai dipyn o hwyl oedd o, jôc pobol leol am ben fisitors. Ond tybed pwy oedd yn chwerthin am ben pwy? Yna mi ddaeth y trên, yn stremp o ddîsl a mwg, ar draws ei feddyliau – a pan aeth, roedd y ddynes wedi diflannu ac yno yn ei lle yr oedd Llinos, mewn ffrog haf felen, het wellt a sbectol haul. Fel tric consurwyr.

Pwysodd ar draws y llyw i agor y drws iddi.

"Fasa dy fam ddim yn dy nabod!"

"Sa i'n becso am Mam, meddwl am blant Glan Clwyd w i."

"O Duw, plant eu milltir sgwâr ydyn nhw. Fydd neb ohonyn nhw ar gyfyl lle dan ni'n mynd."

Roedd Guto wedi tacluso dipyn ar y car, hynny yw, gwneud yn siŵr nad oedd blew ci ar y sêt ffrynt, na gwair dan eu traed. Dim ond ers chwech wsnos oedd o ganddo, a roedd ogla car newydd, lledr a metel, yn dal yn rhan ohono. Taflodd ddwy bwcedaid o ddŵr am ei ben, a rhoi slemp go lew i gael gwared â'r mwd. Ac yn wir disgleiriai ei ystlysau coch yn yr haul.

"Car neis," meddai Llinos rŵan.

"Braf cael mynd â hogan mor ddel am dro yn'o fo."

Roedd y ffenestri ar agor, a chwipiwyd gwallt Llinos yn ôl. Daliai'r het ar ei glin.

"Sgarff wy angen. Fel y ferch na yn y ffilm."
"Be?"
"Actores. Americanes, mewn ffilm Ffrangeg. Jean Seborg."

Wrth gwrs doedd o ddim wedi clywed amdani, ond meddai,

"Di'r Americanwrs ma ddim yn dda iawn am ddysgu ieithoedd erill, nac 'dyn?"
"O, ond mae hi'n siarad Ffrangeg."
"Ydi hi wir? A be am Rex – ddysgodd hwnnw lot o ieithoedd draw ar y cyfandir?"
"Rhugl. Mewn Ffrangeg ac Eidaleg ta beth."

Doedd Guto ddim isio meddwl am pa fath o ieithoedd eraill yr oedd Rex yn rhugl ynddynt, a trodd y sgwrs, at ocsiwn y bwriadai fynd iddi fis Awst. Roedd sôn y byddai offerynnau ymhlith y pethau ar werth, a byddai wedi mwynhau mynd yno yn ei chwmni.

"'Na biti, wy angen ffidil newydd."

Roedd Llinos yn chwarae ail ffidil, o bob peth, yn y gerddorfa, syniad oedd yn gwneud iddo wenu. Nid oedd ail ffidil yn siwtio'i chymeriad o gwbwl. Ond rŵan meddai, gan dynnu ei gwallt yn ôl a'i glymu,

"Dylsen i fod wedi whare'r fiola, nage'r ffidil. Mae gymint llai o bobol yn whare 'no, bydden i wastod yn cael gwahoddiad i whare 'da bob parti a cherddorfa. Ma gormod ohonon ni'r *strings*, ti'n gweld."

Roedd Guto yn dal i gael trafferth i wahaniaethu rhwng feiolin a fiola felly doedd ganddo ddim llawer i'w gyfrannu ar y pwnc. Sylwodd ei bod wedi rhoi lliw i'w hewinedd, peth oedd yn gas ganddo. Gorweddai'r ewinedd sgarlad ar ei glin euraidd.

"Y ffŵl gwirion!"

Edrychodd Llinos arno'n syn cyn sylweddoli mai at ddreifar y car ddaeth i'w cwfwr yr oedd yn cyfeirio, a dechrau chwerthin.

"Dod rownd y gornal heb 'rafu! Bell dros y lein wen."
"Ocê, Mistyr Formula One! Tithe'n joio gyrru!"

Ia, ond mi oedd o'n ofalus, dyna oedd y gwahaniaeth. Gwelodd y tro cul a'r arwyddbost yn dweud "Penmon", a troi. Dechreuodd Llinos ganu wrth iddynt ddilyn y lôn fach gul, cân oedd yn gyfarwydd iddo, ond eto ni wyddai ei henw. "Mae Mam am i mi glymu ngwallt." Roedd yn bleser gwrando arni. Wedi iddi orffen, gofynnodd:

"Hen gân Gymreig di honna?"
"Nage wir! Cân gan Haydn yw hi. Yn Saesneg, 'My mother bids me bind my hair, with bands of rosy hue ...' Mae'n bert, on'd yw hi?"
"Ydi. Meddwl am Lwl o'n i. Mae hi'n canu trwy'r amser, bob math o betha, codi nhw oddi ar y weiarles a bob dim."
"Mi ddylech wneud rywbeth obeutu'r fechan na, trefnu gwersi canu iddi hi. Faint yw ei hoed hi nawr? Saith?"
"Mi fydd hi'n saith mis Medi."
"Oed da i ddechre gwersi canu. 'Na faint oedd f'oed i a'n whaer, pan ddechreuon ni."

Daeth y Priordy i'r golwg rownd y tro. Y peth gorau fyddai stopio i weld y lle, a'r Colomendy, cyn cario mlaen at y traeth a'r goleudy a chael amser mwy preifat.

Fel y disgwyliai, cafodd Llinos ei phlesio gan y Colomendy. Un o'i fath oedd o – welodd Guto erioed mo'i debyg mewn plastai eraill. Daliai rhai o'r colomennod i fyw yno, ac edrychent yn ddirmygus i lawr ar y fisitors o'u nythod uwchlaw. Fel y sylwodd Llinos, roedd y Colomendy erbyn hyn yn cael gwell iws na'r Priordy, a oedd yn adfail. Aethant i fewn iddo a gweld ôl y trawstiau lle arferai'r lloriau uwch fod.

"Helô, Miss Owen! Gwerth ei weld yn tydi?"

Dim llais plentyn oedd hwn. Trodd Guto, ac yn lle gollwng ei fraich gafaelodd Llinos yn dynnach. Tu ôl iddynt safai Elfed Price, athro yng Nglan Clwyd fel hithau, a'i wraig.

"Ro'n i'n meddwl mai chi oedd hi."

Gwelodd ddealltwriaeth yn tyfu yn llygaid y dyn, wrth edrych ar Llinos ac yntau. Doedd Guto ddim yn ei adnabod yn dda, ond gwyddai pwy oedd o – a rhaid ei fod yntau'n gwybod pwy oedd o. Roedd ei wraig rŵan yn edrych o un i'r llall, yn gobeithio am gael ei chyflwyno mae'n siŵr.

"Miss Llinos Owen – o'r adran Gymraeg. Alwena, fy ngwraig."
"O, neis eich cyfarfod, Alwena. Mae'n lle bendigedig wir – fuoch chi rioed yn Abaty Tintern?"

Bu'n sôn am odidogrwydd Tintern, wrth symud i gyfeiriad yr allanfa, a dweud ei bod yn edrych ymlaen i'r gwylia.

"Mae na banad dda yn y caffi," galwodd Elfed ar eu holau, "a cofiwch drio'r gacen goffi!"

Dringo i fewn i'r car – o, edrychai mor goch, mor amlwg – a teithio yn eu blaenau tuag at ben draw'r tir a'r goleudy, a'r pâl. Gan fod y Prices wedi bod yno yn barod, doedd waeth iddynt gario ymlaen ddim.

"Mae'n wylia, o leia," oedd sylw Llinos. "Dim cyfle am glonc yn y stafell athrawon. A ma Elfed yn hen foi iawn."

Cydsyniodd â hi. Doedd o ddim wedi cynhesu at y wraig a'i llygaid treiddgar, ymholgar, ond doedd o ddim isio cyfaddef hynny wrthi hi. Wedi cyrraedd a pharcio o'r neilltu, aethant i gerdded ar y traeth caregog. Safai'r goleudy du a gwyn o'u blaenau, a thu draw iddo roedd y Gogarth a Llandudno i'w gweld yn blaen. Eto prin yr oedd wedi sylwi ar Benmon o'r ochor arall.

Deuai sŵn cyson, tebyg i gloch yn cael ei tharo, o gyfeiriad y goleudy.

"Dim golwg o'r pâl!"
"Ella mai cuddio ar yr ynys maen nhw. Puffin Island ydi hi i fod te."

Yn lle pâl, gwelsant nifer o forfrain yn hedeg dros yr ynys. Roedd yna adfeilion mynachdy draw yno, ond wrth gwrs doedd dim modd croesi. Ystâd breifat oedd pia'r ynys beth bynnag.

Roedd tawelwch yn clecian rhyngddynt a'r diwrnod yn mynd i'r gwellt. Nid oedd mymryn o awydd mynd i'r caffi ar Guto, i friwsioni cacenna a sipian te. Difarai na fuasai wedi mynd â hi i rywle arall, gwahanol. Ond efallai nad oedd hi'n rhy hwyr chwaith.

"Tyd, mi awn i. Mi wn i am le da."

A'i thywys at y car, a gyrru'n gyflym tuag at Draeth Mawr, Aberffraw. Wrth gwrs roedd peryg y basa fusutors a phobol leol ar draws y lle, ond roedd hi'n ddiwedd pnawn erbyn hyn, a cofiodd bod yna lwybr trwy'r brwyn i lecyn reit ar wahân.

Er gwaetha pawb a phob dim, cawsant garu yn y pant rhwng y brwyn. Y tywod rhwng eu cluniau, tun Coca-Cola pinc wedi ei rydu gan y dŵr halen wrth ymyl. A sŵn lleisia plant yn codi a chwyno wrth i bobol gario eu petheuach at eu ceir ar ddiwedd y dydd.

Roedd yn gyda'r nos dlws, a'r awyr yn binc a phorffor. Gwyddai y dylent adael, ond aros a wnaethant, y brwyn yn siffrwd wrth eu hymyl, yn cosi a bygwth torri croen ar yr un pryd. Gyferbyn â hwy sythai mynyddoedd Eryri. Roedd cysgod gwlad arall tua'r gogledd.

"Iwerddon," meddai Llinos. "Falle 'raf i draw 'no tua diwedd yr haf. Wy heb fod ers blynydde."
"Dw inna heb fod ers sbel."

Cofiodd y cyffro o fynd ar ôl y rhyfel, y dewis oedd yn y siopa, cario neilons adra yn bresantau.

"Ni'n arfer mynd o Ddoc Penfro, pan oedden ni'n blant. Y peth gore i ni'r merched oedd bod Dadi yno 'da ni."
"Oedd o i ffwrdd yn amal efo'i waith?"
"Da'i waith. A pethe eraill hefyd."

Soniodd yr un o'r ddau am fynd yno gyda'i gilydd, sylwodd Guto wrth i'r tywod oeri oddi tanynt. Ar y ffordd yn ôl gofynnodd Llinos am gael ei gollwng ym Mangor. Roedd ganddi awydd gweld rhai o'i ffrindia o'r gerddorfa.

"Soniaist ti ddim byd gynna."
"Nac wyt ti isie mynd â fi nôl gatre. Mae'n well fel hyn."

Yn ystod y dyddiau wedyn difarai Guto na fyddai wedi holi mwy arni am y gwylia teuluol yn Iwerddon pan oedd hi'n blentyn. Soniai gyn lleied am ei thad – y cwbwl a wyddai oedd ei fod yn *inspector* yn ardal Abertawe a bod trafaelio yn rhan bwysig o'i waith. Amheuai'n gryf bod mwy i'r stori; ond nid oedd Llinos yn sôn am bob peth.

Cafodd Guto ei hun yn meddwl hefyd am y sgwrsys a fyddai'n debyg o ddilyn eu trip i Benmon, yng nghartref Elfed ac Alwena Price.

"Athrawes Gymraeg, ddeudist ti? I ba gapel mae hi'n mynd?"

Dim un. Ac Elfed ella yn amddiffyn Llinos drwy ddweud ei bod yn athrawes dda. Hitha wedyn yn awgrymu bod moesau'n bwysig iawn i Gymry ifainc, ac nad oedd Llinos yn gosod esiampl dda o gwbwl. Petai rhywun yno i weld, fyddai ei ateb ef, hwyrach. O, ond gallasai pobol eraill fod wedi ei gweld hefyd, os nad y tro yma, wel roedd yn siŵr o ddigwydd rywbryd eto. Doedd hi ddim yn ddyletswydd ar rywun i adael i'r prifathro wybod? Beth am enw da'r ysgol? Cysurai Guto ei hun drwy ddweud bod y prifathro'n ddyn call; un na fyddai isio amharu ar fywydau preifat ei staff. Wrth gwrs mi oedd Llinos yn athrawes dda, hefyd – dim yn hawdd cael neb yn ei lle, yn enwedig ar fyr rybudd.

Roedd o'n weddol siŵr mai i'r capel Methodist, Seion, yr oedd Elfed ac Alwena Pritchard yn mynd, a diolch am hynny gan mai yn Bethania (Annibynwyr) oedd teulu Glasynys. Mi oedd Elfed yn dysgu yn Glan Clwyd ers blynyddoedd, ond ni chlywsai sôn am ei gwaith hi, felly cymerai mai'r tŷ oedd ei theyrnas. Doedd dim llawer i'w ddweud amdanynt – pobol yn cadw eu pennau i lawr. Pobol dawel. Wel, gobeithio yr arhosent yn dawel.

Awst

Daeth yr Eisteddfod, fel arfer, wsnos gynta mis Awst. Yn y De oedd hi eleni, felly edrych ar y prif seremonïau ar y telifishion oedd y drefn, a pigion y dydd o'r Babell Lên gyda'r nos. Ar y dydd Llun, daeth cyfle ardderchog i grybwyll gwersi canu i Lwl. Hogan leol enillodd ar yr unawd dan wyth oed, rhyw Myfanwy Wyn Williams, a gwyddai Lilian pwy oedd yn ei dysgu, sef arweinydd Côr Conwy, Mair Edwards.

"Mi fedra i ganu gystal â'r Myfanwy na," cyhoeddodd Lwl yn uchel.

"Dwi'n ama ei bod hi wedi cael lot o wersi, Lwl bach," meddai Lilian.

"A pam na cheith Lwl wersi, 'run fath?"

Edrychodd Lil braidd yn syn, pan aeth yn ei flaen i ddweud y dylai Lilian ofyn i Mair Edwards a fedrai hi hyfforddi Lwl.

"Wyt ti o ddifri?" gofynnodd pan oeddynt yn tynnu oddi amdanynt y noson honno.

"Pam lai? Mae'r llais gynni hi. Dwi di clywed pobol yn deud bod dysgu'n bwysig, a gora po gynta."

"Wel ia."

"Ei di, ta, i ofyn iddi?"

Cydsyniodd hithau; mi âi i weld Mair cyn diwedd gwyliau'r haf.

Doedd yna ddim i'w wneud heblaw breuddwydio, a mynd i'r Dre ar nos Sadwrn, a gobeithio y câi bres gan Mam am dorri gwellt 'rardd. Chawson nhw ddim Steddfod. Darllen oedd ei ddihangfa. Ailafaelodd Emyr yn ei lyfr, *Rabbit, Run*. Roedd Harry wedi gadael ei wraig, heb nôl yr hogyn bach o dŷ ei fam yng nghyfraith, a rŵan roedd o wedi symud i fewn efo rhyw ddynes arall. Roedd o wedi tynnu amdani a treulio'r noson efo hi. O, Harry.

Oedd o o'r golwg ddigon, yn fan hyn? Peth gora fasa mynd yr ochor draw i'r clawdd. Gadawodd i arogl yr eithin lenwi ei ffroena, a'r gwres dreiddio drwyddo. Mi ddylai fod yn saff, o'r golwg a dim ond gwelltglas ac ambell gwnhingen amheus o gwmpas. Pa ddrwg oedd yn y peth? Mewn amser i ddod byddai'n gwneud yr un peth â Harry Angstrom – ond tan hynny, doedd o am deimlo cywilydd chwaith, yn ei gnawd ei hun.

At ddiwedd Awst, cyrhaeddodd y cynhaeaf ŷd fel ffair – prysurdeb, pobol, lleisia'n galw, codi ben bore pan oedd y gwlith yn dal ar y caea, llafurio, cochni ar ei drwyn a'i focha a chefn ei wddw, coesa gwair yn cosi o dan ei grys, yn pigo croen tendar. Ei fam, a Mari, a Lowri, yn cario te i'r caeau, plateidiau o frechdana o dan gwrlid o bapur *greasproof*, wy, tomato, caws a phicl, bara brith efo menyn wedi toddi. Llond fflasgia o de. Blas plastig ar y te. Swper cynhaeaf. Tatws newydd, ham, *salad cream*, letus, *beetroot*. Y tebot brown anferth oedd wedi dod o Gae'r Meirch a cyn hynny o Gefn Morfa efo Anti Megan. Hwyl a miri, teimlad o fod wedi gwneud job iawn ohoni, papur degpunt gan ei dad.

Ac mi aeth, fel ffair yn gadael, a roedd y tŷ gwair yn llawn a'r caeau yn sofl melynfrown. Dim ond y gwenith oedd yn dal i sefyll, achos y gwenith oedd yr olaf i aeddfedu bob tro, a mi fyddai'n fis Medi ar y ddau gae yna. Mi oedd yna dros wsnos cyn i'r ysgol ailagor, a dechreuodd Emyr obeithio am ryw drip, rhyw jolihoet bach – Lerpwl, ella? Manchester?

Yn lle hynny, daeth storm.

Yn ei wely y daeth Emyr yn ymwybodol bod yna drwbwl. Roedd hi'n dywydd clòs. Arhosodd Mari ac yntau ar eu traed yn hwyr, achos roedd Mam wedi mynd ar ryw drip, Merched y Wawr ne WI ne rywbeth felly, i weld rhyw gapel a wedyn swper ar y ffordd adre. Mari oedd wedi gwneud swper iddyn nhw a swper diddorol oedd o. Roedd hi wedi creu cyrri, allan o focs. Vesta Curry. Cig, o ryw fath, syltanas, a phowdwr melyn dros y cwbwl. Roedd blas fel pupur ar y gymysgedd a bu raid gwneud wyau wedi'u sgramblo yn ei le i Lowri.

"Dim tatws?" holodd Dad, yn sbio ar y reis.

Dim ond mewn pwdin reis yr oeddynt yn cael reis, a roedd Mari wedi cyfaddef wrth Emyr nad oedd o y math iawn o reis i fynd efo cyrri, ond ta waeth.

"Wel," medda Dad, ymhen tipyn, "gân nhw gadw eu cyrri yn India cyn belled â dw i yn y cwestiwn! Dwi'n mynd i nôl jips."

"Dw i isio jips!"

"Dad! A ti di cael swper, Lwl, cau dy geg!"

Ond chwerthin wnaeth Dad a sgrialu am y drws. Clywsant sŵn y fan yn refio mynd i lawr y lôn. Ddaeth o ddim yn ei ôl, felly gorffennodd Emyr a Mari'r cyrri (a dweud y gwir roedd Emyr yn llongyfarch ei hun ar ei fwyta) ac ymhen tipyn, sef dwy gêm o Ludo ac un o Snêcs and Ladyrs, cafwyd Lwl i'w gwely. Cawsant hwy lonydd i edrych ar *Emergency Ward 10*, a wedyn *Z Cars*, ar y telifishion yn y stafell ffrynt, gan obeithio na fyddai Mam na neb arall yn dod yn ôl a gorchymyn iddynt ei droi i ffwrdd.

Mi oedd hi'n reit hwyr ar Mam yn cyrraedd adre. Y peth rhyfedd oedd bod Emyr a Mari wedi clywed sŵn y car, wedi sbio ar ei gilydd a diffodd y telifishion, ond heb glywed dim byd wedyn. Dim drws car yn cau. Dim sgidia ar y llwybr. Ella mai

Dad oedd yna, wedi'r cwbwl, yn y fan, ac wedi mynd i weld rhywbeth yn yr iard, ne hyd yn oed wedi syrthio i gysgu ar ben y llyw?

"Ddylian ni fynd allan i sbio?" pendronodd Mari.
"Clyw!"

Dyna wadnau sandalau haf gwyn Mam ar y llwybr. Ond ddaeth hi ddim drwodd atyn nhw, ond mynd yn syth i'r gegin newydd. Dechreusant deimlo'n annifyr. Roedd hi dipyn wedi un ar ddeg erbyn hyn. Sleifio i fyny'r grisia'n dawel fyddai ora? Oedd hwylia drwg ar Mam ac oeddan nhw am gael row am aros ar eu traed yn hwyr, er ei bod hi'n wylia? Roeddynt ar fin mynd i fyny – Mari'n sefyll ar waelod y grisia – pan ddaeth eu mam i'r golwg. Edrychai ei gwyneb yn gam, rywsut.

"Dach chi'n iawn, Mam?"

Ysgydwodd ei phen.

"Na dw i wir."
"Cur yn eich pen? Dach chi isio *aspirin*? Paned?"

Ond mynd heibio iddynt heb ateb wnaeth Mam. Wedi sbio ar ei gilydd, a chodi eu sgwyddau, aeth y ddau am eu gwelâu yn dawel gan obeithio y byddai petha'n iawn erbyn y bore.
Lleisiau a'u deffrodd. Lleisiau'n gweiddi. Na, dim lleisiau. Llais. Llais ei fam, yn gweiddi,

"Pwy wyt ti'n feddwl ydw i? Y? Neb? Neb? Neb ydw i, i ti?"

Aeth dychryn drwyddo. Prin iawn y byddai ei fam yn codi ei llais – heblaw i alw ar bobol i ddod am ginio, a the, a swper a petha felly. A wedyn galw oedd hi, hanner canu, dim gweiddi'n groch fel hyn. Roedd ei llais yn gryg, yn llawn cracia. Doedd hi ddim yn hi ei hun a codai hyn ofn arno.

"Doedd Dad ddim wedi meddwi gymint â hynna heno, nac oedd?"

Mari oedd yn sefyll wrth y drws yn ei choban haf gwta. Doedd hi byth yn dod i'w lofft fel rheol ddim mwy.

"Wyt ti'n meddwl dylan ni fynd i lawr?"

Ysgydwodd ei ben, yn teimlo'n reddfol mai rhywbeth rhwng ei dad a'i fam oedd hyn – rhywbeth hyll, nad oedd o isio bod yn rhan ohono.

"Mae Mam yn crio!"

Oedd, mi oedd ei fam yn bloeddio crio. Diolch byth bod stafell wely Lwl yr ochor bella i'r tŷ ne mi fuasai hi wedi deffro.

"Fedra i'm gwrando ar hyn!"
"Na – awn ni i lofft Lwl?"

Roedd yna wely sbâr yn ei llofft hi. Croesodd y ddau'r landin, a llithro i fewn i lofft eu chwaer fach. Roedd Lwl hanner o'r golwg dan y cwrlid. Dringodd Mari i fewn efo hi, gan adael y gwely arall i Emyr. Dim ond planced oedd arno, dim cynfas, a matres oddi tano. Ond fyddai o ddim yn cysgu beth bynnag. Roedd y lleisiau yn bellach i ffwrdd, diolch i'r drefn, a medrai glywed dyfnder llais ei dad rŵan, ond o – roedd rhyw adlais pathetig ynddo a wnâi iddo wingo. Gwyddai bod ei dad ar fai a bod gan ei fam achos dros ei phoen.

Gwelodd bod y drws wedi agor fymryn, a rhywun yn sefyll yno. Hanner gwyneb ei fam, fel lleuad tu ôl i gwmwl. Edrychodd y ddau ar ei gilydd am foment, cyn iddi hi droi i ffwrdd. Clywodd hi'n cerdded ar draws y landin, tuag at ei lofft o ac un Mari, a gwyddai nad oedd ei rieni'n rhannu gwely y noson honno. Ni fedrai ddychmygu sut byddai petha yn y bore.

Cododd yn fore, gan feddwl llithro yn ôl i'w wely ei hun – os nad oedd neb arall ynddo fo. Roedd y gwely'n wag, ond wedi ei wneud yn daclus. Eisteddodd arno, ac yna gwisgodd amdano a mynd i lawr y grisia. Clywodd sŵn llestri'n clecian yn y gegin.

Gosod y bwrdd at frecwast oedd Mam, wedi gwisgo amdani yn

yr un dillad â ddoe, ei ffrog las. Tywalltodd baned i Emyr heb edrych arno.

"Tost?"

"Dim diolch. Dach chi isio i mi helpu?"

"Helpu efo be?"

"Dwn i'm."

Diflannodd yn ôl i'r gegin, ac ochneidiodd yntau. Yfodd y baned, a penderfynu helpu trwy nôl pwcedaid o lo. Byddai Mam yn crefu arno i nôl glo yn amal ac ynta ddim isio mynd. Llanwodd y bwced i'r ymylon, gan wneud yn siŵr bod yna glapiau mawr ar y top ar gyfer gwneud tân, a glo mân ar y gwaelod i gadw'r tân i fynd. Gosododd y bwced lawn wrth y lle tân yn y parlwr, a holi ei fam,

"Oes gynnoch chi rwbath arall i mi neud? Rhoi dillad ar y lein?"

"Emyr bach, dim ond wyth o gloch y bore ydi hi. Dwi ddim wedi golchi eto."

Gwenodd ond prin y cafodd o wên yn ôl a sylwodd bod ei llygaid yn goch ac wedi chwyddo. Aeth i roi bwyd i'r cŵn, a hitha fwyd i'r cathod. Yn rhy hwyr, roedd Meri Mew wedi llithro heibio ei goesa i mewn i'r gegin, a rŵan byddai wedi diflannu tu ôl i ddrws, neu i'r twll dan grisia. Un slei fel yna oedd hi.

"O rhyngddi hi a'i photes!"

Byddai Meri Mew mewn peryg o gael cic gan Dad os meiddiai ddod yn rhy agos i'r bwrdd bwyd neu i'r Aga. Ond roedd hi'n siŵr o groeso cynnes gan y genod – ella mai i lofft Lwl yr oedd hi wedi mynd, erbyn meddwl. A mhen dim, dyma hi Lwl, yn rhwbio cwsg o gornel ei llygaid.

"Hei Mam, gesiwch pwy sy yn fy ngwely i bora ma."

Gan na chafodd ateb, daliodd ati,

"Mae Meri Mew *a* Mari yn fy ngwely i bora ma!"

Eisteddodd Lwl wrth y bwrdd a dal ati i barablu. Roedd gan Mari ofn Daleks, medda hi, dyna pam y daeth hi at Lwl am gwmpeini neithiwr – oedd gan Emyr ofn Daleks? Ysgydwodd ei ben.

"Na fi," meddai Lwl. "Be ydi Daleks, Emyr?"

"Ti'm isio gwbod, Lwl."

"Lowri! A dwi yn gwbod be ydyn nhw. Maen nhw yn *Doctor Who*. Ga i sbio ar *Doctor Who* pan dwi'n saith, caf Mam? Fi ydi'r hyna yn dosbarth ni, heblaw am Tudwal a di o mond wsnos yn hŷn na fi a mae *o* yn cael sbio arno fo."

Tra oedd Lwl yn siarad fel pwll y môr, a hefyd yn stwffio tost a mêl i'w cheg, aeth Emyr drwodd i'r parlwr. Roedd angen llyfr da arno. Gwelodd un am ddinas Glasgow, *No Mean City*, efo'r geiriau "hellish" ac "unbelievable" ar y clawr, a llun o awyr goch, fyglyd a dynion yn cwffio. Cydiodd ynddo. Jest y peth i fynd i ben pella'r tŷ gwair efo fo. Cymerodd afal a banana o'r bowlen ffrwytha ac i ffwrdd â fo. Cafodd hyd i le rhwng dwy felan, a gwneud ei hun yn gyffyrddus, gan sugno gwelltyn a meddwl am hen ddynion fel Yncl Ben yn smocio cetyn a'r ogla melys braf oedd ar faco. Dyna braf oedd hi ar deulu Cae'r Meirch, neb yn yfed a chadw reiat.

Ar ôl darllen cryn hanner can tudalen o'r llyfr a chael blas garw arno, a bwyta'r ddau ffrwyth, cafodd ei hun yn meddwl am gartrefi. Cartrefi ofnadwy oedd gan y cymeriadau yn y llyfr, heb fathrwm tu fewn na charpedi ar y llawr na dim. Merch Plas Trefnant oedd Mam. Yr oedd yn dŷ llawer mwy, a mwy urddasol, na Tyddyn Ucha na Hendre. Hynafol, dyna oedd y gair addas i ddisgrifio Plas Trefnant hefyd. Oddi yno y daeth y cloc mawr, a'r cwpwrdd gwydr, a'r llestri cinio gorau. Oedd ots gan ei dad tybed?

Be oedd wedi digwydd ar y trip? Mae'n rhaid bod rhywun wedi bod yn siarad. Rhywun yn gweld bai arno am feddwi mae raid. Roedd lot o ffrindia Mam yn erbyn yfed, ac yn gapelwyr mawr. Ella eu bod nhw wedi clywed bod Dad yn dreifio ar ôl cael diod.

Dweud y dylai golli ei leisans dreifio. Wedi codi cywilydd arni hi.

Os na ddôi i'r golwg yn fuan, byddai galw a chwilio amdano. Roedd yn rhaid mynd yn ôl. Ymddihatrodd o'i guddfan. Weithia doedd Glasynys ddim yn lle da i Mam fod. Ond i lle arall yr âi hi?

Medi

Roedd Guto yn poeni. Er bod hon yn flwyddyn ysgol bwysig i Emyr, blwyddyn Lefel O, doedd Lil ddim wedi talu dim sylw i ailddechra'r flwyddyn ysgol. Am y tro cyntaf erioed, fo aeth â'r plant i brynu sgidia ysgol.

Pnawn dydd Llun oedd hi, a'r ysgolion yn ailagor y diwrnod canlynol. Dros wythnos ar ôl y trip Merched y Wawr a WI ar y cyd, pan ddaeth Lilian i wybod. Heddiw eistedd yn y parlwr oedd hi, yn plethu ei dwylo, a golwg bell yn ei llygaid. Doedd hi ddim yn mynd i unlle. Fedrai hi ddim gwynebu pobol yn y Dre – Conwy na Llandudno.

"Mi a i."

Aeth Guto i fyny i newid o'i ddillad gwaith, a gorchymyn i bawb fod yn y car mewn deng munud yn barod i gychwyn. Am Landudno yr aethant, fel arfer, ac i'r un siop. Doedd Mari ddim yn hapus efo hynny, achos roedd hi wedi bod yn chwilota yn barod ac wedi dewis rhai mewn siop fawr. Roedd golwg llyncu mul arni. Penderfynodd Guto ddelio efo'r ddau arall gyntaf. Yn anffodus cymerodd Lwl ffansi at sandalau coch oedd mewn lle amlwg, ar sêl, ond wrth gwrs sgidia gaeaf yr oeddynt i fod i gael. Mynnodd Lwl eu trio a dweud eu bod yn ffitio'n berffaith, a serennu arno.

"Mae'r haf drosodd Lwl! Wneith rheina mo'r tro."

Dechreuodd Lwl strancio. Roedd gan Guto ddewis, sef ffrae efo Lwl, neu gyfaddawdu. Heddiw doedd ganddo mo'r stumog am frwydr.

"Reit. Os pryna i rheinia, ma rhaid i ti gymryd rhai erill bob dydd."

Heb help gan yr un o'r plant hŷn, dewisodd bâr o sgidia plaen du yn yr un maint. Diolch byth, cymerodd Emyr yr un sgidia ag arfer mewn maint mwy – dim ffŷs yn fanno. Roedd hwnnw'n ddigon di-ddweud-dim. Wedyn aeth pawb i Debenhams i gael y rhai oedd Mari wedi ddewis, ac ar ôl eu prynu roedd gwell hwylia ar mei ledi.

Roedd yn rhaid mynd am de i orffen – roedd hynny'n rhan o'r ddefod, erbyn dallt. Milk Bar amdani, a *milk shake* i bawb, a chacen. Cymerodd goffi iddo fo'i hun gan deimlo ei fod angen rhywbeth cryfach na mefus a banana. Sylwodd ar sawl grŵp bach arall, Mam efo plant fel iâr a chywion. Y fo oedd yr unig ddyn. Roedd Mari yn mwmial rwbath am Lwl yn cael *dau* beth a nhwytha eill dau dim ond *un* ond roedd o'n troi clust fyddar.

Doedd dim golwg o'i wraig pan ddaethant adre. Cofiodd Guto ei bod hi'n gorffen ailbapuro llofft Emyr, a mynd i fyny yno'n ddistaw. Clywodd sŵn y brws past yn taro'r papur, yn ffyrnig. Doedd dim gwell hwylia, felly. Ond pan safodd yn y drws gwelodd Lilian yn rhoi slaes i'w gwyneb ei hun, drosodd a throsodd nes ei fod yn fflamgoch.

"Cym di hynna! A hynna!"

Roedd olion past ar hyd ei breichia a hefyd mannau tendar, piwsddu.

"Lil!"

Ei breichiau'n hongian yn ddiymadferth wrth ei hochra. A'i llygaid yn wyllt.

"Dos o'ma Guto."
"Ond Lil – rhaid i chdi stopio hyn."
"Be di'r ots gin ti? Rhyngdda fi a fy mhotes."

Rhythodd arno cyn ychwanegu,

"Fy mai i oedd o am ddewis y papur rong."
"Be sy ar dy ben di?"
"'Sa'n well i mi fynd o'ma."
"Mynd o'ma i lle?"
"Mae na le i bobol 'fath â fi."

Buasai wedi ymresymu efo hi, ond daeth Lwl i'r golwg, a'i gwynt yn ei dwrn, isio dangos y sandalau coch.

"Be oedd ar eich penna chi yn gadael iddi gael y fath betha? Lowri, mi wyt titha i fod i wybod yn well!"
"Tyd, awn ni i lawr grisia," meddai wrth y fechan, oedd wedi dechra crio erbyn hyn.

Pan ddaeth hi i lawr gwelodd Lilian sgidia newydd Mari. Roedd ganddynt sodla rhy uchel i'r ysgol, a mi oedd Mari yn siŵr o fod mewn trwbwl, a doedd waeth iddi heb feddwl y câi bar arall – os oedd hi'n difaru, câi brynu rhai ei hun. Stompiodd Mari i'w llofft. Dim ond sgidia Emyr oedd yn pasio'r prawf; rhai "rhad, sâl" oedd yr ail bar a brynodd i Lwl, "pharan nhw ddim deufis, gewch chi weld."

Aeth Guto am dro rownd y defaid efo Fflei, yn rhegi dan ei wynt. Roedd angen gwerthu ŵyn, i dalu am yr holl blydi sgidia. Dechreuodd ddethol rhai wrth gerdded, a meddwl a âi i'r mart dydd Gwener ynte dydd Mawrth nesa. Hwyrach y medrai gael Lil i weld doctor. Roedd o'n benderfynol na châi hi fynd i ffwrdd i unlle. Er mai prin oeddent yn siarad, heb sôn am garu, ers iddi ddod i wybod, roedd o'n benderfynol o gadw ei afael ynddi. Roedd arno ofn be allasai ddigwydd petai o'n gollwng.

Diwrnod braf oedd y diwrnod cyntaf yn ôl yn yr ysgol, fel dechrau pob un flwyddyn ysgol erioed, meddyliodd Guto wrth ddanfon Lwl.

"Fydd pawb yn lecio rhein, gewch chi weld, Dad," meddai hi'n fodlon, gan syllu ar y sandalau cochion.

A neidio o sêt flaen y fan, efo "Ta ta" dros ei hysgwydd fu ei hanes hi. Galwodd yntau ar ei hôl, "Mam fydd yn dy nôl di," ond cafodd yr ateb, "Na – cerdded!" Cerdded. Doedd Lil ddim am fynd ar gyfyl yr ysgol felly. Hyd yn hyn, roedd hi wedi gwrthwynebu gadael i Lwl gerdded adre, yn dweud bod dros filltir yn rhy bell iddi. Nid bod hynny'n broblem i Lwl ei hun, achos mi oedd Gladys Cae Du yn mynd yr un ffordd, ac yn bellach. Ochneidiodd Guto. O, doedd dim byd o'i le ar gerdded adre, buan y dôi pawb i sylweddoli mor hwylus oedd y trefniant, a'r genod yn cael sbort ar y ffordd. Roedd Robat ac ynta, a plant y ffermydd cyfagos, wedi cael lot o sbort yn cerdded adre o'r ysgol, yn dringo dros ben clawdd i ddwyn fala o ardd neu berllan ambell waith, ne fynd i'r siop am fferins os oedd gan un ohonynt geiniog.

Ni fedrai ddychmygu plant heddiw yn trafferthu dwyn afal.

Hydref

"Emyr!"

Y peth cyntaf glywodd Emyr oedd ei enw yn cael ei alw ar draws y stafell ddosbarth lle roedd Clwb Ffermwyr Ifanc Pwllheli a'r Cylch yn cynnal eu whist-dreif. Mi wyddai'n syth gan bwy – Angharad Morfa Fawr. Ond cododd gwrid i'w wyneb prun bynnag. Roedd Angharad yn codi ei llaw a gwenu arno o'r gornel bella, fel *carnival queen* yng nghanol ei *ladies-in-waiting*.

"Pwy di honna ta?"
"Rhywun sy'n perthyn i mi. Ond dim yn agos."
"Duw, gei di briodi pawb ond dy chwaer, sti. Hogan handi."
"Croeso i ti ddod i'w nabod hi'n well. Ma hi'n siarad yn ddi-stop."

Daeth dwy ferch o glwb Pwllheli heibio – rhai dipyn bach hŷn – yn cario hambwrdd yr un.

"Gymrwch chi frechdan ham, hogia?"

"Ne gaws? A mae na siandi ar y bwrdd 'cw. Wnawn ni ddim gofyn faint di'ch oed chi."

"Na wnewch gobeithio – doeddan ni'n cael siandi efo'n jips pan oeddan ni yn 'rysgol bach, Emyr?"

Roedd Ifan yn benderfynol o fynd efo hogan cyn diwedd y noson, ac wedi amlinellu ei gynllun wrth Emyr yn y bỳs ar y ffordd yno. Roedd y ferch a oedd yn hanner ystyried ei hun yn gariad iddo wedi mynd i Glan Llyn ar drip cerdded mynyddoedd, a beth bynnag doedd Ifan ddim yn siŵr faint oeddan nhw'n siwtio'i gilydd. Doedd yna ddim o'i le ar fwy o brofiad, yn ei farn o, peth oedd yn brin gan Emyr hefyd.

Yn fuan yr oedd un o'r merched hyn (Hannah oedd ei henw – sobor o enw hen ffasiwn, tybed a oedd hi fel ei henw?) wedi trefnu grwpiau o bedwar wrth bob bwrdd. Grwpiau cymysg, felly dau ne ddwy o gylch Pwllheli a'r un faint o ardal Conwy. Doedd Angharad ddim ar fwrdd Emyr ac Ifan, ond mi oedd dwy o'i ffrindia, sef Sian a Freda. Merch solat efo gwallt byr tywyll oedd Freda, a roedd hi'n wyliadwrus iawn wrth i Ifan rannu'r cardiau. Ond os oedd Frida braidd yn ddifrifol, fel arall yn hollol oedd Sian. Chwarddai am ben pob dim, ac ysgwyd ei gwallt hir melyn. Roedd ganddi gylchoedd glas rownd ei llygaid, fel Ziggy Stardust. Mentrodd dynnu sylw at y peth. Taflodd Sian ei phen yn ôl, a gwelodd bod ganddi *earrings* yn ei chlustia.

"Dwi'm yn dŵad o Mars," oedd ei hateb.

"Nac di, o Nefyn," ychwanegodd Freda, "a finna o Lanbedrog. Ond dan ni'n dwy yn ysgol Pwllheli."

Pan ddeudodd Emyr ei fod yn arfer byw yn y Dryslwyn, cawsant sgwrs fach iawn am ei hen ysgol (roedd ei hen ffrindia, Anwen a Dewi, ym Mhwllheli hefyd – rhyfedd, nid oedd wedi meddwl amdanynt ers cyhyd, roedd fel petaent wedi peidio â bodoli), a mwya sydyn roedd y gêm drosodd a'r genod wedi ennill. Roedd llygaid barcud gan Freda, sylweddolodd, ac os oeddynt am ennill gêm o gwbwl byddai rhaid canolbwyntio mwy. Er trio, yr un canlyniad fu, a Sian a Freda aeth ymlaen i'r rownd nesaf.

"Hei Emyr, dan ni allan ohoni 'fyd. Awn ni allan am awyr iach?"

Dilynodd Angharad allan ar iard yr ysgol. Ysgol fach mewn pentre cyfagos oedd hi, digon tebyg i un y Dryslwyn, dim prif ysgol gynradd Pwllheli. Aethant i eistedd ar y ffrâm ddringo.

"Ffag?"

Ysgydwodd ei ben. Cymerodd hitha leitar o'i bag a chynnau ei sigarét.

"Gesoch chi hwyl efo Sian a Freda?"
"Do am wn i."
"Mae Sian yn dy ffansïo di."

Yn sydyn deallodd Emyr lle oeddan nhw – ysgol Berch oedd hon, ac wrth gwrs mi oedd hi reit wrth ymyl terfyn Bronerch. Roedd o wedi ei phasio 'geinia o weithia wrth fynd a dod efo'i dad a'i fam.

"Yn Berch ydan ni, te?"
"Ia, pam?"
"Mi oedd fy yncl yn arfer byw yma. Ffarm Bronerch."

Roedd hi'n dawel am funud wrth ei ymyl, yn sugno ei sigarét.

"Hwnnw laddodd ei hun?"
"Yncl Robat? Naci! Damwain gafodd o."
"Dyna mae pawb yn ddeud."
"Mi aeth o â'r tractor i 'redig cae serth – sbia!"

Dangosodd yr ochrau serth o'u blaenau; ond doedd dim posib eu gweld yn y tywyllwch yr ochor draw i'r lôn. Ond doedd o ddim

217

wedi llwyddo i newid meddwl Angharad. Syllodd arno efo'i llygaid gwyrdd – gwyrdd anghynnes, fel cwsberis.

"Fasa fo ddim wedi mynd i'r fath le heblaw bod o isio rhoi diwadd arno fo'i hun. Dwi'n cofio Mam a Dad yn siarad."

Roedd o'n nabod Yncl Robat, a doeddan nhw ddim.
"Iw hw! Be dach chi'ch dau yn neud yn fan'cw?"
"Tyd draw i weld."

Tyrchodd Angharad ym mherfeddion ei bag, a ffendio potel fach. Pan ddaeth Sian atynt bu'r tri ohonynt yn llowcio fodca yn eu tro. Wedyn aeth Angharad yn ôl i fewn, a gadael y ddau ohonynt.

"Pwy enillodd y whist-dreif ta?"
"Ni! Dwi'n dathlu, yli."

A dathlodd trwy gusanu Emyr. Roedd y gusan yn gymysgedd o sent a mwg a fodca a roedd arno ei hangen gymaint â hitha.

Bu raid iddo ista ar ei ben ei hun ar y ffordd yn ôl, achos roedd Ifan wedi copio Elen, a roeddan nhw ar y sêt gefn. Wrth bod pawb wedi ei weld efo Sian, doedd yna ddim pwysa arno i fynd efo neb arall ar y ffordd adra. Edrychodd trwy'r ffenest. Nos ola leuad, fel y llyfr o'r un enw. Cofiodd am y rhan pan oedd y plant yn crwydro gefn nos yn chwilio am Em Brawd Bach Now Glo. Oedd Angharad yn iawn? Oedd Yncl Robat allan o'i bwyll, fel Em a mam yr hogyn? Wedi colli arno fo ei hun? O'i go, yn dringo i ben y tractor (Ffyrgi glas) a'i ddreifio i ben y cae mwya serth ar yr holl ffarm, dri chan acer ohoni, fel y clywsai ei dad yn dweud.

Mi wyddai ym mêr ei esgyrn bod Angharad yn iawn. Daeth yr holl ddarnau bach o wybodaeth at ei gilydd fel pytiau bach gwlanog – yr ysgwyd pen, y sibrwd, y crio cudd – i wneud un cwmwl mawr tywyll yn ei ben.

Nid oedd cyfle i ddweud dim wrth Mari. Roedd ganddi fywyd prysur. Chwaraeai'r ffliwt yn y gerddorfa, a oedd yn ymarfer ar gyfer – o, rhyw gyngerdd neu'i gilydd yn yr ysgol. Diolchgarwch. Dolig, am a wyddai, meddyliodd Emyr gan roi cic i garreg wrth gerdded adra ar ei ben ei hun. Dim y gerddorfa'n unig oedd yn mynd â'i hamser – roedd hi'n aelod o'r Aelwyd a rheini hefyd yn ymarfer at rywbeth yn dragwyddol. Ychydig a welai ar ei chwaer.

Roedd hi bron yn hanner tymor, a'i fam yn ddistawach nag erioed, byth bron yn holi Mari ac yntau am eu gwaith cartref. Ond y dydd Sadwrn ar ôl i'r ysgol dorri, daeth i lawr y grisia wedi gwisgo amdani'n ddelach nag arfer mewn blows wen a sgert las tywyll. Sylwodd Lwl yn syth ar y gwahaniaeth.

"Mam lle dach chi'n mynd Mam? Ga i ddŵad efo chi?"

"Na chei y tro ma."

"Ond lle dach chi'n mynd?"

"I'r sbyty. Mae Modryb Cassie'n sâl. Mi eith Mari â chdi i'r cae chwara."

"'Sa Mari a fi yn ddistaw. Fel llygod bach. A wedyn gawn ni fynd am de neis!"

"Na, cofia. Di o ddim yn lle i blant."

"Fasach chi'n lecio i mi ddod efo chi, Mam?"

"Na, sti Emyr, fydda i'n iawn."

Mae'n siŵr bod Anti Cassie wedi cael marwol glwy, os nad oedd hi'n marw o fod mor hen. Ond go brin felly y basa hi yn yr hosbitol ym Mangor. O leia roedd Mam wedi dweud ei bod hi'n iawn, a cafodd gysgod o wên am gynnig mynd efo hi. Deallodd nad oedd wedi ei gweld hi mewn dim byd ond hen sgerti di-liw a chardigans yn hongian bob sut ers wythnosa. Gobeithio y byddai hi'n cofio mynd â rhywbeth efo hi. Roedd hi'n ddefod gan ei fam beidio mynd i unlle'n waglaw. Tybed ddyliai o fynd â thun at y car iddi? Dim ond troi'r car rownd yr oedd hi.

Chwifiodd y tun uwch ei ben i dynnu ei sylw.

"Be di hwnna?"

"Tun samon. I chi fynd efo chi."

"Emyr bach! Mae hi tu hwnt i samon."

Dechreuodd ei fam chwerthin yn afreolus, gan blygu dros y llyw.

"Diolch 'y ngwas i. Duwcs, ella a i â fo. Ella medrwn i neud brechdan samon bach iddi."

"Cofiwch ni ati, Mam."

"Mi wna i, sti. Fydda i'n siŵr o neud."

Ac i ffwrdd â hi. Dyma Mari a Lwl yn dod i'r golwg, yn gwthio eu beiciau.

"Oedd Mam yn chwerthin?" gofynnodd Mari.

"Oedd."

"O! Emyr, wyt ti'n meddwl gawn ni fynd am holides hanner tymor? Chawson ni ddim mynd i nunlle 'rha ma."

"Dwn i'm."

"Mi wnâi les i Mam."

"Be ydi lles?" gofynnodd Lwl.

"Teimlo'n well."

"Mi ofynna i i Dad pan ydan ni'n porthi heno, os leci di."

"Dwi'n cael da-da gin Mari ar ôl bod yn cae chwara. Gwerth tri deg ceiniog bob un."

"A beth amdana i, ta?"

"Dim chdi sy'n mynd â mei ledi i cae chwara, naci."

"Gei di un Malteser gin i Emyr. Os dwi'n dewis Maltesers."

"O diolch yn fawr iawn, Lwl."

Ac i ffwrdd â nhw i lawr y lôn, ar eu beicia, Mari'n arwain y ffordd.

Diolchgarwch

Ar ôl gwrando ar gais Emyr, bu Guto'n cysidro. Am Lundain a Chaeredin oedd yr hogyn wedi sôn, ond ni fedrai feddwl am fynd i Lundain, a roedd Caeredin yn bell. Ond mi oedd Caerdydd yn bosib. Llawer o sôn wedi bod am yr amgueddfa newydd yn Sain Ffagan, a cyfle i weld y bont newydd dros afon Hafren. Theatr hefyd, siawns – gwyddai y pleser roddai hynny i Emyr.

Roedd wedi sylwi bod gwell golwg ar Lilian ar ôl bod yn gweld ei modryb yn yr ysbyty ym Mangor. O leia mi oedd wedi codi allan, wedi penderfynu, mae rhaid, bod ei hymweliad yn bwysicach i'w modryb na pwy welai hi yno. Doedd yr hen ledi ddim ar ei gwely angau, chwaith – dim eto beth bynnag, a roedd sôn am drefnu gofal iddi yn ei chartref. Pa ddrwg fedrai holides bach wneud? Byddai'r plant wrth eu bodd, a câi ynta newid, yn lle tin-droi o gwmpas y caeau a'r bydái a phoeni a difaru ac ofni.

Y trip i Sain Ffagan oedd y llwyddiant mwyaf. Efo pob cam i'r gorffennol, roedd Lil fel petai'n llonni. Roedd y ddwy ferch hefyd wedi gwirioni efo'r golygfeydd o fywyd gwledig a'r hen ddillad. Tra oedd Lil yn cofio am yr injan ddyrnu, a'r drol a cheffyl ar iard Plas Trefnant pan oedd hi'n blentyn, roedd Emyr i'w weld yn ail-fyw ei wersi hanes. Roedd o wrth ei fodd efo cyfnod y Tuduriaid, a sut yr erlidiwyd y Catholigion a ballu. Cawsant sgwrs dda am sut roedd y byddigions yn cuddio offeiriaid Catholig mewn cypyrddau tu ôl i lunia ac yn y blaen. Roedd hi'n ddiwrnod braf, sych, heb fod yn rhy oer chwaith, a cafwyd cinio yn y caffi heb dramgwydd.

Ond y diwrnod canlynol roedd Mari isio mynd o gwmpas y siopa, a daeth yn amlwg nad oedd gan Lilian awydd o gwbwl. Triodd Mari ac yntau eu gora glas ei pherswadio i brynu dilledyn ne ddau iddi hi ei hun, ond ofer fu pob ymdrech. Doedd hi ddim isio tynnu amdani. Doedd ganddi ddim 'mynedd edrych ar ddilladach drud. Roedd y petha oedd ganddi hi yn iawn, mi wnaent y tro. Gafaelodd yn dynn yn ei chôt a chlymu'r sgarff rownd ei phen, ac edrych i lawr. Yn y diwedd, manteisiodd Mari ar y cyfle i brynu *outfit* gyfan iddi hi ei hun, a syllodd Lil yn ddiymadferth wrth i Lwl ddewis ffrog oedd yn llawer rhy fawr iddi i fynd i'r ysgol.

"Mam, mae hi'n rhy laes! Dudwch wrthi!" erfyniodd Mari.

Ysgydwodd Lil ei phen, yn lle mynegi ei hamheuon.

"Lwl, ma'r ffrog yna'n hongian amdanat ti! Fedri di weld na di Mam ddim yn lecio hi."

Edrychodd y ferch fach ar ei mam, yn herio. Os nad oedd hi am ddweud dim, mi oedd Lwl isio'r dilledyn.

"Gwna fel leci di," meddai ei mam. "Felna mae pawb yn gwneud beth bynnag."

A cerddodd i ffwrdd oddi wrthynt trwy'r rhengoedd o ddillad. Cymerodd hanner awr arall o chwilio dyfal a thrio petha cyn i Mari allu perswadio ei chwaer i gymryd ffrog arall.

Wedyn, trodd Mari ei pherswâd ar Emyr.

"Mae'n iawn i ti gael, Emyr, mae pawb arall wedi cael rwbath neis."

Ond doedd gan Emyr chwaith ddim mynedd i drio dillad erbyn hyn – a dweud y gwir roedd pawb yn dyheu am fynd oddi yno. Gwelodd Guto Mari'n ciledrych ar yr adran dillad isaf, ac yn cnoi gwefus a troi i ffwrdd. Roedd o'n teimlo drosti, ond hefyd wedi cael llond bol ar y cwbwl. Bron nad edrychai ymlaen at gerdded o gwmpas y caeau ar ei ben ei hun.

Y noson olaf aethant am bryd i fwyty *Italian*, sef y San Lorenzo. Cawsant groeso cynnes yno – dyma'r tro cyntaf i unrhyw un ohonynt fwyta bwyd Eidalaidd, heblaw am *pizza*. Hoffai Guto a'r plant yr awyrgylch, y lampau, y rhesi o boteli gwin, y lluniau du a gwyn o Rufain a Naples. Mi fasa wedi bod yn well petai Lil wedi chwerthin dipyn bach, ond o leia mi wenodd wrth edrych ar y fechan a'r sbageti yn hongian fel mwstás bob ochr i'w cheg. Roedd Emyr a Mari yn rowlio chwerthin, er bod eu cegau hwythau'n goch ar ôl profi'r "balls of meat in sauce of tomatoes". Y pysgodyn gafodd o, efo cnau (almwnd) am y tro cyntaf, a roedd yn werth pob ceiniog. Rhywbeth efo'r enw rhyfeddol "zabaglione" oedd y pwdin. "Italian trifle" oedd yr eglurhad, ond roedd yn debycach i *junket* ne gwstard cartre, efo alcohol i roi blas iddo.

Y bore wedyn, cyn iddynt adael, dychwelodd Mari ac Emyr i'r siopa mawr ar eu pennau eu hunain. Roedd o wedi rhoi pres iddynt, a daeth Emyr yn ôl efo crys Ben Sherman a Mari efo bagiau bach a rhyw focsys cyfrin ynddynt. Clywodd Lil yn dweud un gair, sef "smart", am y crys, a gweld gwyneb ei fab yn goleuo.

"Mi fydd yn neis, i fynd i betha Dolig. Dyna be ddeudodd Mari beth bynnag. Dach chi'n lecio Dolig, Mam?"
"O paid â sôn am Ddolig wir!" oedd yr ateb ffyrnig a gafodd. "Mae'n gas gen i feddwl am y peth."

Roedd pawb yn reit ddistaw ar y ffordd adre i Lasynys.

Tachwedd

"Ella ei bod hi'n gweld Dolig yn ddrud" oedd sylw Mari, pan soniodd Emyr wrthi ar eu ffordd adre o'r ysgol. Roedd hi bron yn dywyll, ar ôl troi'r clociau.

"Ond dydan ni ddim yn dlawd."
"Ond mae Dad yn y pyb bob cyfle geith o."
"Fedri di ddim yfed incwm ffarm gyfa mewn tair ne bedair noson yn y Blac Leion!"

Roedd Mari yn dawel am funud, yna meddai:

"Sti be ddeudodd Mam wrtha i, yn Debenhams? Edrych ar y clustoga neis melfed oeddan ni, a wnes i sbio ar y pris – wel o'n i'n meddwl, os na wneith hi brynu dim iddi hi ei hun, ella gwneith hi brynu rwbath del i'r tŷ. Pum punt oedd yr un binc neis feddal ma, a dyma hi'n deud, 'Dau dybyl wisgi, felly.'"
"Dau dybyl wisgi?"
"Pumpunt."
"Reit. Felly ma un wisgi yn – bunt dau ddeg pum ceiniog."
"Ydi, am wn i."
"Faint oedd dy ddillad di ta?"
"Wel – roedd y top yn dri dwbwl."

Dechreuodd y ddau ohonynt chwerthin. Tri wisgi (a soda) oedd eu pres poced, a dybyl oedd trip ysgol. Roeddynt bron â chyrraedd y tŷ pan gofiodd Emyr am yr hanes o Bronerch yr oedd wedi bod isio'i drafod efo Mari, ond roedd hi'n rhy hwyr a doedd arno ddim awydd difetha'r sbort.

Roedd yn falch o'r crys Ben Sherman wrth i dymor y Dolig nesáu. Gwisgodd o i fynd i barti Dolig Ffermwyr Ifanc. Roedd Bethan Ellis yno – newydd ymuno – a bu'n sgwrsio efo hi. Roedd hi wedi tynnu ei gwallt hir tywyll yn ôl mewn *pony-tail*, a chlustdlysa bach arian ganddi.

"Ti'n gwbod bod fy mrawd yma? Na? Wel mae o lot hŷn na fi. Fi oedd syrpreis bach Mam a Dad, wyth mlynedd ar ei ôl o. Mae pawb yn meddwl mod i wedi cael fy nifetha."

"Wel, wyt ti?"

"Dim o gwbwl. Jest gwbod sut i fynd o gwmpas petha'r ffordd iawn."

Edrychodd ar ei gwydr gwag. Oedodd y sgwrs, cyn i Emyr ofyn:

"Wyt ti isio drinc? Mi a i ..."

Ac mi aeth at y bar i mofyn mwy o siandi i'r ddau ohonynt, ac erbyn iddo ddod yn ôl roedd hi mewn giang o genod yn sibrwd a giglan. Aeth yntau at Ifan a Simon, ar ôl danfon y diod, a buont yn gwylio'r genod a sylwebu ar eu dillad (pa mor dynn oedd jympers a sgerti am fronnau a thin), a pwy fasa ora ganddynt mewn lle tywyll. Bethan oedd ei ddewis o. Ond mewn gwirionedd meddyliai ei bod hi braidd yn ifanc. Nid oedd yn ei wir gynhyrfu. Go brin y byddai Sian yn ailymddangos – a doedd y ferch yr oedd yn ei gwir ffansïo ddim ar gael.

Daeth Ifan i'r golwg. Roedd o wedi cael rhywbeth rheitiach na siandi, ym marn Emyr.

"Hei, Ems, pam oedd Nero isio dy weld ar ôl 'rysgol?"

Nero oedd eu hathro Lladin, dyn addfwyn mewn tipyn o oed.

Yr oedd wedi gofyn i Emyr aros ar ôl am bum munud ar ddiwedd y diwrnod, dydd Gwener.

"Isio sôn am ddewis pyncia Lefel A. Meddwl dylswn i neud Lladin."

"Pam dywad? Nefi, pwy ddiawl sy am ei neud o, heblaw un ne ddwy o'r genod? Er, erbyn meddwl, dyna i chdi ddigon o reswm."

Ysgydwodd Emyr ei ben.

"Mi wnes i ddeud mod i'n meddwl stydio ieithoedd, yn ei glyw."

Roedd hyn yn berffaith wir. Mi oedd Emyr yn meddwl am astudio Ffrangeg, neu hwyrach Eidaleg, yn bennaf er mwyn iddo gael teithio dramor a chyfarfod pobol ddiddorol. Roedd Nero wedi pwysleisio mor ddefnyddiol fyddai Lladin, sef conglfaen sawl iaith Ewropeaidd fodern fel Sbaeneg ac Eidaleg. Yr oedd hefyd wedi ychwanegu bod rhai prifysgolion yn gweld gwerth arbennig mewn Lladin – yn ei wneud yn rhan o arholiad ychwanegol, hyd yn oed. A'r peth olaf ddywedodd o oedd nad oedd pob prifysgol yn Lloegr yn derbyn Cymraeg fel Lefel A llawn.

Doedd Emyr ddim am drafod hyd oll efo Ifan a Simon, ond roedd wedi bod yn pendroni dipyn. Roedd y syniad o fynd i brifysgol wedi ymddangos yn bell iawn i ffwrdd tan hyn, ond rŵan roedd geiriau'r hen Nero wedi trawsnewid y tirlun. Fel goleudai daethai pelydrau Aberystwyth, Caerdydd, Lerpwl, Birmingham a Llundain i ddangos llwybrau iddo. Ie, a Rhydychen hefyd. Yng Ngholeg yr Iesu, Rhydychen, y cafodd Nero, sef Mr Carwyn Hughes, ei addysg uwch – dyna yr oedd wedi ei ddweud wrth Emyr. Ei fod o wedi bod yn meddwl ers tro y dylai un ne ddau o ddisgyblion disgleiriaf Glan Clwyd fod yn meddwl am wneud cais i fynd yno.

"Bangor ne Aberystwyth sy'n tynnu llawer ohonyn nhw, am resymau amlwg," meddai, gan ailosod ei sbectol. "Adrannau

Cymraeg gwerth chweil yn bennaf. Ond os ydych chi am astudio ieithoedd, wel, mae hynny'n wahanol."

Bethan oedd seren Pump A, bob amser ar frig y dosbarth, a chystal ag yntau yn Lladin a Ffrangeg. Synnai Emyr na fyddai Nero wedi cael gair efo hitha. Ond ella ei fod o. Medrai ei holi, rywbryd. Doedd dim brys arbennig. Yn ystod tymor yr haf byddent yn gwneud eu dewis cyntaf, a dim ond ar ôl cael canlyniadau Lefel O fis Awst y byddai'r penderfyniadau terfynol yn cael eu gwneud.

Arhosai'r teimlad yna fod yna ogof, ac ym mhen draw'r ogof, ddrws yn arwain i rywle arall, yn ei feddwl. Aeth o ddim efo Bethan y noson honno, chwaith, er i Ifan ac Elen fynd law yn llaw tu ôl i'r adeilad efo'i gilydd. Gwelodd Bethan yn gadael efo'i brawd, jest cyn hanner nos, a tybiodd iddi edrych yn gyflym i'w gyfeiriad o, lle safai wrth ymyl y bar efo Simon, cyn diflannu. Clywodd sŵn Landrover yn refio, wrth gychwyn adra am Felin Fach.

Rhagfyr

Yn y diwedd teimlai Guto nad oedd ganddo ddewis. Gwrthodai Lilian fynd allan bron. Y fo oedd yn gwneud neges yng Nghonwy a Llanrwst. Daliai i fynd i'r capel, efo Mari wrth ei hochor, i oedfa'r hwyr, a gyda'r esgus bod gan honno waith cartref, roeddynt adre erbyn deng munud wedi chwech.

"Dwi'm yn gweld pam na cha i gapel, o'i hachos," meddai trwy ei dannedd pan fentrodd Guto ddweud ei fod yn falch o'i gweld yn codi allan.

Doedd yna ddim ateb i hynny. Gobeithiai ei bod wedi cael rhyw gysur o fod yno – gweddi, neu bregeth well na'i gilydd. Capel bach oedd o, a roedd o'n falch eto mai aros yn y pentre wnaethant, a dim mynd i'r capel mwy yn y dre.

Ond mi fyddai raid gwneud rhywbeth. Ond sut i gysylltu?

Doedd ganddo ddim stumog i wynebu'r holl gymhlethdodau, trefniadau cudd, galwadau ffôn o giosg. Yn y diwedd, llythyr, neu'n hytrach bwt o nodyn yn gofyn am gyfarfod, a ddewisodd. Y Crown, yn Menai Bridge. Cynigiodd nos Wener, gan ei fod yn gwybod mai dyna noson ymarfer y gerddorfa. Roedd Lil hefyd yn derbyn ei fod yn mynd am beint ne ddau i'r Leion ar nos Wener. Ychwanegodd ar y gwaelod, "Paid ag ateb, mi ddo i beth bynnag, ar y 3ydd a'r 10fed, os raid."

Efallai y byddai'r hogyn yna, Robin, yn ama rhywbeth, ond doedd dim help am hynny. Beth bynnag, roedd hi'n hen bryd i'r diniweityn ama rhywbeth, doedd?

Y nos Wener gyntaf ym mis Rhagfyr, ac wrth gwrs roedd ambell rai wedi dechra gosod trimings Dolig. Yn lobi'r Crown, safai coeden Dolig fawr artiffisial, efo bylbiau mawr coch arni. Naw o'r gloch oedd hi, dim hanas ohoni hi eto, a dim ceir cyfarwydd eraill chwaith, diolch i'r drefn. Doedd o ddim isio gorfod ei chyfarfod mewn car, yn y tywyllwch a'r oerni. A bob dim arall.

Bachodd fwrdd bach wrth y ffenest. Nid oedd y cyrtans melfed trwm, yn drwm o lwch mi wrantai, wedi eu cau, a roedd yr hen bont i'w gweld, a'i rhaffau dur yn siglo yn y gwynt. Cofiodd am eu diwrnod yn yr haf. Mor bell yn ôl oedd hynny. Fasa tafarn bach yng nghefn gwlad ddim wedi bod yn well? Na. Basa rhyw ddiawlad yn siŵr o weld a siarad yn y fath le. Lle mawr fel hyn, digon o fynd a dŵad, stiwdants wrth y jiwcbocs a *locals* wrth y bar yn cael peint ar ôl wsnos o waith, cyn mynd adra i wynebu eu gwragedd, dyna oedd ora.

Syndod oedd ei gweld yn ymddangos yn y drws, ac yntau heb glywed refio cyfarwydd y Mini. Holl sŵn y bar oedd yn gyfrifol am hynny. Edrychodd o'i chwmpas a chododd ei law arni. Croesodd ato'n syth. Cododd yntau ar ei draed.

"Be gymi di?"

"Gwin coch plis."

Aeth at y bar, a cael peint arall iddo fo'i hun. Roedd hi'n gwisgo rhyw fath o hanner côt, hanner siôl – *cape* – steil oedd Mari hefyd yn ei ffansïo. Ei gwallt wedi ei glymu yn ei ôl yn dynn.

"Diolch."

Gafaelodd yn y gwydr ac yfed hanner y gwin ar ei dalcen.

"Sut aeth y practis?"
"Ŷn ni'n dysgu darn newydd anodd. Shostakovich."

Gweddill y gwin coch yn cael ei lyncu. Penderfynodd nad oedd diben gohirio.

"Llinos. Mae'n gas gin i. Ond ma raid i mi."
"O ife?"

Oedd hi wedi rhagweld y broblem, wedi bod yn ystyried ei gais yn barod?

"Fedar Lil ddim byw yn ei chroen."

Y llygaid gwyrdd yn ei archwilio, cystal â dweud, "Felly, be ydi hynny i mi?" Pwysodd yn ôl yn ei sedd. Baglodd yntau yn ei flaen:

"Mi ddoth i wbod, ar ôl Penmon. Fedar hi ddim diodda mynd allan. Mae hi'n meddwl bob pawb yn siarad tu ôl i'w chefn hi. Does na ddim trefn arni. Mae'n job ar y naw ei chael i godi bob bora. Mae'r plant yn poeni amdani."
"Y plant. Nage ti?"
"A finna, dw inna'n poeni. Mae arni ofn dy weld di, hefyd."
"Ti moyn i mi adael."

Agorodd ei handbag a tynnu paced o sigaréts allan, a tanio efo leitar bach arian nad oedd wedi ei weld o'r blaen. Cynigiodd y paced iddo fo a cymerodd un.

"Wy ddim yn gadel ar dy gais di."

Ond roedd hi'n ystyried gadael.

"Mae eleni mas o'r cwestiwn. Mae dosbarthiade arholiad 'da fi."

Roedd o wedi amau hyn. Smocio'n ddisiarad wnaeth y ddau ohonynt. Hi oedd y gyntaf i orffen a stwnsio'r ffag yn y soser lwch.

"Mae fy landledi wedi bod yn boen."
"Ydi hi?"
"Odi."

Tynnodd y sgarff am ei gwddw.

"Gaf i weld. Diall di hyn. Os wy'n mynd, mynd am bod rhywbeth gwell yn galw fydden i."

Gafaelodd Llinos yn ei bag, a roedd hi wedi mynd cyn iddo allu dweud dim mwy, na galw ei henw, pe meiddiai, ar draws y stafell lawn, fyglyd.

Bu'n cysidro, ar y ffordd adra. Roedd y flwyddyn bron ar ben. Gwyddai na fedrai Llinos, fel athrawes, adael ei swydd yn ddirybudd. Byddai angen sawl wythnos o notis, dau ne dri mis hwyrach. Efallai mai at y flwyddyn ysgol y cyfeiriai hi gynnau, pan ddeudodd hi "eleni"? Ond pan ddeuai honno i ben yn yr haf, yr arholiadau wedi gorffen, a hithau wedi cael cyfle i chwilio am her newydd – wel, roedd yna le i obeithio, o leia. A busnes y landledi. Hwyrach bod honno, hefyd, wedi clywed rhywbeth ac am wneud bywyd yn anodd i'w thenant.

1973

Ionawr

Roedd y gwanwyn yn hir yn dod. Parhâi ei fam i edrych ar bawb o bellter mawr, fel petai. Yn amal, câi Emyr yr argraff nad oedd hi'n clywed beth oeddynt yn ei ddweud, a mai dim ond ambell air oedd yn cario trwy'r Tir Neb oedd yn ei phen. Poenai Mari amdani, a bu'n trio ei chynnwys i fynd yn ôl i Ferched y Wawr, neu ailymuno â'r grŵp cydadrodd. Doedd dim yn tycio, a swatio efo Lwl oedd ei harfer bob noson, yn gwylio rhaglenni Cymraeg ar y telifishion. Sylwodd Emyr bod yr arlwy wedi newid un noson pan ddaeth i lawr o'r llofft bach sbâr, lle hoffai wneud ei waith cartre, a gweld bod Mari yn gwylio efo nhw. Rhaglen Saesneg oedd hi, wedi ei gosod yn Lerpwl. Roedd yna lot o chwerthin a thaflu dillad merched o gwmpas. *The Liver Birds*, wrth gwrs. Cymerodd arno sbio drwy'r *Radio Times*, gan ddilyn y rhaglen ar yr un pryd, ond roedd pob dim ar ben ar ôl iddo chwerthin yn uchel am ben picil Sandra yn yr ysbyty, ac wedi i Mari wneud hwyl am ei ben, rhoes y gora i'r papur a setlo i lawr i fwynhau. O leia roedd Mam yn gwenu hefyd, ar brydia.

Dim ond unwaith, rai wythnosau'n ddiweddarach, y gwnaeth y rhaglen iddi ymateb yn agored. Roedd Beryl wedi bod ar fin treulio noson yng ngwely ei chariad fwy nag unwaith, ond pan ddigwyddodd y peth o'r diwedd, dim Beryl ond Sandra wnaeth.

Roedd hyn yn waeth, achos actores Gymreig, Nerys Hughes, oedd yn chwarae rhan Sandra. Welson nhw ddim byd, wrth gwrs. Lwl wnaeth agor y sgwrs yn ddiniwed:

"Braf arnyn nhw'n cael cysgu efo'i gilydd te? 'Fath â Gladys a fi."

"Wel, dim yn union," dechreuodd Mari, dan wenu.

Cododd Mam ar ei thraed, dan deimlad, yn amlwg.

"Watsiwch chi beidio â gwneud dim byd o'r fath! Dim chdi, Mari, yn enwedig!"

"Pam fi, beth am Emyr? Ydi'n iawn iddo fo wneud yr un peth ta?"

"Paid di â sarhau dy enw da. Gei di weld peth mor werthfawr ydi o. Ac Emyr, paid titha â mynd efo genod fela!"

"Pa fath o genod? Fedrai o ddim peidio gofyn."

"Genod drwg, gwirion, diegwyddor."

Ac allan â hi, fel corwynt, a rhoi clep ar y drws tu ôl iddi.

"Pam bod Mam di gwylltio?"

"Am bod Sandra'n hogan ddrwg."

"Ond dwi'n lecio Sandra. Ma hi'n dŵad o Rhyl."

Roedd ceg Lwl yn gam.

"Di hi ddim yn hogan ddrwg go iawn, sti, mond actio hynna mae hi."

Roedd pawb ar biga'r drain yn gwylio'r rhaglen yr wythnos ganlynol, a hefyd ofn y byddai Mam yn ei gwahardd am byth.

"Be wnawn ni wedyn, Emyr? Does na ddiawl o ddim byd da ar y bocs na, heblaw *Top of the Pops*," cwynodd Mari, oedd wedi dechra rhegi o ddifri yn ddiweddar.

Ond diolch byth ddigwyddodd dim byd.

Chwefror

O edrych yn ôl, roedd y caniad ffôn yna'n bwysig. Ei dad atebodd, a galw am ei fam. Daeth hitha i lawr y grisia. Roedd hi wrthi'n darllen stori i Lwl.

"Ia, Lilian sy ma, Lilian Llywelyn Roberts. Be sy wedi – o – pa bryd?"

Saib. Rhoddodd Emyr y gora i drio gwneud synnwyr o'r llinellau Lladin o'i flaen.

"Wela i. Dof, mi ddof, fory. Mi fydda i yna yn y bore."

Rhoddodd y ffôn yn ôl yn ei chrud, a sefyll yn ei hunfan. Bu raid iddo ofyn iddi,

"Mam, be sy di digwydd?"
"Anti Cassie sy wedi marw."

Roedd pawb yn disgwyl iddi farw, ond cyn y Dolig oedd hynny. Mi oedd ei fam wedi bod yn ei chartref unwaith, ar ei phen ei hun, a riportio bod yna nyrs yno i edrych ar ei hôl. Nid oedd awydd mynd yn ôl i Gastellcoed ar Emyr na Mari. Cofiodd Emyr am y sofren aur yn ei thwll yn y wal, fel creadur bychan. Fyddai hi wedi pylu a cholli ei lliw? Fedrai o ddod o hyd iddi eto?

Ar ôl trafodaeth rhwng Mam a Dad, penderfynwyd y câi Emyr a Mari fynd i'r cynhebrwng. Nid oeddynt erioed wedi bod mewn un, a doedd dim gwadu nad oeddynt ychydig yn chwilfrydig. Wrth gwrs, deallai rŵan pam na chawsant fynd i gynhebrwng Yncl Robat. A dim ond plant bach oeddynt ar y pryd a dim llawer hŷn pan fu farw Dylan.

Fore dydd Iau cafodd Emyr fenthyg tei ddu gan Dad, i fynd efo crys gwyn a'i drowsus ysgol taclusaf. Roedd gan Mari gardigan ddu newydd i fynd efo'i sgert ysgol ddu. Edrychai'n hŷn yn y dillad tywyll, efo'i gwallt hir wedi ei dynnu'n ôl efo rhuban du. Cychwynasant yn gynnar, er mwyn danfon Lwl gyntaf i Gae'r

Meirch i gael ei gwarchod, a wedyn mynd yn eu blaenau i Castellcoed i baratoi'r te cynhebrwng.

Roedd Anti Ceinwen yno'n barod, efo ffedog dros ei ffrog ddu, a chyllell fara yn ei llaw. Tu ôl iddi safai Yncl Twm yn ei siwt dywyll a tei, a Nia, oedd wrthi'n rhoi sgleisiadau o ham ar y tafellau o fara.

"Dan ni bron â gorffan, heblaw am y bara brith."

"Fasa hi ddim yn well torri'r bara brith amser te? Mi fydd yna ddigon ohonon ni."

"Wel, fel leciwch chi te. Mae Nia am fynd o gwmpas efo'r platia, mi gei ditha helpu, Mari."

Gwenodd Nia ar Emyr a Mari. Gwisgai ffrog ddu, mewn steil midi ffasiynol; ac yn sydyn roedd Mari'n hogan ysgol eto. Llanwodd Mam y teciall mawr, a'i osod ar yr Aga. Bu chwilota am debotiau, a dod â dau o rai hen ffasiwn blodeuog o'r cwpwrdd llestri yn y parlwr drwodd. Wedyn bu Mam ac Anti Ceinwen yn "rhoi dŵr dros" y llestri te i gyd, cyn gosod y bwrdd. Wrth daenu'r lliain bwrdd, meddai Anti Ceinwen,

"Les, ylwch. Mae na werth pres o betha yma. Ond eu bod nhw braidd yn hen ffasiwn te."

"Dydi bob dim ddim yn mynd allan o ffasiwn," oedd ateb Mam.

"Nadi, chwaith. Mae na betha bach del i ferched y teulu, oes wir. Cadwyna, broetsys, modrwya, a ballu. Presanta gan yr hen William iddi hi pan briodon nhw, ma raid. Faint o flynyddoedd gawson nhw, dwch?"

"Deuddeg."

"Gymaint â hynny, dewch. Doedd hi gymaint yn fengach na fo. A dim plant."

"Dim plant."

"Siom. Yn enwedig i ffarmwr, rywsut. Ma siŵr ei fod o wedi meddwl – wel ..."

Daeth Yncl Twm i'r golwg i ddweud ei bod hi'n bryd iddynt gychwyn am y capel.

Rhanasant sêt efo Anti Ceinwen a Nia yn y capel bach diarffordd.

"Lle mae Dad?"

"Mae o'n cario, efo Yncl Twm."

Be oedd hynny'n ei olygu oedd cario'r arch i fewn i'r capel. Piano oedd yn cael ei chwarae, ac yn ôl Mam, mi oedd hi allan o diwn. Gwelodd Emyr Mari yn nodio'i phen i gytuno, a Nia yn rhannu chwerthiniad bach efo hi dan ei gwynt.

Bach oedd yr arch ar ysgwyddau pedwar o ddynion. Roedd eu tad ar y blaen, efallai am ei fod yn dalach na'r dynion yn y cefn. Er bod Yncl Twm yn gryf a solat, doedd o ddim yn fawr o ran taldra. Cafodd Emyr ei hun yn meddwl am be oedd Anti Cassie yn ei wisgo yn ei harch. Cybolfa o ddillad blêr oedd ganddi amdani pan fuont yn ei gweld. Fyddai hi wedi cael ei rhoi yn rhai o'r dillad hen ffasiwn oedd yn y wardrob – y gôt ffwr ella, a'r ffrog goch? Ynte mewn coban oedd hi, fel petai hi'n dal yn ei gwely?

Dyn main oedd y gweinidog, a gwnâi ei siwt ddu i'w groen edrych yn glaerwyn annaturiol. Pesychodd, ond pan ddaeth ei lais roedd yn ddwfn a soniarus. Soniodd am "ein hannwyl chwaer, Mary Catherine, neu Cassie fel yr oedd pawb yn ei hadnabod hi", a sut y bu'n ffrind da a hael i'r eglwys. Sut yr oedd wedi cael priodas hapus ond rhy fyr efo'i chymar, William. Er na ddaeth teulu i'w rhan, roedd wedi bod yn gymydog deallus a pharod ei chymwynas yn yr ardal, ac wedi ymddiddori mewn hanes lleol, nes i'w hiechyd ddirywio yn ddiweddar. Pa mor ddiweddar, cafodd Emyr ei hun yn meddwl. Nid oedd golwg dynes oedd yn codi allan arni, adeg eu hymweliad nhw, dros chwe mlynedd yn ôl.

> "Er na chafodd goleg – a roedd llawer yn disgwyl iddi fynd i gyfeiriad Lerpwl neu Fangor, dod adre i gadw tŷ i'w thad fu ei hanes yn ddeunaw oed, a mynychu dosbarthiadau WEA yn selog."

Be tybed oedd hynny? Ar ôl hyn aeth meddwl Emyr i grwydro tra buont yn canu emyn, ac ar ôl gweddi fer, daeth y gwasanaeth i ben.

Nid oedd y tri ifanc yn mynd i lan y bedd. Roedd Anti Ceinwen a nhwytha yn mynd yn ôl i Gastellcoed i gael petha'n barod at y te.

"Wel wir, dyna ni, dyna hynna drosodd," meddai Anti Ceinwen, gan frysio i droi gwres yr Aga i fyny. "Well i ni gychwyn berwi hwn rŵan hyn, mae o'n horwth o beth mawr, mi fyddan wedi rhynnu yn dŵad o'r fynwant na, mae hi mewn lle mor amlwg."

"'Swn i di lecio mynd," cwynodd Nia. "Dwi rioed di gweld bedd."

"Wel diolcha di am hynny. Dwi di gweld digon yn fy nydd, sgin i'm awydd i weld dim mwy na sy raid i mi. Rŵan, os wnei di dorri'r dorth frith, mi geith Mari lenwi desgl ne ddwy efo jam – a well i ni gael brechdan ne ddwy wrth gefn. Emyr, wyddost ti sut i dorri bara?"

Estynnodd y gyllell fara iddo, a doedd o ddim am wrthod. Gafaelodd yn y dorth, a'i rhoi yn erbyn ei gorff fel yr oedd wedi gweld ei fam yn gwneud, a dechra llifio drwyddi.

"Nefi blw hogyn! Fela wyt ti'n torri brechdan? Beryg i chdi neud niwed i chdi dy hun. Rho fenyn arni gynta o leia. Yli, fel hyn bydda *i* yn gwneud."

Cymerodd y dorth oddi arno, ei gosod ar y bwrdd pren, a gyrru'r gyllell drwyddi'n ofalus, gan ddal gafael ar gefn y dorth efo'i llaw chwith. Syrthiodd y dafell yn daclus ar y bwrdd.

"Tria di hynna. Does dim angen llawer arnon ni, efo'r brechdana ham, ond mae'n well gin rai pobol mewn oed fara menyn."

Rhoddodd Emyr drei ar ffordd Anti Ceinwen. Os oedd y frechdan gynta yn gam, ac wedi gwneud y dorth yn gam, roedd y frechdan yma'n sobor o dew. Gwelodd Nia a'i anti yn cilwenu ar ei gilydd. O, roedd y Nia yna'n medru bod yn boen. Ailafaelodd yn y dorth. Roedd o am feistroli ffordd Mam, a ta waeth os oedd y dorth yn gam a bob sut ar y diwedd. Daliodd ati nes oedd ei arddwrn yn brifo, a llond plât o frechdanau tena; rhai, mae'n rhaid cyfaddef, ddim yn gyfan, eraill heb grystyn, ond roedd wedi dod i'r lan. Teimlai y byddai ei fam yn falch.

Ar y ffordd adre, ar ôl y te cynhebrwng – a mi ddaeth yna dros ugain o bobol, bwytawyd pob brechdan a berwyd y teciall mawr dair gwaith – cofiodd Emyr am y dosbarthiadau, a holi ei rieni.

"Dosbarthiadau nos," oedd ateb ei dad. "Bob math o bynciau. Hanes, Daearyddiaeth, Cymraeg, Saesneg. Seicoleg, hefyd."

"Seicoleg?"

"Ia. Mi es i i rai o rhieni."

"Mi oedd hi'n ddynes alluog."

Ar ôl dweud hyn, roedd Mam yn ddistaw iawn, a dim llawer o awydd sgwrsio ar neb i'w weld. Syllodd Emyr drwy'r ffenest. Roedd Eryri wedi dod i'r golwg wedi iddynt adael coed Eifionydd. Ac am ei bod yn ddechra mis Mawrth, roedd yna ola dydd ar ddiwedd y pnawn. Dim ond wsnos nes byddai'n un ar bymtheg. Roedd pawb yn yr ysgol – wel yn ei flwyddyn o – yn gwybod be oedd hynny'n feddwl. Caeodd ei lygaid a gadael i'w feddwl grwydro.

Cafodd Emyr wybod mwy bythefnos yn ddiweddarach. Digwyddai fod ar ei draed un noson pan ddaeth ei dad adre o'r Leion. Yn y gegin oedd Emyr, wedi cofio bod angen rhoi dillad ymarfer corff yn ei fag yn barod at y bore. Roedd pawb arall wedi mynd i fyny.

"Wel, helô."

Plygodd ei dad, a dechrau tynnu ei sgidia trymion.

"Ar fy ffordd i fyny o'n i."

"Aros am funud. Wyt ti di clywad?"

"Clywad be?"

"Am dy fam, te."

"Be am Mam?"

Edrychodd ei dad arno, a sylwodd Emyr ar y gwythiennau coch yn rhedeg ar draws gwyn ei lygaid. O plis, peidiwch â gofyn i mi ddŵad i'r parlwr pella i wrando ar ryw rwtsh a chael coffi. Ond ar y llaw arall, cadwai chwilfrydedd o yn ei unfan. Sythodd ei dad.

"Mae dy fam wedi etifeddu Castellcoed."

Rhythodd arno.

"Mae hi'n ffarm dros ddau gan acer a hanner."

"Dim ond Mam?"

Chwarddodd ei dad.

"Ia, dyna be ddeudodd Twm Plas Trefnant hefyd, siŵr i ti."

"Chafodd Yncl Twm ddim byd?"

"O, do. Pres, Emyr. Mi gafodd bres."

"Ond dydi hynna ddim gymaint o werth?"

"Mi ddeuda i gymaint â hyn wrthat ti. Dyna be gafodd dy fam, pan fu farw ei thad hi. Plas Trefnant i Twm, a'r arian iddi hi."

"Felly mae Anti Cassie di gwneud yr un peth, ond yn groes."

Roedd ei dad yn cychwyn am y parlwr, i eistedd wrth y tân. Roedd Emyr mewn caethgyfle, isio gwybod mwy ond ddim isio cael ei ddal am oria. Caeodd strap ei fag, a dilyn ei dad. Safodd yn y drws.

"Dwi am fynd i fyny."

Roedd ei dad yn plygu dros y tân, yn ei brocio.

"Dad. Fydd raid i ni symud, i Castellcoed?"

Taflodd ei dad goedyn ar y tân, a saethodd gwreichion i fyny'r simdde.

"Mae hynny'n dibynnu, Emyr."

"Dibynnu – ar be?"

"Ar dy fam. Dy fam sy'n cael dewis."

Ac eisteddodd ei dad yn drwm yn y gadair agosa at y tân.

"Nos dawch."

"Nos dawch, ngwas i."

Doedd ei dad ddim wedi galw "ngwas i" arno ers hydoedd.
Roedd hi'n nos Sul cyn iddo gael cyfle i siarad efo Mari, wrth bod
y ddau ohonynt allan nos Wener, a hitha yn nhŷ ffrind dydd a
nos Sadwrn. Roedd y ddau ohonynt ar eu penna eu hunain yn y
gegin, Lwl yn ei gwely, a'u rhieni yn y parlwr yn darllen.

"Mari. Wyt ti'n gwybod bod Mam wedi etifeddu
Castellcoed?"

Roedd yn amlwg nad oedd ganddi syniad pan agorodd ei llygaid
led y pen.

"Mam?"

"Dyna be ddeudodd Dad."

Ystyriodd Mari am ychydig. Roedd hi wrthi'n paratoi ei bag
ysgol, a safodd efo'i llyfr Daearyddiaeth gwyrdd yn ei llaw yn lle
ei roi i fewn.

"Be mae hi am ei wneud ta? Gwerthu?"

"Dwi'm yn meddwl."

Cymerodd ei wynt.

"Mi ddeudodd Dad ei bod hi'n cael dewis ydi hi isio i ni
symud i fyw yno."

"Symud? Eto?"

Cododd ei ysgwyddau, dim byd i wneud efo fo. Rhoddodd Mari y
llyfr yn ei bag, a bwrw golwg dros y llyfrau eraill oedd yn swatio
tu fewn yno'n barod.

"Cyfnither Nain oedd hi, te?" meddai yntau. "Nain Plas Trefnant."

"Ia. Ella mai yno yr awn ni."

"Pam?"

"Achos di Mam ddim yn hapus, nac di?"

Roedd Mari'n iawn, wrth gwrs, ond tarodd y peth Emyr yn ei frest a chymerodd ei wynt. Fyddai Mam yn barod i godi angor eto, a hwylio i rywle arall? Er mwyn bod yn nes at adra, ella, Pen Llŷn iddi hi, drws nesa i Eifionydd. Byddent yn gadael Glasynys, wedi iddo ddod i arfer â'r ardal, gwneud ffrindia, dechra cael hwyl arni yn yr ysgol.

"Paid â poeni Emyr, wneith dim byd ddigwydd 'leni."

"Pam?"

"Wnân nhw ddim symud cyn dy Lefel O di."

"Ond dw i isio mynd i'r chweched."

"Mae na ysgolion eraill, does?"

Roedd hi i'w gweld yn ddi-hid am y peth.

"Dim ots gen ti symud eto?"

"Gawn ni weld de. Mi fasa gan Mam hiraeth am Anti Megan."

Cae'r Meirch, Anti Megan ac Yncl Ben. Roedd yna obaith yn fanno. Efallai y medrai godi'r pwnc efo Anti Megan rywbryd. Os oedd hi'n gwybod. Ella mai cyfrinach oedd yr etifeddiaeth. Ond deuai pobol i wybod, rywbryd. Cyn i arwydd "Ar Werth" gael ei osod ar ben lôn Glasynys.

Pan ddaeth gwyliau'r Pasg, tywydd cynhesach, a'i dad yn picio i'r Leion dipyn amlach, daeth syniad arall i'w ben. Sef bod Castellcoed yn bell o bob man. Dim pentre cyfagos efo tŷ tafarn lai na milltir i ffwrdd. O safbwynt ei fam, efallai y byddai hynny'n bwysig, yn gyfle i wneud yn siŵr fod Dad yn yfed llai.

Tu ôl i hynny wedyn cafodd gipolwg ar ymwybyddiaeth arall, sef bod gan ei fam eiddo yn ei henw ei hun rŵan, a bod gan hynny hefyd oblygiadau. Ond rywsut nid oedd posib cael gafael arnynt – tenhau a diflannu oeddynt o gornel ei lygaid bob tro, yn cael eu sgubo o'r golwg gan synnwyr cyffredin bob dydd.

Ebrill

Gwyddai bod drwg yn y caws pan welodd o Twm Plas Trefnant yn y mart yn Llanrwst. Dyn Pwllheli, a Bryncir, oedd o, siŵr iawn, a Dolgellau yn achlysurol. Fel fo ei hun pan oedd o'n byw yn y Dryslwyn. Ond heddiw, ar y dydd Mawrth, roedd Twm wedi dod yr holl ffordd i Lanrwst, heb sôn gair efo Lil na fo o flaen llaw. Amneidiodd arno, a chododd Twm ei law yn ôl. Roedd Guto yn gwerthu, ac yn ôl pob golwg roedd Twm un ai yn sbio neu'n prynu, felly cadwodd y ddau at eu gwahanol ochrau. Pan ddaeth y rhan gyntaf o'r gwerthu i ben, daeth Twm ar draws yr iard ato.

"Twm."

"Guto, duwcs. Clywad bod ma heffrod da. Isio cael golwg cyn prynu, de."

"Welis di rwbath?"

"Jerseys bach digon del. Meddwl cael dwy ne dair."

"Chei di ddim byd gwell na rhai Llwyn."

Roedd Llwyn wedi gwerthu dwsin o heffrod Jersey. Gwingodd Twm, fymryn. Cynigiodd eu bod yn mynd i'r Eagle am ginio cynnar. Gwyddai Guto'n iawn bod ei frawd yng nghyfraith isio sgwrs bach dawel cyn i'r rhan fwya o'r ffarmwrs ei throi hi o'r mart. Medrai yntau ddweud bod ganddo bethau i wneud, ond diawl os oedd Twm isio siarad, byddai raid ei wynebu rywbryd.

Roedd bar yr Eagle yn ddistaw. A dweud y gwir roedd Guto'n falch; doedd o ddim isio llond y lle o ffarmwrs yn clustfeinio. Aeth at y bar, gan anwybyddu cynnig Twm, ac ordro brechdan biff a pheint bob un.

"Wel," dechreuodd Twm, gan sychu ei geg, "sut ma petha wedi troi allan fel hyn, dywad?"

Cymerodd Guto arno nad oedd yn dallt, a bu raid i Twm egluro bod ewyllys modryb Cassie wedi bod yn sioc iddo fo a Ceinwen.

"Hen ddynas ryfedd oedd hi rioed, a rhyfeddach byth ar ôl i'r gŵr farw."

"Dynes glyfar yn ei ffordd ei hun, yn ôl be welis i."

A waeth pa mor rhyfedd oedd hi, ewyllys ydi ewyllys, meddyliodd. Ailgydiodd Twm yn y ffrwynau.

"Symudwch chi byth eto? Does na mond ryw – saith mlynadd – ers ..."

"Wyth."

"Oes na wyth? Oes, ma raid. Yli, hen le ar y diawl ydi Castellcoed. Faswn i ddim balchach ohono, fel tŷ. A mae Ceinwen wedi mestyn y gegin acw a rhoi leino ar y llawr a bob dim. Dan ni'n ddigon cartrefol lle ydan ni. 'Swn i'n meddwl bod y tŷ a'r pres yn reit gyfartal o ran gwerth. Na, am y tir o'n i'n meddwl."

"Y tir?"

"Wel ia. Sgin i'm diddordeb yn y tŷ, fel dudis i, ond ma gynnoch chitha ffarm dda, yn Glasynys."

"A chitha, yn Plas Trefnant."

Roedd o'n benderfynol o beidio â ffraeo.

"Beth bynnag am hynny, i Lilian y gadawodd Cassie'r ffarm, a Lilian sy'n penderfynu."

"Penderfynu be?"

"Wnawn ni symud yno i fyw, ta gwerthu."

"Gwerthu? Fasa fo ddim yn well cadw eiddo yn y teulu? Ella y bydd un o'r hogia isio ffarmio, mae Dafydd ar dân isio helpu efo bob dim acw."

"Yli Twm."

Ond roedd Twm wedi mynd i hwyl.

"Fel dwi'n ei gweld di, di o ddim yn deg iawn bod un ohonon

ni wedi cael pres yn unig, a'r llall wedi cael ffarm sy'n werth arian mawr, a'r ddau ohonom yn perthyn i Modryb yn union 'run faint. A dwi'n gwbod be wyt ti'n mynd i ddeud, Guto, am ewyllys a ballu, ond mi fedran ni ddod i ddealltwriaeth rhwng brawd a chwaer, medran gobeithio."

"Dyna sut ddigwyddodd hi yn Plas Trefnant," meddai Guto, "sef chdi'n cael y ffarm a Lilian yn cael y pres. Ddeudon ni ddim byd er ei bod hi'n ewyllys annheg. Fel yna oedd hi, a fel hyn y mae hi rŵan."

Drachtiodd weddill ei beint a sefyll.

"A paid â meddwl trio dylanwadu ar Lil. Mae gynni hi waith cysidro."

Edrychodd Twm arno. Cododd yntau ar ei draed yn bwyllog.

"A pam fasa hi isio gwneud y fath beth, y? Gadael cartra da a'r plant i gyd yn 'rysgol i fynd i hen dŷ yn ganol nunlle. 'Sa raid iddi gael rheswm da iawn dros wneud y fath beth, basa."

Cerddodd Guto yn gyflym at y fan. Roedd yr hanes wedi cyrraedd Pen Llŷn, felly. Gwelodd holl glustia a thafodau Llŷn ac Eifionydd yn cario straeon amdano. Tybed oedd *hi,* yr hen Cassie Morris, wedi clywed si? Tybed ai dyna un rheswm dros adael eiddo i Lilian, sef gwneud dynes annibynnol ohoni, pe byddai angen?

A rŵan doedd yna ddim iddo fo ei wneud, ond disgwyl.

Ar ddiwedd y mis, digwyddai fod yng Nghonwy, a stopiodd o flaen ffenest y gwerthwyr tai, Evans and Ford. "A lovely small cottage with lots of potential as a holiday home, only ten minutes' drive from Conwy." Cae'r Bedol. Buasai Llinos yn tagu, yn meddwl amdano'n mynd yn dŷ haf, meddyliodd. Cerddodd yn ei flaen, ei ddwylo yn ei bocedi. Roedd hi'n mynd, felly. Ni chafodd y darganfyddiad fawr o effaith arno. Na, roedd o fel petai wedi ei imiwneddio yn ei herbyn, ar ôl pob dim oedd wedi digwydd.

Mehefin

A bod yn onest, roedd Emyr yn eitha mwynhau'r arholiadau. Wrth gwrs doedd o ddim am gyfadda hyn wrth neb. Tuchan a chwyno, ffagio, a mynnu bod y cwestiyna yn anodd ac annheg, dyna oedd y drefn. Ond mi oedd o'n lecio'r pnawniau rhydd ar ôl sefyll arholiad yn y bore, cael mynd i lawr ar y traeth i chwarae o gwmpas, adegau rhydd oedd yn dod yn amlach ar ôl i Fathemateg, Cymraeg a Saesneg, fynd heibio. Dôi Bethan a'i ffrind Lisa efo nhw gan amlaf. Roedd y genod wedi pacio siwtiau nofio a thywelion, a gorweddent ar y tywod a cau eu llygaid fel cathod bodlon. Roedd yn braf bod yn rhan o giang, cicio pêl ar y tywod a rhedeg i'w nôl o afael y tonnau, crwydro am adra yn llyfu eiscrîm ar ddiwedd y pnawn. A neb, neb yn swnian. Dim athrawon, dim rhieni, dim gwaith cartref, dim jobsys ar y ffarm. Dechreuodd Bethan ac yntau arferiad bach o gerdded efo'i gilydd, law yn llaw weithiau.

A roedd y papurau arholiad, wel, yn hollol iawn. Dim yn hawdd, ella, ond yn gofyn am bethau y medrai gyflawni, fel athletwr yn mynd drwy ei rwtîn. Gorffennai bob un efo rhyw ychydig o amser dros ben, heblaw Hanes, pan fu raid gwneud y cwestiwn olaf ar andros o sbid, fel sbrint. Roedd hynny hyd yn oed yn deimlad digon pleserus, gorffen o fewn eiliad a rhoi ochenaid o ryddhad. Cafodd hwyl dda iawn ar gyfieithu yn Ffrangeg, doedd waeth iddo gyfaddef ddim. Doedd hyd yn oed Mathemateg, ei bwnc gwannaf, ddim yn rhy ddrwg, diolch i gymorth Ifan.

Pan ddechreuodd y cynhaeaf gwair, a pob arholiad drosodd, bwriodd i'r llafur o ddifri. Teimlai'n fwy o ddyn, a mwynhau taflu'r bêls ar ben y trelar neu eu stacio yn y tŷ gwair. Newidiodd lliw ei groen, pinc i ddechra ac yna yn frown euraidd. Pryfociai Ifan (roedd ei groen o'n plicio) fod ganddo feddwl ohono'i hun.

"Rwyt ti'n ysu am gael mynd i Dre nos Sadwrn i droi dy *charm* ar Bethan," meddai.

Ar ôl darfod yn y gwair, aeth i glwb sinema'r ysgol efo Simon un gyda'r nos gynnes ar ddechra Gorffennaf. Brenwêf yr athro Ffrangeg newydd, boi o'r De o'r enw Hedley, oedd y clwb ffilmiau, a hon oedd ei noson agoriadol. Roedd yn rhyfedd bod yno, yn nhrowsus a chrys yr ysgol, ei dei wedi ei gwthio i waelod ei boced a'i goler ar agor, yn pwyso yn ôl yn ei gadair. Tua pymtheg ohonynt oedd yno, a heblaw am Simon ac yntau disgyblion y chweched oedd y lleill. Pwy oedd yno, wrth ochor Hedley, ond y hi, mewn trowsus tyn a blows werdd, a'r gwallt wedi ei dynnu'n ôl gan fand llydan.

À *Bout de Souffle* Jean-Luc Godard, oedd y ffilm, efo Jean-Paul Delmondo a Jean Seborg. Os oedd agwedd cŵl Belmondo yn gwneud argraff arno, roedd tlysni tywyll soffistigedig Seborg yn gwneud argraff ddyfnach byth, a hynny am fod hanner y gwaith wedi ei wneud yn barod. Pwy arall oedd yn swyno efo edrychiad, yn fflyrtio heb ddweud dim ond geiriau cyffredin, yn awgrymu o hyd bod posibiliadau difyr a pheryglus o fewn hyd braich? Roedd Hedley wrth ei fodd, yn rhwbio'i ddwylo ar ddiwedd y ffilm ac yn dweud,

"Bois bach, 'na chi beth yw ffilm, 'na i chi beth yw athrylith!"

Roedd hi â'i chefn ato, yn sgwrsio efo hogia'r chweched isaf.

"'Na ni tan mis Medi, ontefe!" oedd ffarwél hapus Hedley wrtho fo a Sei, a golwg dyn ar fin cael ei ryddid arno.

Gwenodd hitha ar Emyr a dymuno gwylia da iddo.

"Dibynnu ar y canlyniada ma siŵr."

Roedd ei lais yn swnio'n od, yn fwy cryg a dwfn nag a ddymunai.

"Fydd na ddim problem! Ac Emyr, wy'n siŵr y byddi di yn dy elfen yn y chweched."

Doedd hi ddim wedi ei dydïo o'r blaen, a gwnaeth ei geiriau argraff arno. Roedd wedi bwriadu ei hateb a dweud cymaint yr oedd yn edrych ymlaen i wneud Lefel A efo hi, ond roedd Hedley a hithau wedi diflannu i'r cefn i wneud yn siŵr bod y cadeiriau wedi cael eu cadw'n daclus. Gadawodd Emyr braidd yn anfoddog efo Simon. Buasai wedi lecio cerdded allan efo nhw, sgwrsio am y gwylia, gwybod be oedd ei phlania, cael syniad o lle byddai er mwyn cael ei dychmygu yno.

"Awn ni i'r Leion? Ti'n gwbod pwy di'r *barmaid* newydd? Chwaer Lisa! Ella gawn ni ein syrfio."
"Leion? Dim ffiars o berig Sei. Ella bydd Dad yno."
"Ella bydd Now yno. Ella brynith o beint i ni!"

Ond cytunodd i fynd i brynu cania o seidar a mynd i'r cae chwara wrth ymyl y traeth i'w hyfed. Ac er i Bethan ddod yno, a'u cusanau'n fwy llithrig na lletchwith erbyn hyn, teimlai Emyr yn bell i ffwrdd rywsut.

Gorffennaf

Roedd pawb heblaw fo ac Emyr wedi mynd i Gastellcoed, i glirio. Penderfynodd yntau ei bod hi'n bryd cael dipyn o drefn ar y cytiau, ar ôl prysurdeb cneifio a chael y gwair. Roedd yn gwybod bod yna gania o *dip* ac oel a ballu o gwmpas y lle, a doedd hi'n ddim gan Lwl a'i ffrindia fynd i chwara yno ar ddiwrnod gwlyb. Doedd neb isio damwain. Roedd Cled wedi ei hel hi am y môr – diwrnod perffaith i bysgota medda fo. Lle oedd Emyr, Duw a ŵyr. Efo Ifan a Simon yn rhywle mae'n siŵr. Roedd o wedi dŵad yn dipyn o ffrindia efo Simon yn ddiweddar. Chwarae teg, roedd angen ffrindia ar hwnnw, ar ôl symud i Glan Clwyd flwyddyn yn ôl. Dim amheuaeth nad oedd Now yn medru bod yn llystad digon anodd ar adega, er bod yna ochor ffeind iddo hefyd, a fyddai'r hogyn angen dim o ran pres a dillad. Rhoddodd Guto y caniau o *dip* oedd dros ben ar y silff dop, yn barod at y flwyddyn ganlynol. Gosododd y can oel ar y silff waelod – roedd mynd ar hwnnw, rhwng y peiriannau a'r beicia. Roedd beic Emyr wedi mynd, un

Mari wedi ei barcio'n weddol daclus, ac un Lwl yn gorwedd ar y llawr. Gosododd o i sefyll wrth ymyl un Mari. Byddai angen un newydd arni cyn bo hir – presant pen blwydd yn wyth oed, hwyrach.

Estynnodd y brws bras i dynnu'r trwch o we pry cop. Tybed fyddai Julie a Now yn cael eu plentyn eu hunain? Mi oedd Julie yn bedwar deg, felly fedrai neb fod yn siŵr. Ond cafodd ei hun yn meddwl y buasai'n beth braf i Now, ac ella yn ddylanwad da arno. Ac eto, er bod sôn am symud o'r diwedd i'r tŷ ffarm, a Now yn cael ei drin yn fwy fel partner yn hytrach na mab yn y busnes, doedd dim golwg arafu arno mewn ffyrdd eraill. Roedd peintia a wisgi yn llifo i lawr ei wddw o bnawn dydd Iau tan nos Sadwrn. Ond mi oedd yna newid yn Julie. Roedd Lil wedi ei gweld yn y Dre, yn prynu dillad i'r teulu yn Marks, ac yn edrych "yn fwy siŵr ohoni hun, rhwsut". Doedd dim llygad ddu wedi bod ers tro.

A da beth oedd hynny. Be oedd ar rai dynion, yn cam-drin merched? Roedd angen cyfarfod merch fel Llinos arnynt, wedyn mi gaent weld.

Llinos. Roedd Llinos yn mynd. Yn gadael. Gwelai Cae'r Bedol heb y Mini bach gwyn tu allan, y stafelloedd yn wag, y lluniau a'r llestri wedi diflannu. Dim sôn am eu chwerthin rŵan.

Gafaelodd arswyd ynddo. Oedd hi wedi mynd yn barod, heb unrhyw air o ffarwél? Pa ddyddiad oedd hi heddiw? Roedd yr ysgolion wedi cau dros yr haf. Dydd Sadwrn cyntaf y gwyliau. O, mi fyddai yno, siŵr, wrthi'n pacio ffwl sbid, yn paratoi i fynd i rywle poeth. Ond fedrai o ddim byw yn ei groen heb ei gweld hi unwaith eto, am y tro olaf. Taflodd y brws o'r neilltu, a brasgamu i dop yr iard. Neidiodd i mewn i'r fan – ia, a Fflei yn edrych yn gyhuddgar arno – a sgrialu i lawr y lôn, wedyn y lôn fawr, y troead i'r lôn bach gefn gyfarwydd, rownd y tro. Gymaint o weithia roedd o wedi mynd ffordd hyn, fel arfer dan gysgod nos. Daeth y ddau fwthyn i'r golwg. Dim Mini gwyn. Dim fan symud. Parciodd rywsut-rywsut reit o flaen y tŷ – pam lai rŵan? – a rhuthro at y ffenest. A roedd hi'n ddigon hawdd edrych i fewn achos doedd dim cyrtan. A dim byd i'w weld ond muriau moel.

Roedd hi wedi hedfan.

Ei awydd oedd mynd yn syth am ddrinc, taflu wisgi i lawr ei gorn gwddw, ond ni fedrai feddwl am wynebu pawb yn y Leion, eu pryfocio, eu gwynebau cyfarwydd. Neidiodd yn ôl i'r fan, a dreifio, i'r cyfeiriad arall, dilyn y lonydd cefn cul, troi a chario ymlaen heb syniad lle roedd o'n mynd. Ia un felna oedd o ella yn y bôn, crwydrwr oedd isio plesio fo ei hun, dilyn ei drwyn a'i synhwyrau. Llanwodd ei sgyfaint efo perarogl ieuenctid y gwair. Rhyfeddodd at y dagra oedd wedi dŵad o rwla.

Daeth at lôn bost. Croesodd hi. Arwydd. Ddeudodd Mari ddim bod Dinas Dinlle yn y Mabinogion? Hen le bach di-nod. Ond mi oedd Sir Fon i weld o'no. Câi feddwl am eu diwrnod olaf efo'i gilydd yr haf cynt, ar Draeth Mawr. Clep ar ddrws y fan. Cerddodd am hir ar hyd y traeth caregog, ac i ben y bryncyn. Doedd honna ddim yn dod yn ôl. Heblaw eu bod wedi symud o'r Dryslwyn i fyw i Glasynys, ni fuasent wedi cyfarfod o gwbwl. A rŵan, o'i hachos, roedd peryg iddo orfod gadael.

Trodd i wynebu'r Eifl. Dim cwmwl ar eu cyfyl heddiw. Sut oedd hi'n mynd tua Castellcoed? Oedd Mari a Lwl yn dygymod â'r lle, neu'n gwirioni efo fo fyd yn oed? Roedd y ddwy'n cymryd rhyw ffansi annisgwyl at betha weithia. A beth am ei wraig, wrthi'n gwagio wardrobs, a sgwrio lloria, oedd hitha isio cychwyn newydd? Nid oedd wedi rhoi arwydd hyd yn oed.

Ond damia, meddai, wrth roi ei droed i lawr i gychwyn am adra, mi fedrai wneud rhywbeth. Mi allai fynd â phawb i rywle, i newid aer, cyn diwedd yr haf.

Awst

Roedd yn rhaid gwisgo *uniform* i fynd i gyrchu ei ganlyniadau, hen reol wirion, a roedd pob dilledyn yn dynnach na hyd yn oed fis yn ôl. Diwrnod mwll, cynnes, cymylog oedd hi. Cafodd bàs i'r ysgol gan Julie, mam Simon. Roedd Mam yn nyrfs i gyd, a Dad wedi mynd i Castellcoed i gerdded o gwmpas y tir.

Tu allan i'r ysgol roedd llond y lle o geir rhieni yn disgwyl am eu plant. Trwy lwc, cyrhaeddodd Bethan a Lisa yr un pryd â nhw, a cerddodd y pedwar ohonynt i fewn i'r ysgol efo'i gilydd.

"Wel, dw i ddim yn poeni," medda Lisa, "achos dwi'n siŵr o wneud yn well na neb arall acw! Fi di brêns y teulu, medda Dad."

Mater o agor amlen, sef brathu gwefus a'i rhwygo, oedd cael y canlyniadau. Syllodd Emyr ar y rhes o bynciau a rhifau. Roedd yna lot o 1. Sylweddolodd ei fod wedi cael 1 yn Hanes, Lladin, Ffrangeg a'r ddau Gymraeg a Saesneg, 2 mewn Bywydeg, a dim ond un 3, sef Mathemateg. Erbyn hyn roedd gweiddi a chwerthin o'i gwmpas.

"Be gest ti?" gofynnodd i Ifan.
"Un yn Maths, Maths Uwch, Ffiseg a Cemeg, dau yn bob dim arall – o, a chwech yn Saesneg. Lwcus i mi basio myn diawl."

Roedd Bethan wedi cael un ym mhob pwnc. Lisa wedi cael un yn Hanes a Saesneg, ei hoff bynciau, a chymysgedd o raddau fel arall. Simon oedd y gwannaf, ond cafodd hwnnw ambell ddau, yn Ffrangeg a Daear, a pasio pob dim heblaw Maths.

"Dwi'n hapus, myn uffar. O'n i'n meddwl mai dim ond French a Saesneg a Geog faswn i'n basio – a Mam 'fyd."

Roedd un peth yn amlwg, wrth i'r ffrindia gerdded i'r Dre i ddathlu mewn Milk Bar, efo'r pumpunt yr oedd mam Simon wedi ei roi yn ei llawenydd, sef bod pob un ohonynt yn mynd i'r chweched.

"Mi oedd Mam isio i mi fynd i'r banc, ond dwi ddim," medda Lisa, ar ôl iddynt gael bwrdd. "A rŵan mi neith hi gytuno. Ga i grant i fynd i'r coleg, caf, be di'r broblem? A dwi'n hoples efo nymbars beth bynnag, heb basio Maths."

"Gawn ni fynd i lle leciwn ni i'r coleg, cawn?" holodd Simon.
"Cawn," ategodd Emyr, oedd yn gwybod hyn ar ôl ei sgwrs
efo Nero ar ddechra'r flwyddyn.

Ochneidiodd Simon.

"Bydd Dad yn *jealous*. Achos mi oedd o wir isio mynd i'r
coleg i wneud Miwsig ond chafodd o ddim. Dim pres i brynu
drum kit chwaith felly oedd raid iddo fo ddysgu chwara
gitâr."
"Ma gitâr yn fwy cŵl na *drums*."
"Ia ond 'sa fo yn well *drummer* na gitarydd ella!"
"Be di ei job o ta, Simon?"

Bethan oedd yn gofyn. Doedd Simon ddim yn sôn fawr am ei dad,
brodor o Lerpwl.

"Gyrrwr loris."

Chwarddodd pawb.

"Mae o'n chwara mewn band, mewn pyb, bob nos Wener,"
ychwanegodd Simon, ac yfed ei filc shêc banana. "Dowch,
dwi isio rhywbeth cryfach na hwn!"

Daeth Mam a'r genod â thrugareddau efo nhw o Gastellcoed.
Pâr o gyrtans coch lliw gwin.

"Llenni, i'r llwyfan," cyhoeddodd Lwl.

Daeth yn amlwg bod Mari a hithau wedi bod yn cynllwynio i
gynnal sioe canu a dawnsio – dim Steddfod, achos ni fyddai
cystadlu, tebycach i Noson Lawen. Roedd Mari wrthi'n arllwys
cynnwys bag mawr – cafodd gip ar ffwr, sidan a phlu, a clywed
ei fam yn dweud,

"O, mi oedd Cassie yn dipyn o swelan yn ei dydd."

Roedd y dyddiau pan fyddai Emyr wedi ymuno yn yr hwyl
drosodd. Roedd pob dim a oedd yn gysylltiedig â Chastellcoed yn

ei atgoffa y medrai Mam ollwng *bombshell* unrhyw bryd, a dweud na chaent aros yng Nglasynys. Yr oedd yr olwg hapus ar ei gwyneb ar ôl y tripiau yma i Eifionydd yng nghwmni'r genod yn ei wneud yn fwy amheus byth, ac yntau isio edrych ymlaen i ddewis ei bynciau Lefel A a cael mynediad i stafell y chweched – o'r diwedd!

Fel arfer byddai wedi chwilio am gyfle i gael gair bach efo'i fam. Ond roedd arlliw ei sgwrs hwyrol efo'i dad, a'r sgwrs ganlynol efo Mari, yn ei ddal yn ôl. Efallai bod yna resymau pam y byddai Mam isio symud. A doedd o ddim yn siŵr a oedd o isio gwybod y rhesymau rheini. A wedyn dyma ei dad yn datgan – yn ôl ei arfer, heb ddim rhybudd – eu bod yn gadael ar eu gwyliau y pnawn hwnnw, i Swydd Efrog. Aeth hynny â gwynt pawb, ac anghofiodd yntau am Castellcoed a'r penderfyniadau fyddai'n ei wynebu pan ddeuai adre.

Diwedd Awst

Be oedd Llinos wedi ei wneud efo'r arwyddion? Go brin ei bod wedi eu gadael yno. Ac eto, chwarddodd, wrth feddwl am ryw deulu o Fanceinion yn dod ar eu traws, a fwy na thebyg yn dallt dim – chwara tŷ bach efo nhw, ella – neu'n cysylltu efo'r cyn-berchennog i gwyno. Gobeithio na fyddai dim ffordd o gysylltu efo Llinos ei hun. Roedd wedi meddwl llawer am lle roedd hi. Y syniad oedd wedi gafael ynddo fwyaf oedd ei bod wedi mynd adre, a wedi priodi Garmon, ei hen sboner, bron yn syth. Gallai ddychmygu priodas yn yr haf. Llinos mewn ffrog wen gwta a'i gwallt coch yn donnau i lawr ei chefn. Gadawodd i'w feddwl grwydro at y gwely noson y briodas – wel, roeddent yn hen lawiau arni, doedd waeth pa bryd, ond efo'i ffrog wen amdani, a sana a *suspenders* o dani – dyna fo. Dyna hen ddigon! Ond, cyn pen dim mi wyddai y byddai'n disgwyl, ac yn fam erbyn y gwanwyn canlynol. Ia, gwraig ffarm dlysa'r ardal, yn swyno pawb oedd yn galw i werthu llwch a phrynu gwair – ac o nabod

Llinos byddai allan yn pwyllgora ac arwain cyfarfodydd bob gyda'r nos.

Ond, efallai ei bod wedi mynd yn ei hôl i Ffrainc, neu'r Eidal, ne Sbaen. Roedd yn anoddach ei gweld yn fanno, ac eto roedd yn siŵr y byddai wedi cael gafael ar gariad mewn mater o ddyddia, a'r ddau ohonynt wrthi mewn *pensione*, ne das wair, ne gefn car.

I ddianc oddi wrth y golygfeydd yma oedd yn rhedeg trwy ei feddwl wrth ffensio a mynd o gwmpas ei bethau, aeth â'r teulu am wylia i rywle digon pell, hollol newydd iddo fo a heb gysylltiad o unrhyw fath efo hi, sef Swydd Efrog. Tref glan y môr Scarborough, efo reid ar y mulod i'r genod; wedyn mynd yn eu blaenau i Robin's Hood Bay a Whitby efo'r abaty fel sgerbwd yn erbyn glesni'r awyr. Pawb yn dotio at y tywydd braf, y mis Awst brafia ers blynyddoedd.

"It's not always like this you know. Never opened my umbrella once!" meddai hen wreigan wrthynt ar y cei yn Whitby.

Rhywbeth bach yn dechra gwingo tu fewn iddo, yn meddwl am yr ŷd yn aeddfedu adra. I orffen y gwylia, croesi'r sir – a rhyfeddu at ei maint, gymaint ddwywaith â Sir Gaernafon, Sir Fôn a Sir Feirionnydd efo'i gilydd – i dref Harrogate. Yma, cafodd y merched eu siopa, a cafodd pawb ohonynt *high tea* neis dros ben yn Betty's, a thrip i'r pictiwrs.

A caru bob nos efo Lil nes oedd y ddau ohonynt yn brifo.

Troi trwyn y car am adre, a gweld yr ŷd yn aeddfedu ar draws y wlad, yn cael ei dorri, ei gario. Gweddïo am i'r tywydd braf bara. Stopio yn Llangollen am swper, ac edrych ar y glàs yn y gwesty, y Royal wrth lan yr afon. Hwnnw'n gaddo *high pressure*. Ffonio Llwyn ar y ffôn yn lobi'r gwesty ac oedd, trwy wyrth, mi oedd y combein ar gael am ddau ddiwrnod. Cael gafael ar Cled, wedyn, a dweud wrtho am hel criw. Wrth sefyll ar y bont a syllu ar y dŵr yn byrlymu oddi tano, cafodd ei hun yn cofio sgwrs hwyr yn y nos efo Lilian, yn dawel dawel wrth bod gwely Lwl ym mhen draw'r stafell.

"Mae'r Saeson yn dweud 'I love you' trwy'r adeg, tydyn?" sibrydodd hi.

"Dwn i'm," cellweiriodd ynta, "fues i rioed yn caru efo Saeson."

Difarodd yn syth. Ofnai y byddai'n troi oddi wrtho, ond dal ati yn freuddwydiol a wnaeth.

"Dan ni'n deud petha erill, dim 'Dwi'n dy garu di.' Fel, 'Dwi'n meddwl y byd ohonat ti.'"

"Ia."

"'Swn i'n teimlo'n wirion, yn deud petha fel 'love'."

"Basat?"

"Dan ni di arfar gormod efo'n gilydd i ddeud dim. Dan ni fel y llestri ar y bwrdd."

Roedd o wedi gwasgu ei llaw. Ond rŵan, wrth droi am adra, teimlai, wir, mai hi oedd y llestri ar ei fwrdd. Tasa hi'n mynd i hynny, hi oedd y glo yn ei fwced hefyd, a'r tân ar ei aelwyd. Rhith oedd y llall; hi oedd y peth iawn.

Deffro'n gynnar drennydd, codi, gwlith a tawch yn argoeli diwrnod braf. Brawd Now, John, ar gefn y combein, Emyr ac Ifan yn hel y bêls a'u codi, y fo yn dreifio'r tractor a Cled a Sei yn dadlwytho yn y tŷ gwair. Lil yn pobi cacennau fel diawl yn y gegin, Mari a hitha yn berwi a sgleisio bitrwt efo nionyn, Lwl fach yn gosod y bwrdd at swper cynhaeaf efo plateidia o ham wedi ei ferwi a salad efo wyau wedi eu berwi a letus a thomato a *salad cream*. Cario, cario, nes oedd y tŷ gwair yn llawn dop, a'r tywydd braf yn cymylu ar yr ail noson, a glaw i ddod ond doedd dim ots achos dim ond y cae lleia oedd heb ei gael a câi fynd i wneud seilaj os oedd raid.

Lil aeth i brynu sgidia efo'r plant eleni. Dim ond y genod aeth efo hi, achos roedd Emyr yn gyfrifol am brynu rhai iddo fo ei hun o hyn allan. Ac ymhen dim roedd hi'n ganol mis Medi, Lwl bron yn wyth oed, a Lilian yn dweud bod ei bronnau'n dendar, ac yn llarpio pob math o fwyd rhwng prydau.

Mis Medi

Ar y dydd Llun cyn i'r tymor ddechrau ar y dydd Mawrth, cafodd disgyblion y chweched isaf orchymyn i ddod i'r ysgol i drafod eu pynciau Lefel A. Bu Emyr yn meddwl ar y ffordd hir yn ôl o Harrogate, a roedd o wedi dod i benderfyniad.

"Pedwar pwnc?" meddai Waldo, gan bwyso ymlaen dros ei ddesg sylweddol.

"Ffrangeg, Saesneg, Lladin. A Chymraeg. Pedair iaith."

"Rhaid i chi ystyried bod llawer o waith sgwennu traethodau, yn y chweched, efo pynciau fel Cymraeg a Saesneg."

"Mi fedrwn drio."

"Wel, mi fydd raid i mi gael gair efo Miss Evans am y Saesneg, a Mr Jones, gan mai fo fydd yn dysgu Cymraeg. Dwi'n dallt mai ieithoedd modern ydi eich prif ddiddordeb, felly bydd y Ffrangeg a'r Lladin yn hollbwysig."

"Mr Jones, syr? Ond Miss Owen fydd yn dysgu ein blwyddyn ni te? – achos Mr Jones sy'n dysgu'r chweched uwch."

"Tydi Miss Owen ddim efo ni ddim mwy, Emyr. Mi golloch chi hynna, mae'n siŵr – efo'r arholiadau, gorffen yn gynt, ac yn y blaen."

Roedd hi wedi gadael, ac yntau'n gwybod dim! Ond doedd o ddim am gymryd arno.

"O, mae raid."

Roedd golwg graff yn llygaid profiadol y prifathro. Cododd ar ei draed, a rhoi ei fodiau ym mhoced ei wisg ddu.

"Wel, mi adawn ni hi'n fanna, am y tro, Emyr. Gewch chitha feddwl, a trafod adra. Yn ein profiad ni, mae'n well canolbwyntio ar lai o bynciau a gwneud yn wirioneddol dda – a mi ddeuda i rŵan, mi ydach chi ymhlith ein disgyblion gora ni, yn y flwyddyn yma, te. Peidiwch â trio gwneud gormod, dyna faswn ni yn ei gymell."

Ac allan ag Emyr, ei ben yn troi, yn gwynebu gwên siriol Bethan, oedd yn disgwyl ei thro. Doedd dim penbleth o gwbwl iddi hi, wrth gwrs. Cymraeg, Saesneg a Hanes. Syml. Lisa – Hanes, Saesneg, Celf. Ifan – Maths, Cemeg, Ffiseg. Simon – Celf – a be arall, wyddai o ddim.

Ar ôl siarad efo'i ffrindiau, a wedyn ei fam, penderfynwyd mai tri pwnc a wnâi yn swyddogol. Ond bwriadai ddilyn y cwrs Lefel A Cymraeg ar ei liwt ei hun. Roedd ei fam am wneud yn siŵr y byddai pob llyfr ganddo, a byddai Bethan yn rhannu ei rhestr darllen efo fo.

Y llyfr cyntaf oedd *Y Byw Sy'n Cysgu*, gan Kate Roberts, a roedd Mam wedi prynu ei gopi ei hun iddo fo, er bod y llyfr ganddynt mewn clawr caled yn barod, a gaddo y caent ei drafod efo'i gilydd. Roedd hi'n edrych ymlaen, meddai hi. Yr unig beth a'i cadwodd o yn wyneblawen oedd gwybod ei bod *hi*, Luned, wedi darllen yr un cyfrolau, a cael dychmygu be fyddai hi wedi ei ddweud amdanynt.

A wedyn dechreuodd y tymor o ddifri, a canfu bod rhywfaint o wir yn be ddeudodd Waldo, sef bod ganddo lawer o waith, a hefyd bod y gwaith hwnnw'n dod yn naturiol iddo, a'i fod yn hapusach yn yr ysgol nag a fu ers ei flynyddoedd cynnar yn yr ysgol fach.

Tachwedd

Wrth y bwrdd bwyd oeddynt, newydd orffen cinio dydd Sul a pawb yn llawn o datws rhost a biff, a chrymbl afal. Roedd stôl Lwl yn crafu yn erbyn y teils yn barod.

"Plis ga i adael y bwrdd?"
"Aros am funud. Mae gin Mam a finna rwbath i ddeud wrthoch chi."

Suddodd Lwl yn ei hôl a bu distawrwydd, dim ond sŵn ei dad yn taro ei lwy bwdin yn erbyn ochor y bowlen.

"Rydan ni am fod yn fwy o deulu," meddai ei fam.
"Be? Mwy o be, Mam?"
"Ydach chi ..."

Roedd Mari yn edrych ar Mam ond ei thad atebodd.

"Ydi Mari. Mae dy fam am gael brawd ne chwaer fach."
"O! Pryd?"
"Yn y gwanwyn."
"Ond pa bryd yn y gwanwyn?"
"Wel, tua'r Sulgwyn," meddai Mam.
"Diwedd Mai? Agos at fy mhen blwydd i ta. Mae'n rhaid bod yna ddyddiad. Mae gan chwaer Teleri *due date*."
"Ga i weld, tro nesa bydda i yn y clinig."

Roedd pen blwydd Mari ar y pumed o Fai, a gwyddai Emyr na fyddai hi isio ei rannu, felly gobeithio bod dyddiadau amwys ei fam yn weddol gywir. Doedd yntau ddim wedi disgwyl hyn – wedi'r cwbwl mi oedd Lwl yn wyth oed, a byddai tipyn o fwlch rhyngddi hi a'r nesa.

"Be wyt ti'n feddwl, Emyr?"

Roedd llygaid ei fam arno fo, ond wyddai o ddim beth i'w ddweud, felly gwenodd arni, a diolch byth daeth Mari i'r adwy eto.

"'Fath â Nia a Dafydd. Wyth mlynedd."
"Wel, ia, dyna o'n inna'n feddwl – a maen nhw'n ffrindia mawr."
"Weithia," medda Lwl, "a weithia maen nhw'n ffraeo lot."
"A mae 'leni yn well na flwyddyn nesa," meddai Mam, "i Emyr. A Mari."
"Fy Lefel O," meddai Mari.
"Mi fyddwn ni'n hollol iawn," medda Mam, a codi i glirio'r llestri pwdin.

"A pawb helpu Mam pan fydd isio, te," meddai ei dad, gan godi o'r gadair freichiau a gafael yn y papur dydd Sul a mynd drwodd i'r parlwr i'w ddarllen.

Cododd Mari a mynd i nôl cadach llestri i sychu'r bwrdd. Aeth Emyr i fyny'r grisiau. Roedd ganddo draethawd Saesneg ar ei hanner. *Persuasion*, gan Jane Austen.

Roedd Mari ac yntau wedi dod i'r arfer o gerdded adra efo'i gilydd bob nos Iau, y hi ar ôl ymarfer efo'r gerddorfa ac yntau wedi bod yn cicio pêl efo rhai o'r hogia. Roedd y grŵp drama wedi dod i ben yn ddisymwth ar ôl ymadawiad Miss Owen, er bod athro Cymraeg newydd wedi cymryd ei lle. Mari gychwynnodd y sgwrs.

"Oeddat ti di gesio?"
"Gesio?"
"Mi o'n i wedi ama bod rwbath yn bod. Gweld Mam yn welw."

Doedd o ddim wedi sylwi ar unrhyw newid yn ei fam. Roedd hwyliau da arni a dyna be oedd yn cyfri.

"Wnest ti feddwl y basan nhw'n cael mwy o blant?"

Cofiodd am y sgwrs rhyngddo a'i fam ryw ddwy flynedd yn ôl.

"Pan soniodd Mam a finna rywbryd, doedd hi ddim yn swnio'n awyddus."
"Mae hi yn bedwar deg tri. Reit hen. Dim ond dau ddeg chwech ydi chwaer Teleri."
"Wnes i'm meddwl."
"Oedd raid iddyn nhw gael Lwl, doedd? I lenwi'r bwlch. Ar ôl Dylan."
"Ella mai camgymeriad oedd hyn?" cynigiodd.

Edrychodd Mari arno'n graff.

"Wnes inna feddwl am hynny. Ond maen nhw wedi osgoi damweinia am flynyddoedd, tydyn?"

"Ydi ots gin ti?"

"Nadi. Am wn i. Cyn belled ag y bydd Mam yn iawn."

"Pam fasa hi ddim?"

Cododd Mari ei hysgwyddau.

"Mi gafodd drafferth ar ôl geni Lwl, do. A mae hi'n hŷn. Ond paid â deud dim."

Doedd dim awydd sôn am y peth efo neb arno. Roedd yr holl beth yn embaras. A roeddynt bron â chyrraedd y tŷ, beth bynnag. Trodd Mari ato yn y gwyll.

"Hei, ti'n cofio Lwl yn fabi? Faint griodd hi?"

"O, mei god! Ydw!"

"Meddylia, dan ni angen gwneud ein Lefel O a Lefel A yn sŵn hynna."

Ond dal i hanner chwerthin oedd y ddau ohonynt wrth gerdded i fyny'r llwybr at ddrws y gegin.

Yn fuan wedyn cawsant wybod bod Julie, mam Simon a cariad Now Llwyn, yn disgwyl hefyd, a'i phlentyn hitha i fod tua'r un pryd. Roedd hyn rywfaint o help i Emyr ddygymod â'r peth. Yr unig broblem oedd bod Dad a Now yn y Leion yn dathlu bron bob noson am wythnos.

Rhagfyr

Dolig gofalus oedd o. Gofalu peidio mynd i'r Leion ormod; gofalu peidio aros am sesh efo'r hogia. Gofalu gwrthod gwadd i fynd draw i Bryn Castell at Dafydd a Now, i wneud yn siŵr na fyddai'n cael ei demtio i yrru adra wedi cael diod. Gofalu nad oedd yna fwy nag un botel adra ar y pryd. Peidio â mynd i fwy nag un cinio Dolig, chwaith; gadael i Lilian fwynhau ei rhai hi, efo'i chôr cydadrodd a Merched y Wawr. A peidio ag aros mor hir yn y Leion bore Dolig fel bod Lil yn gorfod ffonio, neu anfon Emyr i'w gyrchu.

Erbyn y noson ar ôl *Boxing Day* roedd angen llacio tipyn ar y tennyn. Roedd y sgwrs rhwng Twm a Ceinwen wrth fwrdd Plas Trefnant wedi troi arno. Sôn diddiwedd am bethau – peiriannau, offer godro, carpedi, soffas, papur wal, clustogau. Roedd o ar dân isio gadael, tra oedd y plant yn dal i wylio *Mary Poppins* ar y telifishion, a Lil yn gwgu a dweud nad oedd yna gymaint â hynny o frys i fynd adre. A wedyn dyma Ceinwen yn cyrraedd efo hambwrdd o frechdana twrci a mins peis, dau beth nad oedd o isio eu gweld am hir, a cymerodd hynny hanner awr arall cyn iddynt fedru cael eu traed yn rhydd.

Felly, pan welodd Dafydd, wrth bicio i'r Post yn y pentre, a hwnnw'n rhoi ei fys ar ei geg ac yn hanner sibrwd dan ei gap, "Hei, loc-in, heno, y Leion yn Llandesach," cafodd Guto ei demtio.

Roedd Llandesach tua saith milltir i ffwrdd, yng nghanol y brynia, dyna oedd y broblem, ond roedd hi'n ddigon posib mynd yno ar draws gwlad yn hytrach nag ar hyd y lonydd mawr. Achos yr adeg yma o'r flwyddyn oedd y plismyn ar eu craffaf. Yfed a gyrru. Dyna oedd yn llenwi pen y Super yn y Rhyl, isio tynnu'r ystadegau i lawr. Roedd yna sawl erthygl wedi ymddangos yn y papurau newydd, efo llun o'i wep di-wên, yn sôn am yr "ymgyrch". Gwyddai Guto a'i ffrindiau y byddent yn llechu o'r golwg ym mhen lôn rhyw ffarm, yn disgwyl i geir basio, ac yna yn rhoi *chase* a dal y truan oedd wrth y llyw a gwneud iddo gymryd y *breathalyser*. Roedd hi'n beryg bywyd. A doedd Guto ddim isio colli ei leisans, felly penderfynodd y byddai'n mynd, am dipyn o sbort, ond yn gadael yn reit gynnar. Cyn y loc-in, beth bynnag.

Soniodd o ddim byd wrth Lilian, gan nad oedd o ddim isio iddi boeni, dim ond gadael iddi gredu ei fod yn mynd i'r Leion fel arfer ar nos Wener. Thalodd hitha fawr o sylw wrth bod Mari a hithau yn setlo i lawr i wylio rhyw ffilm. Buasai wedi dweud "Leion" heb ddwyed celwydd, beth bynnag, gan mai dyna oedd enw'r ddwy dafarn (er bod un Llew yn ddu a'r llall yn goch, mewn gwirionedd), ond ofynnodd hi ddim.

I ffwrdd â fo. Cysidrodd fynd â'r car yn hytrach na'r fan, am unwaith, ond basa hynny wedi bod yn groes i'w arfer a roedd sŵn gwahanol gan y ddau. Y fan amdani, felly, a trodd y gwres i fyny gymaint â phosib, ar ôl crafu'r barrug oddi ar y ffenest. Roedd y lonydd yn ddistaw iawn a chopaon y brynia'n wyn. Llenwodd y fan efo ogla disel wrth iddi gynhesu. Rhyw foi newydd oedd yn y Llew Coch, Sais o ochra'r Wirral. Trio gwneud enw i'r lle, mae'n siŵr, oedd o. Lle bach oedd Llandesach – mi oedd yn rhaid denu pobol yno rywsut.

Roedd Now a Dafydd yno o'i flaen, fel yr oedd wedi disgwyl, a'r dafarn yn fwy na hanner llawn, pobol nad oedd yn eu hadnabod.

"Uffach, was, diolch byth bod y blydi Dolig drosodd! Nora'n gwario, plant yn swnian, a dim byd ond blydi carola ar y weiarles."

Cydymdeimlodd Guto â Dafydd – roedd ei blant o gymaint yn fengach. Bachodd y ddau y cyfle i atgoffa Now y byddai ganddo yntau fabi swnllyd yr adeg yma flwyddyn nesa, a gwnaeth hwnnw dwrw yng nghefn ei wddw a galw am beint arall reit sydyn. Wrth gwrs, yr un fyddai'r sefyllfa yng Nglasynys, ond cysurai Guto ei hun ei fod wedi hen arfer.

"Peint a *chaser*, Duw, a cym 'run fath dy hun, ma gin ti waith dal i fyny."

Ond dim ond peint gymerodd Guto. Pan ddaeth yn ôl efo'r diod roedd Dafydd yn pryfocio Now na fasa digon o le i fabi a'i holl drugareddau yn y bwthyn:

"Fyddi di angen *extension*, dwi'n deud wrthat ti, sgin ti'm syniad."

Ond daeth golwg fuddugoliaethus dros wyneb Now.

"Mi fydd gynnon ni ddigon o le i dair coets, os bydd angen." "Felly wir?"

Cymerodd Now lwnc hir o'i beint ac yfed y *chaser* ar ei dalcen.

"Dan ni'n symud."

O'r diwedd, meddyliodd Guto. Roedd ei dad a'i fam wedi cynnig
newid lle efo Now a Julie (a Simon). Ar yr amod eu bod yn priodi.
Nid oedd hynny mor syml chwaith am bod Julie angen difôrs
gynta, ac i gael difôrs roedd rhaid cael pres, a felly dyna fyddai
hanner eu presant priodas.

"Be di'r hanner arall, ta?"
"Y briodas ei hun!"

Cawsant hanner awr ddifyr yn trafod pwy fasa'n gwneud y gwas
priodas gora, Guto ynte Dafydd, er y gwyddai'r ddau yn iawn
mai John, brawd Now, fyddai'r gwas mewn gwirionedd. Yfwyd
sawl wisgi i ddathlu'r newyddion mawr, ac ymhen dim roedd y
gloch wedi canu, a gwraig Steve, y boi o Wirral, Mandy oedd ei
henw, yn rhoi winc fawr iddynt wrth fynd i gloi'r drysau.

"Mae'n rhaid i mi ei chychwyn hi."
"Paid â bod fela Guts, prin ddechra dan ni. Fedrwn ni fod
yma tan dri o gloch y bore!"
"A wedyn fydd y plismyn i gyd yn saff yn eu gwelâu."

Roedd yna rywfaint o sens yn nadl Dafydd, felly cymerodd un
bach arall, ond pan darodd y cloc hanner nos, gofynnodd i Mandy
ddatgloi'r drws cefn. Cynigiodd lifft i'r ddau arall ond roedd yn
well ganddynt aros a mynd yn fan Dafydd yn nes ymlaen. Roedd
yna griw bach arall yn dal yno, hogia oedd yn byw yn lleol, digon
hawdd iddyn nhw gerdded adre. Roedd y Dubliners yn ei morio
hi o'r jiwcbocs ac awyrgylch digon braf efo'r goeden Dolig yn
wincio'n goch a gwyn yn y gornel a'r tinsel ac eira ffug ar y
ffenestri.

Tu allan roedd hi'n sobor o oer ac eira go iawn yn bygwth.
Llithrodd i mewn i'r fan, taniodd honno'n syth, diolch byth;
chwythodd ar ei ddwylo ac i ffwrdd â fo, troi i fyny'r un lôn gul.
Doedd o ddim yn gwneud dim synnwyr o gwbwl pan laniodd y
fan mewn ffos, yr olwynion yn troi a throi, a'r injan yn diffodd.

Doedd dim byd amdani ond gadael y fan lle roedd hi, a cerdded adre i Glasynys. Faint o ffordd oedd hi? Dwy filltir? Tair? Dim ond côt ysgafn oedd ganddo amdano, a dim menig. Stwffiodd ei ddwylo yn ddwfn i bocedi'r gôt, a diolch bod ganddo sgarff. Presant Dolig gan Mari oedd o, un coch tywyll. Lapiodd o rownd ei wddw a dros ei geg. Mae'n rhaid bod y fan wedi sglefrio ar wyneb barugog y lôn fach. Barrug du. Mi ddylai fod wedi meddwl.

Erbyn cyrraedd Glasynys roedd bron â sythu ac isio bwyd, ond mynd yn syth i'w wely at gynhesrwydd Lil wnaeth Guto. Er ei fod wedi blino – roedd y daith yn dair milltir o leia, ne bedair – ni fedrai gysgu'n syth. Beth petai? Ond diolch byth. Ond wedyn, be tasa fo wedi mynd trwy'r ffenast? Ond doedd o ddim yn gyrru, nac oedd, diolch byth. Beth petai Lil yn dod i wybod?

Deffrodd ben bore, yn y tywyllwch, a chodi'n syth. Gwisgodd ei fenig lledr cynnes, ei gôt oel, ei sgarff a chap, ac aeth efo'r tractor a tsaen at y fan. Ond ni fedrai ei bachu wrth y tsaen ar ei ben ei hun – mynnai'r tsaen lithro allan o'i afael bob cyfri – a bu raid iddo ddisgwyl i rywun basio. Pwy oedd hwnnw ond dyn o Lanrwst, Dic Becws, ar ei ffordd i'r Bala. Dyna ddiwedd ar gadw'r stori iddo fo ei hun. Ond llwyddodd y ddau ohonynt i fachu'r fan i'r tractor, ac erbyn wyth o'r gloch roedd y fan ar iard Glasynys. Doedd hi ddim yn edrych fawr gwaeth, heblaw bod angen gwydr ochor dde newydd arni.

Rŵan dim ond egluro wrth Lil oedd angen, a pendroni sut i fynd o'i chwmpas hi oedd o wrth gerdded at y tŷ am frecwast. Dyheai am baned boeth. Ond dyma hi Lil, yn rhedeg allan ato yn ei ffedog a'r bol yn gwthio yn erbyn y defnydd.

"Guto! Guto! Mae Julie di ffonio."

Rhythodd arni. Mi gafodd Now a Dafydd eu dal gan y plismyn, siŵr bownd, a mi fyddai pwy bynnag oedd yn dreifio wedi cael y *breathalyser* a cholli leisans. A byddai'r stori am y loc-in ar led a'i anffawd yntau. Roedd Lil yn ysgwyd ei fraich.

"Damwain – damwain ar y ffordd fawr – a Guto, o Guto, mae Dafydd ..."

Ymladdodd am ei gwynt. A gwyddai Guto.

Rhoddodd ei fraich am ei hysgwyddau a cerddodd y ddau i'r gegin fel peirianna.

Roedd Dafydd wedi mynd ar hyd y ffordd fawr, i arbed amser, neu am bod y lôn yn haws a fynta wedi bod yn yfed am oriau. Am y byddai'r plysmyn wedi rhoi'r gora iddi yn oria mân y bore. Roedd y car wedi mynd ar ei ben i bolyn teligraff, a doedd yna ddim byd i stopio Dafydd rhag mynd drwy'r ffenest. Ar ochor y pasenjyr oedd Now. Roedd o wedi torri ei fraich.

"Gwydr a gwaed yn bob man," meddai'r dyn llefrith, oedd wedi dod ar draws y ddamwain gynta, ben bore bach, a gweld Now ar ei liniau ar ochor y ffordd yn chwydu.

Yng nghegin Bryn Castell glywodd o hynna, wedi iddo fynd i gydymdeimlo, y pnawn hwnnw. Mam Nora oedd yno, a roedd Nora ei hun yn ei gwely a'r hogyn bach hyna, Gwyn, yn rhedeg o gwmpas y lle fel peth gwyllt. Dynes o Fangor oedd mam Nora, wedi ei magu ar stad gyngor, a doedd ganddi mo'r syniad lleia sut i redeg ffarm, ond roedd hi wrthi'n gwneud brechdanau a phaneidia, chwara teg iddi. Ac er bod ei galon yn gwaedu dros Nora a'r ddau fach, am Lil yr oedd o'n poeni fwyaf. Lil oedd wedi gweiddi, pan gyffesodd hanes y Llew Coch, a helynt y fan,

"Ond Guto! Be tasat ti wedi cael dy ladd neithiwr?! Lle fasan ni?!"

A daliodd ati i ddweud hyn, drosodd a throsodd, yn y dyddiau hir tywyll didrugaredd ar ddiwedd y flwyddyn. Am y tro cyntaf erioed, trodd Mari ar ei thad:

"Mi fasa'n well tasa'r plismyn wedi eich dal chi i gyd, cyn hyn! Ia, a cymryd eich leisans oddi arnoch. Yn lle bod Emyr a fi yn fan hyn yn poeni amdanoch chi, ac am Mam."

Edrychodd yn hurt arni, ar ei chefn yn troi, a sŵn ei chama yn martsio i fyny'r grisia. A wedyn dyma Megan yn edliw,

"Be tasa Lilian yn colli'r plentyn? Meddyliwch sut le fasa yma wedyn! Bobol bach! Mae isio meddwl, does? Oes wir."

Ar ddiwrnod Calan, aeth â sachaid o datws a sachaid o foron i Bryn Castell. Addawodd i Nora y gwnâi bob dim posib i'w helpu yn y flwyddyn i ddod. Edrychodd ei mam arno'n sarrug. Mae'n siŵr ei bod hi'n meddwl mai fo oedd yn gyfrifol am fynd â Dafydd i yfed. Doedd waeth am hynny rŵan.

"Mi wna i bob dim fedra i, Nora."

Ond be oedd hynny?

1974

Ionawr

Teimlai Emyr ei fod ar ei ben ei hun. Cyn hyn, mi oedd yna wastad rywun wrth ei ochr. Ei fam, yn edrych o'i blaen, syllu i'r dyfodol, ac yn dweud wrtho beth oedd angen ei wneud: dysgu cau ei gareiau; dysgu sgwennu sownd; blasu llyfr gan T. Rowland Hughes; prynu offer siafio. A Mari wrth ei ochr, ei gydymaith. Efo hi yr oedd yn trin a thrafod pethau, eu cnoi, eu plethu efo'i gilydd i wneud synnwyr ohonynt.

Rŵan roedd y ddwy wedi troi at i fewn. Roedd Mari yn gefn i'w mam – wrth gwrs – a roedd pawb yn ei chanmol, y Fari gydwybodol yma oedd yn codi i glirio llestri cyn i neb ofyn iddi ac yn cynnig helpu i blicio tatws a moron. A roedd Mam yn sbio i fewn, yn cadw llygad ar y babi, yn gwneud yn siŵr ei fod o neu hi yn iawn. Hynny o egni oedd ganddynt i'w sbario, Lwl oedd yn ei gael.

Pitïai weithia bod Bethan ac yntau wedi gorffen. Roedd o'n meddwl bod petha'n mynd yn iawn, os yn ddi-fflach, ond edliwiodd hi iddo ei fod yn rhy bell, fel petai'n meddwl am rywbeth neu rywun arall o hyd. Cafodd ddallt hefyd ei bod wedi cael cynnig mynd allan efo Peredur, capten y tîm pêl-droed. Bodlonodd Emyr ei hun ar weld Sian yn achlysurol, trwy'r Ffermwyr Ifanc, a snogio mewn corneli. Câi'r teimlad bod hynny yn ei siwtio hithau – ac os oedd hi'n mynd efo hogia eraill tua Pwllheli, wel, pwy welai fai arni?

Ac yntau bron yn ddwy ar bymtheg, trodd at ei dad. Gwelai lai o fai arno am yfed – er bod hynny wedi arafu ers y ddamwain, nid oedd wedi peidio'n gyfan gwbwl. Roedd Emyr ei hun yn cael ambell seidar, gan amlaf mewn sièd ne sgubor efo ffrindia, ond ambell waith mewn tafarndai diarffordd lle nad oedd neb yn ei nabod, ar ôl cael lifft gan Ifan a oedd, wrth gwrs, wedi pasio ei dest dreifio y tro cyntaf ac yn cael benthyg car ei fam. Gwyddai mam Ifan ei fod yn gall, mae rhaid – a mi oedd o. Yfai ddim mwy na hanner ar y teithiau yma, er y câi gynnig peintia.

Pan ddaeth ei ben blwydd ym mis Mawrth, rhoddodd ei dad ddegpunt a winc iddo. Cafodd *aftershave* neis gan Mari a Lwl a crys drud gan ei fam, wedi i Mari ei ddewis. Dydd Sadwrn oedd ei ben blwydd. I'r Rhyl aeth y criw, am *change*, a trwy wyrth cawsant eu syrfio mewn pyb ar y ffrynt, lle reit ryff ond pwy oedd yn cwyno? Ac er iddo gael tri peint a *Chinese* wnaeth o ddim chwydu ar y ffordd yn ôl.

Roedd Mam yn anferth a di-siâp, a câi Emyr drafferth i edrych arni a bod yn onest. Deuai Mrs Wilias o'r pentre i helpu ddwywaith yr wythnos yn lle unwaith bob pythefnos. Safai coets nefi blw yn y ports ffrynt wedi i Dad ei phrynu mewn sêl. Roedd hen un Lwl wedi mynd yn rhy sâl. Unwaith ne ddwy daeth Emyr a Mari adre o'r ysgol a pwy oedd yno yn cael te efo Mam ond Julie, mam Simon, ar ôl bod yn yr ysbyty am *check-up* efo'i gilydd. Roedd hi'n reit wahanol i Mam – yn un peth, lliw melyn o botel oedd ar ei gwallt – ond yn ddynes neis. "Laff," yn ôl Dad. Mam oedd yn darllen y llyfrau babi dros y ddwy ohonynt – roedd yn gas gan Julie feddwl am unrhyw beth allai fynd o'i le.

"'Sa'n well iddi roi'r gora i smocio ta," oedd sylw Mari. "Mae Nerys Biol yn dweud ei fod o'n gwneud drwg i fabis."

"Mae hi'n deud bod y sigaréts yn helpu efo'i nerfa hi," eglurodd Mam, ond ysgwyd ei phen yn ddiamynedd wnaeth Mari.

Wnaeth o ddim trafferth meddwl pa un oedd o eisiau, brawd ynte chwaer. Cymerai be ddeuai. "Cyn belled â bod y ddau'n iach, te," oedd cytgan Anti Megan. A roedd yn hwyr glas iddo ddod, i Mam gael bod yn hi ei hun eto. Daeth pen blwydd Mari ar ddechra mis Mai – gwelodd Dad yn rhoi degpunt iddi hitha. Mynd allan efo'i ffrindia i'r lle *pizza* newydd yn Colwyn Bay oedd dymuniad Mari, ac arhosodd Dad yn sobor i'w nôl hi.

Aeth bron i fis heibio cyn y diwrnod pan ddaeth Emyr adre o'r ysgol a chanfod Lwl yn disgwyl amdano ar ben y lôn.

> "Mae gynnon ni frawd bach."
>
> "Brawd!"
>
> "Ia, a Gerallt di ei enw fo. A ma gynno fo wallt coch!"

Y nhw oedd yn cael dewis ei ail enw. Efo Mari a Lwl, Mari yn sgwennu, gwnaethant restr o bob enw hogyn dan haul. Bu llawer o chwerthin.

> "Carlo!"
>
> "Ednyfed!"
>
> "Vivian!"
>
> "Tydi Vivian ddim yn enw hogyn," meddai Lwl.
>
> "O ydi mae o, beth am Viv Richards y cricedwr dros y West Indies?"
>
> "O ia, a mae na Viv Parry yn Hogia'r Wyddfa erbyn meddwl. Beth am Wyn?"
>
> "Dylan Wyn oedd Dylan."
>
> "Ia mi wn i," meddai Mari. "Dwi'n mynd i'w sgwennu fo i lawr."
>
> "Clwyd," meddai Lwl.
>
> "Clwyd? Chlywis i mo hynna fel enw o'r blaen."
>
> "Rhys Clwyd ydi enw brawd bach Non. A dan ni yn byw yn Clwyd, tydan?"

Edrychodd Mari ac Emyr ar ei gilydd.

> "Ond ella y byddan ni'n symud. I Eifionydd."

"O na, dan ni'n aros yn Glasynys," meddai Lwl.

"Sut wyt ti'n gwbod?"

"Am bod Mam wedi deud 'pan ei di i Glan Clwyd' wrtha i. A dw i'n canu efo Lleisia Clwyd."

"Wel, ella na wneith o ddim drwg."

"Clwyd," meddent wrth eu rhieni. "Gerallt Clwyd ydi ein dewis ni."

Mehefin

Roedd petha wedi bod yn troi ym mhen Guto ers tro, a daeth i benderfyniad y pnawn cyn nôl Lilian a'r bychan o'r sbyty. Ar ei ben ei hun, aeth i Erddi Bodnant. Roedd wedi bod yno sawl gwaith o'r blaen efo Lilian a'r plant, ar wahanol adega o'r flwyddyn er mwyn iddynt gael gweld gwahanol blanhigion yn eu gogoniant. Lil oedd yn adnabod y blodau a'r perthi. Hi oedd yn gafael mewn rhyw flodyn melyn ar berth ac yn ei dynnu ato gan ddweud,

"Mimosa! Yli, Guto, clyw'r ogla bendigedig sy arno fo."

Reit yn nhwll y gaeaf. Hi hefyd oedd yn hel llond bocs o blanhigion i fynd adra, gan ddethol yn ofalus o ran maint, lliw ac arferion.

Ond heddiw, dim gweld y gerddi oedd y canolbwynt ond mynd i'r siop.

Cafodd afael ar goeden rosod binc tywyll – erbyn meddwl, tebyg iawn i'r rhai oedd gan Lilian mewn tusw ar ddiwrnod eu priodas. Roedd ogla hyfryd arnynt – *Rosa damascena* oedd yr enw. Cymerodd hefyd goeden lelog. Roedd Lil wedi bod yn cwyno bod blodau'r lelog wedi mynd mor uchel fel ei bod yn anodd cael gafael arnynt, a synhwyro'u hogla arbennig. Un wen am bod rhai penna'n dal arni, a'r lleill, y rhai traddodiadol piws gola, wedi darfod.

Rŵan am flodau'r haf. Safodd o flaen y rhengoedd o

botia. Roedd yna ddigon o ddewis i ddallu dyn. *Dahlias, chrysanthemums, salvia, begonia, hibiscus, hydrangea.* Roedd o'n lecio lliwia cryfion y dahlias, a dewisodd blansyn coch o'r enw Bishop of Llandaf. Pump ohonynt i wneud dipyn o sioe. Aeth i hwyl wedyn ac ychwanegu rhai oren i fynd bob ochor iddynt, rhai eraill lliw copr a dwy o rai gwyn. Sawl *chrysanthemum* hefyd, roedd digon o le ym mhen draw'r ardd, rhai efo penna mawr cudynnog a rhai efo petalau fel petryal. Cofiodd am y sgwrs am *gladioli* beth amser yn ôl a dod â sawl plansyn bach o rheini. Yn ôl y sôn dylsent fod yn biws a sgarlad a gwyn pur fel lili. A doedd waeth i'r rhosyn gwyn a'r *clematis* pinc ddod hefyd ddim, i ddringo dros wal gardd Glasynys.

Felly, dyna lle roeddan nhw, y cwbwl lot, o flaen y drws cefn yn croesawu Lil adra y diwrnod canlynol. Roedd llond pedwar bocs pren, heb gyfri'r goeden lelog, y *clematis* a'r goeden rosod. Safai'r rheini o gwmpas yn swil, y *clematis* yn hanner pwyso ar dalcen y tŷ.

Safodd Lil ar y llwybr ac edrychodd ar y casgliad mewn anghrediniaeth. Daeth sŵn bach aflonydd o gyfeiriad y bwndel bach glas yn ei breichiau, a dechreuodd hitha ei symud i fyny ac i lawr yn reddfol.

"Guto, be di'r rhain?"

"Planhigion i'r ardd. I'ch croesawu chi adra. Y ddau ohonoch chi."

"Dy groesawu *di* adra," oedd o wedi bwriadu ei ddweud, ond dim felna ddaeth y geiria allan.

"Ond Guto bach, lle dwi'n mynd i gael amser i'w plannu nhw? A sbia, maen nhw isio dŵr, ma golwg sych ofnadwy ar y goedan rosod na!"

"Fydda i fawr o dro yn tollti dŵr drostyn nhw."

Câi Lwl helpu efo hynny. Wnaeth Lilian ddim plygu i gael gwell golwg ar y planhigion nac i ddarllen eu henwau. Roedd golwg wedi hario arni.

"Maen nhw angen 'u plannu gynta modd, a hitha mor sych."

"Ddo i yma efo tractor a gwneud ffos."

"Ffos! Yn 'rardd!"

Daeth Mari allan trwy ddrws y cefn.

"Dach chi yma! O Mam! Dowch i gael te, ma bob dim yn barod."

A plygodd Mari dros ei mam a'r brawd bach newydd a'u hebrwng ar hyd y llwybr ac i mewn i'r tŷ. Yn y gegin roedd y bwrdd wedi ei osod efo'r llestri gora, a chacen Victoria sbwnj Mari (y drydydd a wnaethpwyd – roedd Fflei wedi cael ffidan dda iawn y noson cynt), a brechdana samon Emyr, a dewis Lwl o fisgedi jocled sef Cadbury's Assorted. Llanwodd llygaid Lilian, a sgubodd y dagra o'i llygaid efo cornel siôl Gerallt, cyn suddo i gadair i gael panad a the neis.

Y bore wedyn, gofalodd Guto roi digon o ddŵr i'r bloda, ben bore, gan ddefnyddio pwced yn hytrach na'r can dŵr annigonol. Cymerasai Lwl hanner awr i'w dyfrio efo hwnnw y noson cynt, yn tuthian yn ôl ac ymlaen. Roedd hi'n ddiwrnod sych cynnes, eto, a'r haul tu ôl i gymylau llwyd. Nid oedd yr adwy yn ddigon llydan i adael i'r tractor fynd trwodd, felly mater o gaib a rhaw oedd hi. Cychwynnodd ar y gwaith yn syth ar ôl brecwast a roedd ffos gul wedi ei thorri ar hyd gwaelod yr ardd cyn cinio. Gallasai fod wedi gofyn i Cled helpu, ond roedd o isio gwneud ei hun. Cafodd help gan Lwl i daflu cynnwys tri o'r bocsys, sef y *dahlias*, y *gladioli* a'r *chrysanthemums* i fewn i'r ffos, a taflodd y ddau'r pridd am eu penna, a wedyn sawl pwcedaid o ddŵr i ddilyn.

Roedd y ddau ohonynt yn barod am eu cinio, ac yn ddiolchgar bod Lilian yn ddigon da i wneud cinio. Roedd pawb wedi cael llond bol ar Fray Bentos.

Pnawn o hau llwch oedd o flaen Guto. Wedi gorffen ei ginio cerddodd heibio'r planhigion oedd ar ôl. Be ddiawl oedd ar ei ben yn cymryd cymaint o betha? Fentrai o ofyn barn Lilian am lle i'w rhoi?

Daeth ateb o gyfeiriad arall. Ar ddiwedd y pnawn, pwy ddaeth i gwfwr Guto ond Mari ar ei ffordd adre o'r ysgol, yn hymian canu dan ei gwynt a cnoi blewyn hir o wallt.

"Wyt ti'n lecio lelog, Mari?"

"Blodyn mhen blwydd i. Ydw, wrth fy modd efo'r ogla."

"Mae gin i un wen, yli. Lle rho i hi?"

"O dan fy ffenast llofft i?"

"Iawn. Y berllan amdani ta."

Felly fu; job hanner bore arall oedd torri digon o dwll iddi, ond roedd yn falch o gael gwneud rhywbeth dros Mari a dweud y gwir. Roedd hi wedi bod yn gefn iddynt tra oedd ei mam yn yr ysbyty, yn paratoi prydau bwyd bob yn ail efo Megan.

Bu'n pendroni dros y goedan rosod. Wrth bod perarogl mor neis arni, heb sôn am ei thlysni, roedd isio iddi gael ei gwerthfawrogi. Ei ddewis yn y diwedd oedd wrth ymyl y giât fach a arweiniai tuag at y tŷ o'r iard. Joban hanner awr, meddai wrtho'i hun, gan dorchi llewys cyn swper. Ond roedd y ddaear yn galed ar ôl cyn lleied o law, a bu'n awr o balu cyn ei fod yn fodlon, a hitha wedi setlo.

Sodrodd y *clematis* a'r rhosyn dringo mewn hen bwced lo efo dipyn o bridd a thail (roedd golwg wedi hanner gwywo ar y *clematis* erbyn hyn) a gosod honno wrth ymyl y clawdd. Mi ddeuai cyfle i'w rhoi yn rhywle gwell eto. A dyna fo, o'r blydi diwedd, wedi cael trefn ar y cyfan. A hynny heb styrbio Lilian, oedd mewn bydau efo'r bychan, yn trio bwydo, yn wengar weithia a mewn hwylia da, a weithia'n fflat fel cwch heb awel.

Rŵan roedd yn rhaid cofio dyfrio pob un ohonynt.

Gorffennaf

Roedd hyn yn mynd â fo yn ôl i'r adeg pan oedd Lwl yn fabi, pan symudon nhw gynta i Lasynys. 'Radeg oedd Lilian yn sâl. Ond roedd hi i'w gweld yn reit dda y tro yma, meddyliodd wrth i'r fan ddringo i ben yr allt. Debycach i fel yr oedd hi ar ôl geni Mari. Hwyrach bod gan y pyliau yma rywbeth i'w wneud efo'r tymhorau.

O edrych yn ôl, er gwaetha pob dim oedd wedi digwydd iddynt cynt, edrychai'r Guto hwnnw yn ysgafndroed iddo fo heddiw. Wrth gwrs roedd camgymeriadau mawr wedi eu gwneud, cyn gadael Hendre. Ond dim y fo oedd wedi eu gwneud nhw. Na, mi oedd o wedi cydio yn ei ffawd, wrth brynu'r ffarm a symud y teulu i gylch newydd. Gwelai ei hun bron fel brenin yn ei lordio hi dros ei deyrnas.

Ond wyddai o ddim am y dyffryn arall, tu fewn iddo, oedd yn disgwyl cael ei ddarganfod.

Ac ella, erbyn meddwl, bod bai arno am y troeon cynt, hefyd. Heb symud at ddoctor teulu oedd yn nes. Heb siarad go iawn â'i frawd, er gwaetha'r olwg bruddglwyfus oedd arno, a gobeithio y byddai petha'n gwella ohonynt eu hunain fel o'r blaen. Gadael i Gwen gymryd y baich ar ei phen ei hun. A gwyddai o'r gorau deimlad mor unig y gallasai hynny fod. Roedd hi'n haws dweud dim, neu'n hytrach trafod tywydd a thir, na chychwyn y fath sgwrs.

I lawr gallt â'r fan eto, a stumog Guto efo hi.

Ond duwcs, roedd o'n troi yn ei unfan rŵan, yn hel meddyliau, fel Lilian. Tarodd olwg dros ei ysgwydd ar y cari-cot yn y cefn i weld sut oedd y bychan. Roedd y protestiadau bob tro yr arafai'r fan wedi tewi'n raddol, ac erbyn hyn gorweddai ar ei gefn a'i freichiau ar led. Y criadur bach!

Efallai ei bod hi'n amser rhoi brêc ar boetsio yn y Leion. Dim peidio mynd ar y cyfyl, doedd o ddim isio bod yn rhyw sant diflas. Roedd angen codi allan a chael sbort ar y ddaear yma. Ond da o beth oedd gweld Lil yn llon ei hysbryd. Roedd lle i ddiolch. A da o beth oedd cael ailfeddiannu Glasynys, bod yn wir berchen arni yn y dyfodol hefyd, a gwybod y câi'r hogyn bach yma gerdded ei chaeau, cyfri ei defaid, trochi ei draed yn ei hafon.

Y lle arall hwnnw, mi wrantai mai dim ond yn ei freuddwydion yr âi yno eto. Rhyw le nad oedd y dyfodol yn dod ddim nes; lle gallasai ddringo i ben coeden mewn chwinciad a dwyn fala dan chwerthin. Gweld y gorwel a gwybod bod rhyw antur fawr yn ei ddisgwyl. Sefyll a synnu at gylch tylwyth teg ar y gwelltglas, blasu dŵr oer y ffynnon yn ei geg – ia, ac awch arbrofi efo llaw a gwefus, wrth fynd yn hŷn. Lle câi orwedd ar ei gefn a sugno, cau ei ddannedd am du mewn sbwnjlyd brwynen neu gnawd eirinen orfelys.

Na, âi o ddim y ffordd yna eto. Roedd ceg y llwybr wedi ei chau â weiren bigog erbyn hyn, a mieri wedi tyfu dros y gamlas. A roedd hi'n amser iddo fo droi am adre.

Hydref

Doedd hi ddim yn siwrne hawdd. O Colwyn Bay i Nuneaton, wedyn newid i drên arall. Mi wyddai bod y genod ar eu ffordd hefyd – roedd Sian wedi ffonio Glasynys am y tro cyntaf erioed i ddweud – ond roeddynt wedi cytuno i gyfarfod yn y stesion ar ôl cyrraedd. Roedd Emyr isio awr ne ddwy ar ei ben ei hun i fynd dros be oedd Mr Carwyn Hughes – ni allai ddal i feddwl amdano fel Nero – wedi egluro iddo.

Er bod Gerallt yn fabi da, a llofft ei rieni yn y rhan arall o'r llawr, clywai sgrechiadau'n ddigon amal, yn enwedig yn y bore bach. Roedd gan bawb ei siâr o jobsys – ei job o oedd helpu i wneud tân, codi llwdw, nôl glo a phriciau, gosod tân oer. Wrth gwrs roedd yna waith ar y ffarm yn ogystal, yn enwedig os nad oedd Cled ar gael. Roedd yna lonydd i'w gael i wneud ei waith cartre, gyda'r nos yn ei stafell ei hun ond rywsut dim llawer o le i feddwl. Y rhan ora o'r dydd oedd neidio i'w wely a plymio o'r golwg yn y llyfr oedd ganddo ar y pryd.

Edrychodd drwy'r ffenest ar fyngalos bach y Rhyl, pob un efo'i bwt o ardd. Roedd ganddo biti dros unrhyw un oedd yn gorfod byw mewn lle tebyg.

"Byddwch yn barod am yr annisgwyl," meddai ei athro. "Dim 'Pam ydych chi eisiau astudio Ffrangeg?' – mi fydd gan bawb ryw ateb i hynny – rhywbeth gwahanol, fel 'Be all Rydychen ei roi i chi na chewch chi yng Nghymru?' Rhywbeth felly. Rhowch chi drei arni, Emyr. Trïwch rag-weld rhyw ongl newydd ar betha."

A dyna oedd o'n ceisio ei wneud. Pam Rhydychen, yn hytrach na Bangor? Am ei fod isio gorwelion ehangach. Ateb syml, ond gwir. Wnâi o mo'r tro. Am ei fod yn awyddus i ddysgu Ffrangeg – a'i ail iaith newydd, Eidaleg ne Sbaeneg – mewn amgylchiadau ffres a allai ysgogi pob math o brofiadau newydd? Ella. Am bod Rhydychen yn nes at Ewrop? Am y medrai fod ar y trên cwch mewn awr a hanner? Gwelliant. A dyma Nuneaton, yn barod.

Wrth gwrs gwelodd y ddwy ohonynt yn syth, yn chwerthin, Sian yn halio ces bach glas ar hyd y platfform.

"Hei!" gwaeddodd.

"Duwcs, dyma fo Emyr. Tyd, sgynnon ni ddim ond deng munud i ddal y *connection*."

Roedd Sian mewn sgidia sodlau uchel a lipstic coch ganddi, Freda mewn côt frown hen ffasiwn a *duffle bag* dros ei hysgwydd. Roedd yn rhaid iddynt eistedd yn y cerbyd smocio am na fedrai Sian feddwl am dreulio dros awr heb smôc. Cawsant baned bob un o'r *buffet* a phaced o grisbs.

"Mond i Goleg yr Iesu ti'n mynd, Emyr?"

"Am wn i."

Roedd Freda yn mynd i St Hilda's a Sian i St Anne's ond roeddynt wedi cael eu rhybuddio y byddent yn debygol o gael *summons* i golegau eraill hefyd. Doedd yr un o'r ddwy yn awyddus iawn i dreulio'r noson yn y colegau yma ond dyna oedd y trefniant; roedd Emyr ei hun yn aros yng Ngholeg yr Iesu.

Erbyn iddynt gyrraedd Rhydychen roedd hi'n bwrw glaw mân. Rhyfeddodd pawb ohonynt wrth weld yr holl feicia yn y stesion. Yn y pellter, yr ochor draw i'r afon, gwelsant dyrau'r ddinas. Ar ôl stydio'r map penderfynasant fynd i golegau'r merched gyntaf gan eu bod yn nes at gyrion y dref na Choleg yr Iesu.

"Mae'r lle yn edrych fel *boarding school*," oedd sylw Sian am St Hilda's.

Digon tebyg, sef adeilad brics coch a gweddol fodern, oedd St Anne. Gadawodd Emyr y genod yn eu tro a dymuno lwc dda i'r ddwy. Buasai wedi lecio trefnu i fynd i rywle am swper, ond roedd y llythyr yn sôn rhywbeth am "a taste of college life" a felly mae'n siŵr bod rhaid aros yno. Yn lle hynny, cytunwyd i gyfarfod wrth ymyl y bont am ddau o'r gloch drennydd. Erbyn hynny dylai'r cyfweliadau fod drosodd, a roedd yna drên yn gadael am dri.

Emyr oedd wrth y bont gyntaf, ar ôl taro golwg ar y Bodleian a chael gwybod nad oedd gobaith am docyn i fynd o'i chwmpas am fod rhaid bwcio "in advance, sir". Eisteddodd ar fainc ac edrych ar yr afon.

"Isis ydi ei henw hi yn fama, ond Tafwys ydi hi yn bellach," meddai llais tu ôl iddo.

Eisteddodd Freda wrth ei ymyl a tynnu cwd papur allan o'i bag dyffl. Estynnodd frechdan a cynnig un iddo yntau.

"Dwi'n iawn diolch. Sut aeth hi ta? Ti di gweld Sian?"

Roedd y cyfweliad yn reit fyr, meddai Freda, a roeddynt wedi gofyn un cwestiwn Maths a sawl peth arall hollol ddibwys – fel pa gysylltiad welai hi rhwng Maths a chwaraeon.

"Wnes i ofyn pa chwaraeon, a medda hi – y Feistres maen nhw'n ei galw hi – 'Mae hynny i fyny i chi!' Do'n i ddim yn gwybod be i ddeud, Emyr. Ges i banig a deud y gwir."
"Ond beth am whist? Welis i neb erioed yn chwara fel Sian a chdi."
"O! Ti'n iawn, feddyliais i ddim, sti. Ro'n i'n disgwyl y basa hi'n gofyn i mi pam o'n i isio mynd i St Hilda's a rhyw betha felly."

"Ges inna rwbath tebyg. Ym mha ffordd allai Oxford gyfrannu at y profiad o astudio ieithoedd modern, gan mai hen le ydi o? Mi ddeudis i bod y Bodleian yn llawn o hen lawysgrifau Ffrangeg a bod ffynhonnell iaith yr un mor bwysig â petha diweddar."

Roedd o'n reit falch o'r ateb yma. Roedd Freda yn hel briwsion oddi ar ei chôt a'u bwyta. Gwenodd a chodi ei hysgwyddau ar Emyr a dweud bod St Hilda's yn llawn o genod Saesneg efo gwallt hir ac acennau posh.

Roedd hi'n ddeng munud i dri ar Sian yn cyrraedd, wedi gorfod mynd i Goleg Somerville am ail gyfweliad. Rhedodd y tri ohonynt dros y bont ac yn ôl i'r stesion. Lle i astudio Cemeg yn hytrach na Mathemateg oedd hwn, eglurodd Sian dros baned ar y trên gyntaf, a doedd hi ddim yn siŵr beth bynnag. Roedd barn Sian am y colegau'n ddigon tebyg i Freda, heblaw ei bod hi wedi cyfarfod andros o ges, hogan o Darlington, oedd yn ei blwyddyn gyntaf ac yn cwyno am y rheolau strict.

Ond er iddo redeg ar y lle, a chytuno bod yna snobs dirifedi yno, mewn gwirionedd roedd Emyr mewn perlewyg. Roedd o wedi syrthio mewn cariad ag Oxford, a roedd o isio i Oxford ei garu yntau.

1975

Ebrill

Roedd hi'n braf cael bod ar gefn beic, er mai beic hogan oedd o. Braf hefyd cael bod yn rhywle arall. Deuai'r môr i'r golwg ac yna diflannu wrth iddo fynd i fyny ac i lawr y gelltydd. Safai ar y pedalau i fynd i fyny, achos dim ond tair gêr oedd yna ar feic Nia. Ond waeth befo. Codai ei wallt wrth iddo fflio i lawr a rownd y troeon.

Yr unig beth, roedd angen pisiad arno, ers tro. Ychydig iawn o goed a dyfai mor agos at yr arfordir, felly dim help yn fanno. Doedd arno ddim awydd stopio wrth ymyl giât ffarm – roedd rhywun yn bownd o ddŵad, mewn car neu ar gefn tractor. Ond dyma adwy wnâi'r tro, efo giât lydan. Gosododd y beic yn erbyn y wal a dringo dros y giât mewn chwinciad. Cymaint oedd ei frys, a'i ryddhad, fel na sylwodd nes iddo droi rownd ei fod mewn mynwent wledig. Doedd dim capel ar y cyfyl, ond fel yna oedd mynwent Cerrig Llwydion hefyd, lle roedd bedd Dylan a Nain a Taid Tyddyn Ucha.

Aeth am dro bach o gwmpas y beddi. Roeddynt yn arfer gwneud hyn, fo a Mari, pan fyddent yn mynd efo Mam i Gymanfa Fach mewn rhyw gapel gwladaidd, ac yn cael hwyl yn hel blodau gwyllt a'u stwffio mewn potia jam. Byddai gan Mari biti garw dros feddi heb flodau nac arwydd bod neb yn gofalu am y bedd, a gwnâi ei gora i wneud iawn am y cam. Dyddiadau dechrau'r ganrif oedd y rhai gosa ato. Ffermydd cyfagos mae'n siŵr – Rhyd-ddu, Mynydd Mawr, Cefn Coch. Yr un enwau, hefyd – roedd sawl Mary Evans, Sarah Williams, William a Thomos Parry. Daeth at feddi mwy diweddar, ithfaen yn hytrach na llechen. A sylweddoli ei fod yn edrych ar enw cyfarwydd. Thomas, ia, ond Thomas Davies oedd hwn. Plas Trefnant. Ei daid! Ebrill 1959. Dyflwydd oedd o ei hun pan fu farw ei daid, ac wrth gwrs doedd o'n cofio dim amdano. "Tad a phriod gofalus," meddai'r geiriau. Ac uwchben, mewn llythrennau oedd wedi colli llawer o'u haur, enw ei nain – Catherine Ellen Llywelyn Davies. Llond ceg o enw! "A hunodd Mehefin 26, 1932." Doedd yna ddim disgrifiad ohoni hi – ond mi farwodd gymaint o'i flaen o, ella bod arferion wedi newid.

Wrth ailfarchogaeth y beic, sylwodd bod chwant bwyd arno, a dechreuodd boeni ei fod wedi colli amser te yn Plas Trefnant. Dipyn o sbid arni felly. Erbyn iddo gyrraedd, roedd y dynion wedi gadael y bwrdd, a dim ond ei fam, efo Gerallt ar ei glin, yn sgwrsio efo Anti Ceinwen. Clywai leisiau Dafydd a Lwl yn chwara yn yr ardd, trwy'r drws agored.

"Wel, lwcus i mi gadw brechdan ne ddwy i ti Emyr! Roeddan nhw fel bytheid, Dafydd a Lowri, oeddan wir – a'r genod fawr gwell – aros di, mi wna i banad ffres i ti."

Gosododd blatiad o frechdana o'i flaen a bwytaodd yntau gydag archwaeth. Caws a picl, ham a thomato.

"Lle fuost ti mor hir, ta, Emyr? Es di i lawr at y traeth?"
"Na, jest ar hyd lôn bach, ond dipyn o ffordd. Ond mi ddois i ar draws rwbath od – mynwant bach yn ganol y wlad."
"Wel ia siŵr, mynwant capal Hebron ydi honna. Er bod na bobol o eglwysi erill wedi eu claddu yno hefyd."

Roedd yna ddwy deisen gri ar ei gyfer hefyd, a llwythodd Emyr fenyn a jam arnynt.

"Welis i fedd Taid."

"Do?"

"Do. Fuon ni rioed yno, naddo, Mam?"

Roedd Mam yn trio rhwystro Gerallt rhag rhoi ei law yn y bowlen siwgr.

"Dwn i'm, sti. Ella, pan oeddat ti a Mari yn fach iawn. Doedd o ddim yn lle i fynd â plant, nac oedd?"

"Pedair oed oeddach chi pan golloch chi eich mam, te?"

Nòd bach, gan ddal i edrych ar y babi.

"O, roedd cael babi yn beth peryg adeg hynny, Emyr," meddai Anti Ceinwen. "Dwn i'm faint o weithia glywis i Mam a Nhad yn deud am ryw ddynes, 'Wedi marw ar enedigaeth plentyn.' Doedd yna ddim sbyty na dim, nac oedd?

Roedd Emyr wedi cofio rhywbeth.

"Mis Mawrth mae pen blwydd Yncl Twm, te? Tri diwrnod o mlaen i."

"Diar mi, ia, gorfod meddwl am brynu dau bresant mawr bob mis Mawrth," chwarddodd ei anti.

Gorffennodd Emyr ei gacennau a llyncu ei de.

"Ond mis Mehefin wnaeth hi farw. Catherine Ellen. Nain."

"Gwendid oedd o, sti. Heb ddod ati ei hun yn iawn oedd hi."

Ac ar hynny llwyddodd Gerallt i droi'r jwg llefrith, neidiodd Mam ar ei thraed, a brysiodd Anti Ceinwen i nôl cadach llestri. Cododd Emyr oddi wrth y bwrdd hefyd.

Daeth cyfle i gael mwy o eglurhad o gyfeiriad arall. Roedd Emyr yn torri gwellt yng ngardd Cae'r Meirch dydd Gwener olaf y gwyliau Pasg, yn falch a dweud y gwir o gael dengid oddi wrth ei lyfrau am awr. Roedd yr arholiadau Lefel A yn prysur nesáu, ac yntau angen y graddau uchaf i sicrhau ei le yn Rhydychen.

Cas beth Yncl Ben oedd torri gwellt yr ardd, er ei fod mor handi efo pob cymwynas fel arfer. Roedd ei fodryb wedi gaddo dwy bunt iddo fo am wneud. Ar ddiwedd yr orchwyl aeth i'r gegin am ddiod oer, gan wybod y byddai gan Anti Megan ddewis helaeth o betha melys iddo i fwyta. Ar ôl claddu darn o gacen jocled, gofynnodd, heb feddwl gormod o flaen llaw,

"Wyddoch chi Nain Plas Trefnant, mam Mam?"

Daeth golwg wyliadwrus i lygaid clên Anti Megan, neu felly tybiai o.

"Catherine Ellen. Roedd hi'n enwog am ei gwallt coch. A'i thymer! Er, dydi hynna ddim yn deg iawn chwaith. Cael rhyw syniada oedd hi. Gwahanol."
"Fel be?"
"Wel, gweitia di rŵan. Hogan fach o'n i, cofia. Ia, mi fynnodd hi wneud rhyw fath o dŷ bach – pergola oeddan nhw'n ei alw fo – ym mhen draw'r ardd. Mae o wedi hen fynd o'no rŵan. A fanno fydda hi'n mynd i ddarllen. Ne sgwennu."

Doedd o ddim yn disgwyl hyn.

"Be oedd hi'n sgwennu?"
"Wel, barddoniaeth am wn i."
"Barddoniaeth? Pam na dw i wedi gweld ei cherddi hi ta?"
"Wel, chafodd hi ddim llyfr ohonyn nhw, sti. Mae na lot o waith ar ffarm. Ella tasa hi wedi cael – ei chynnwys fwy."

Ochneidiodd Anti Megan, a penderfynodd Emyr adael y trywydd yma am y tro. Gallai Yncl Ben ddod i mewn unrhyw funud.

"Welis i ei bedd hi. Be ddigwyddodd iddi, Anti Megan?"
"Wel, marw wnaeth hi, yn fuan ar ôl i dy Yncl Twm gael ei eni."
"Tri mis wedyn."
"Ia, wel. Dim jest peth corfforol ydi geni plentyn, Emyr. Mae rhai merched yn diodde."

Saib. Disgwyliodd Emyr.

"Diodde efo – wel – hwylia gwael, weli di, mae'n anodd dod o hyd i'r geiria. Ydi, Emyr bach. Roedd o'n beth trist iawn. Efo dau o blant bach."

"Be oedd yn drist iawn, Anti Megan?"

Petrusodd Anti Megan, ac yna aeth yn ei blaen.

"Wel, roedd ganddi dabledi, i'w helpu i gysgu. Roedd hi'n effro fel arall, yn crwydro'r lle fel ysbryd, mynd allan i'r caea a bob dim. A dyna fel y bu iddi gymryd gormod ohonyn nhw."

Ysgydwodd Megan ei phen a gwelodd Emyr y deigryn yn llithro i lawr ei boch.

"Pam na fasa neb wedi deud wrtha i?"

"Pryd ydi'r amsar i ddeud y fath beth?"

Cododd Anti Megan, a chlirio'r llestri.

"'Swn i'n chdi faswn i ddim yn sôn am y peth, Emyr bach. Dim wrth dy fam. Mae hi wedi bod mor dda y tro yma."

Clywodd y ddau sŵn sgidia Yncl Ben ar y llwybr, a tro Emyr oedd hi i ochneidio.

Gallent fod wedi dweud wrtho fo, meddyliodd, wrth gicio cerrig ar lôn Glasynys. Fo, a Mari. Dim pan oeddan nhw'n blant, ond pan ddaethant i oed call.

Fel arall, be oedd yn digwydd? Rhywun arall yn dweud, neu dod ar draws y gwir a cam gwag mawr, y teimlad yna o berfedd yn cael ei brocio. Dyma fo yn cnoi hyn drosodd a throsodd yn lle canolbwyntio ar ddysgu llinellau o *Twelfth Night* fel yr oedd wedi bwriadu. Nid oedd wedi gallu mynd dim pellach na, "If music be the food of love, play on!"

Ac eto, bob tro yr oedd yn meddwl, yn dod yn agos at grybwyll y ddrychiolaeth efo Mari, teimlai fod y peth yn amhosib. Roedd fel petai gan y digwyddiad ryw *force field* o'i gwmpas, fel stori

Dr Who, yn gwrthsefyll pob ymdrech i fynd yn nes. Dim rŵan, dim cyn arholiadau pwysig, ei rai o, ei rhai hi. Dim a Mam wedi bod cystal wedi geni Gerallt. Dim a'i Dad mewn hwylia da gan amlaf.

Daeth atgof iddo – eitem yn dod ar y newyddion, un noson ar ddechra'r flwyddyn. Hanes rhyw wyddonydd reit enwog oedd wedi gwneud amdano ei hun. Cofiodd ei dad yn codi a mynd allan, a pan edrychodd Emyr tuag at ei fam, roedd ei phen o'r golwg yn y *Radio Times*.

Ar y gair, hwyliodd llinell arall i'w gof, "That strain again – it had a dying fall!" Addas iawn!

Llygedyn o biws – dyma flodyn lwc wedi agor ym môn y clawdd. Arferai Mari ac yntau fynd â rhai i arholiadau, a dod o hyd i'r sypiau dienaid mewn poced ar ddiwedd y dydd. Roedd o wedi hen roi'r gora i'r fath lol ond gallech fod yn siŵr y byddai tedi bêrs a goncs yn bresennol ar sawl desg yn y gampfa mis nesa. Ar hynny, brysiodd tuag adra i gael ailymgolli yn ei lyfrau.

Mai

Roedd yna weithiwrs wrth ochor y lôn, yn turio. Arafodd Guto i gael gweld be oeddan nhw'n ei wneud. Agor ffos? Barbio? Nabododd un o'r criw, Wil John brawd Cled, a weindio'r ffenest i lawr i ddeud helô. Pwysodd hwnnw ar ei raw a sychu ei dalcen.

"Gwaith poeth, uffach, Guto!"
"Ydi, mae'n gwneud mis Mai braf. Be dach chi'n neud, dywad?"
"Rhoid rheina i fyny te."

A sylwodd Guto ar dri arwydd yn gorwedd wrth draed Wil. "Conwy," medda un, "Sir Conwy," meddai'r llall, mewn gwyrdd, a "County of Conwy" mewn du oddi tano. Roedd y trydydd wedi rhydu braidd, a "Conway" oedd arno fo.

"Yn Gymraeg, 'lly."

"Ia sti. 'Bae Colwyn' dan ni'n neud nesa. Ond Duw annwl, Colwyn Bay fydd pawb yn ddeud 'run fath de."

Taniodd Wil smôc, a cymryd llond ei sgyfaint o fwg. Woodbines oedd ynta'n smocio, 'fath â Cled, sylwodd Guto.

Ffarweliodd Guto, a mynd yn ei flaen. Roedd o ar ei ffordd i Eifionydd, i weld y boi oedd isio cymryd Castellcoed o fis Medi ymlaen. Roedd gan hwn ddiddordeb yn y tŷ hefyd. Gwyddai Guto y byddai wedi lecio prynu'r lle, ond yn un peth doedd ganddo mo'r arian, ac yn ail doedd Castellcoed ddim ar werth. Dim eto, beth bynnag. A pan ddeuai'r amser, roedd o'n barod i sôn wrth y boi – Gwilym Evans oedd ei enw, wedi priodi a dau o blant ifanc ganddynt – am fentro gofyn i'r banc am fenthyciad. Roedd y tŷ'n wag, a Lil wedi dweud ei bod yn gas ganddi ei weld yn dirywio. Byddai rhaid adnewyddu'r to mewn sawl lle cyn y medrai neb symud i fewn, ond roedd y gwaith clirio wedi ei orffen rŵan, a sawl dodrefnyn wedi ffendio ei ffordd i Lasynys, Plas Trefnant, Cae'r Meirch, Morfa Fawr, a cartre Jane, chwaer Megan, yn Nefyn. Roedd un peth yn sicr: dim lleisiau plant Glasynys oedd yn mynd i adleisio trwy wacter Castellcoed.

Yn rhyfedd, roedd o ei hun wedi dod i fwynhau mynd am dro o gwmpas caeau coediog y lle. Er ei fod yn gysylltiedig â teulu Lilian, roedd hefyd yn dir newydd iddo ddod i'w adnabod. Wrth gerdded ar lan afon Dwyfor byddai'n mwynhau clywed swyn record ne gyngerdd yn atseinio yn ei ben, a cofio ambell bnawn ne bwt o brofiad efo hi. Efo Llinos. Wyddai o ddim mwy o'i hanes.

Corn yn canu ar draws ei fyfyrdodau – arno fo? Sylweddolodd ei fod wedi crwydro dros y lein wen, a troi'r llyw. Dyma lôn wag o'i flaen rŵan, câi roi ei droed i lawr. Doedd yna ddim gwell teimlad. Cafodd ei hun yn chwibianu – be oedd honna hefyd? "La Donna è Mobile", Verdi, y record newydd brynodd Emyr iddo Dolig. Roedd Emyr ar ben ei ddigon ar ôl cael cynnig lle gan Goleg yr Iesu. Fo fyddai'r cyntaf o Ysgol Glan Clwyd i fynd i Rydychen – a diolch i Carwyn Hughes am ddangos y ffordd iddo.

Chafodd yr un o'r genod o Bwllheli le, ond roedd un am drio y flwyddyn nesa, a'r llall am fynd i brifysgol yn Llundain, medda Emyr – ei gyn-gariad, Sian.

Gwyddai Guto na fyddai ei fab hynaf yn ffarmio Glasynys ar ei ôl o. A doedd dim golwg ffarmio ar Mari na Lwl chwaith. Ar un adeg, ni fuasai wedi meddwl hyd yn oed am y genod – ond roedd gweld Nora yn cymryd yr awenau ym Mryn Castell wedi newid ei feddwl. Pwy fasa'n meddwl y medrai dynes wisgo'r trowsus? – yn llythrennol ac ym mhob ystyr arall. Roedd ei gallu i fargeinio cystal â'r caletaf yn ddihareb ym mart Llanrwst a Bryncir. Wedi i'w mam, yr hen Fusus Copeland – Maggie – symud ati i edrych ar ôl y plant, roedd y ffarm yn gwneud cystal ag yn nyddiau Dafydd. Wrth gwrs roedd y cymdogion, Glasynys a Llwyn a'r lleill, yn rhoi pob help ar adegau pwysig fel cynhaeaf gwair ac ŷd, ond eto, pob clod i Nora.

Na, crwydro ymhell oedd Emyr yn debygol o wneud. Roedd yn fwriad ganddo fynd i Ffrainc eto yr haf yma, ar ôl gorffen ei arholiadau, a gweithio ar ffarm yno. Roedd gallu ei fam wedi ei wireddu ynddo fo. A roedd llwyddiant Emyr wedi meirioli llawer ar Lilian, hefyd.

A lle roedd Glasynys yn y cwestion – wel – roedd gobaith newydd yn Gerallt. Un bach siarp oedd o, yn sylwi ar bob dim, ond roedd dipyn yn mynd ymlaen tu ôl i'r llygaid tywyll yna. Mi oedd o'n ei atgoffa o'r hogyn bach a gollwyd. Wrth gwrs, i Lil, roedd ei wallt coch yn dod â'i mam yn ôl, chwara teg. I Guto, roedd yn golygu rhywbeth gwahanol. Diolchodd eto, wrth droi blaen y car am Ros-lan, mai mab a dim merch a gawsant i gyflawni eu teulu.

Mehefin

Llandudno ar nos Sadwrn. Ar ei ben ei hun. Ista ar y promenâd o flaen y Windsor Hotel, a'r Cambridge Hotel, a'r Royal Victoria Hotel. O'i flaen cerddai'r parau, rhai'n hen a rhai'n ganol oed.

Ychydig iawn ohonynt oedd yn ifanc. Ambell gadair olwyn. Dyma un rŵan, efo hen wraig yn ailosod siôl dros ei phenglinia esgyrnog, a merch yn bystachu i'w gwthio tra edrychai ei mam neu ei modryb yn gwynfanus ar be oedd gan Landudno i'w gynnig. Roedd o yma ers oria bellach.

Chwa o chwerthin. Gwynt *fish and chips* ar yr un awel. Roedd ogla bwyd yn troi arno er y gwyddai bod ei fol yn wag. Dyma rai ifanc o leia er mai Saeson oeddan nhw. Ond dim Saeson go iawn – clywai'r acen Gymreig wrth iddynt fynd heibio, dau hogyn, tair hogan, sodla uchel yn clecian. Lwcus nad oedd Mam nac Anti Megan yma i refru am Gymry nad oeddynt yn siarad Cymraeg ond yn mynnu siarad Saesneg.

Synnwyd o gan y boen hegar o gofio am ei fam. Oedd hi'n gwbod? Oedd hi? Doedd ganddo ddim syniad. Syllodd ar y tonnau bychain, bychain. Lle oedd y ddau ohonynt wedi mynd efo'i gilydd? I faria rhai o'r *hotels* sidêt yma ar y prom? I'w chartref – ei gwely – hi? Codai pwys arno bob tro wrth weld ei wyneb o uwch ei hwyneb hi. Gafaelodd mewn carreg a'i thaflu cyn belled ag y medrai.

Roedd Sei yn meddwl ei fod yn gwybod yn barod, neu'n cymryd arno ei fod yn meddwl hynny. Ym mar y Leion, amser cinio, ar ôl yr arholiad ola un, efo peint bob un a sosej rôl. Sei yn rowlio un o'i sigaréts bach a deud bod o wedi cael hanes rhywbeth "dipyn bach yn od" am ei deulu. Am ei dad.

"Wyt ti'n siŵr dy fod di isio gwybod?"

Be fedrai o ddweud? Roedd y peth wedi darfod ers oesoedd, meddai Simon, ar ôl gweld ei wyneb. Now oedd wedi deud wrtho fo, wrth gwrs. Now, oedd wedi gwirioni efo'i ferch fach newydd, yn ôl ei rieni. A Julie 'run fath.

Gwasgodd ei ewinedd i fewn i gledr ei law a synnu o weld y gwaed. Y hi, y hi – sut allai hi ei fradychu o fel hyn? Gwyddai'n iawn faint o feddwl oedd ganddo ohoni. Yr holl ymarferion drama, y sgwrsys bach blasus oedd yn ei gadw i fynd am wythnos gyfan. Y Jesebel iddi! A fyddai hi ddim yn ei adael o ar chwara bach chwaith. Crafangai ym mhob crac o'i ddychymyg, a doedd dim pwynt gosod Sian na model o *Cosmopolitan* ar garreg y drws i'w chadw allan. Roedd Sian yn rhy ifanc a dibrofiad, waeth befo'r lipstic a'r sodlau uchel, a doedd gan y blydi model ar glawr *Cosmopolitan* ddim daliadau cryf am yr iaith Gymraeg! Dim hi oedd hi. Llinos. Llinos, a dim LB a dim Luned Bengoch. Miss Llinos Owen.

Taflodd garreg eto. Crynai ei ddwylo a'i gluniau. Be ddiawl? Be ffwc ddiawl? Be ffwc ddiawl oedd o am ei neud efo fo ei hun? Dim siarad efo Mari reit siŵr, roedd hi'n dal ar ganol ei harholiadau, gadael llonydd iddi. Dim efo blydi Sei reit siŵr a dim efo Mam, nac Ifan efo'i deulu bach hapus.

Ond doedd teulu Glasynys i fod yn deulu hapus? Eu teulu nhw. Lot o siarad, lot o hwyl, lot o chwerthin. Ambell ffrae. Yn lle hynny roedd cyfrinachau fel bomiau wedi eu hau ym mhob man. Brawd ei dad a'r "ddamwain" tractor. Ei nain, mam ei fam, yn marw "ar ôl geni plentyn". A roedd y bomia yma'n ffrwydro yn wyneb pobol heb rybudd. Ac yn eu blydi malu nhw.

Ella mai fel hyn yr oedd Yncl Robat yn teimlo pan aeth o ar ben y tractor y bore rhewllyd o Chwefror, a rhuo ei ffordd i ben y llethr sethr yna. Doed a ddelo! Roedd yn well na cario ymlaen. Ni fedrai genhedlu plant. Fel hyn byddai Gwen yn rhydd i wneud be fynnai, i fod yn fam. Jest pen i lawr, troed ar y petrol, a peidio â cymryd gofal o fath yn y byd.

Neu ella mai fel hyn y teimlai Catherine Ellen wrth dollti tabledi i gledr ei llaw, eu taflu i lawr ei gwddw a'u llyncu efo'r dŵr roedd ei chwaer yng nghyfraith wedi ei osod wrth erchwyn y gwely. Gwell i'w theulu fod hebddi hi, hitha mor ddigalon bob amser a Lora mor ddi-lol a *practical*. Doed a ddelo. Ella y dôi ei hogan fach i fyny'r grisia ac at y gwely, gwasgu ei llaw, sibrwd wrthi ac yna gweiddi, a byddai na stŵr mawr. Ella y dôi Lora efo paned a dod o hyd iddi. Ac ella y câi suddo i drwmgwsg difreuddwyd ac aros yno.

Ella mai braf fyddai cerdded i fewn i'r tonnau, gadael i'r môr lapio'i hun amdano, a'r cerrig yn ei boced i wneud yn siŵr ei fod yn aros lle roedd o.

"Would you mind!"

Rhythodd y ddynes yn ddig arno, a dangos ei ffêr lle roedd y garreg wedi ei tharo.

"Sorry!"

Ysgydwodd ei hun, sefyll, dechra cerdded i rwla. Ella yr âi am jips, ia, rwbath i'w neud, chwilio am siop jips, prynu rhai, ac ista ar y traeth efo nhw, trio bwyta. Meddyliodd am y lleill i gyd, yn y Rhyl. Noson ola, pawb di gorffan, noson fawr. A fynta yn fama. At y pier roedd o'n cerdded erbyn dallt, a'r Gogarth yn gwgu arno fel prifathro blin, neu dad mewn tymer. Tad blin! Iesu Grist, mi gâi ei dad roi'r gora i bregethu wrtho fo o hyn allan, am byth bythoedd. Diolch byth ei fod yn mynd o'i olwg mhen chwech wsnos. Ella y medrai adael cyn hynny. Achos wyddai o ddim sut i'w wynebu o ddydd i ddydd.

Bron yn dywyll. Goleuada gwyn sidêt Llandudno fel rhaff o berlau. Gwahanol iawn i oleuadau rhad y Rhyl, pinc a gwyrdd ac oren a phob math o sbloets. Tynnu am ddeg siŵr o fod. Basa pawb, 'blaw'r genod a'r hogia bach da, wedi ei dal hi'n braf erbyn hyn. Un ne ddau wedi ei dal hi mhell cyn hyn, wedi mynd ffwl sbid am y copa, ac yn barod i ddechra mynd i lawr er mwyn medru gwynebu eu rhieni. Wrthi'n chwydu eu perfedd i roi hwb i betha. Teimlodd bwl o ddirmyg drostynt. Pam na fedrent feddwi fel pawb arall a gwynebu'r storm, os fyddai un, adra?

Ond mi fedrai ynta fynd am gwrw. 'Na be oedd o isio. Cwrw! Wisgi! Gallai ddod yn ôl yn nes ymlaen, pan fyddai llai o bobol ar y traeth.

Reit. Trodd ar ei sawdl, gan gefnu ar y môr a'r prom a wynebu strydoedd y dref. Doedd o ddim yn nabod tai tafarn Llandudno, achos lle i ddŵad i siopa oedd o, dim lle i ddod i yfad. Dim bar y blydi Royal Victoria, reit siŵr, na'r Cambridge chwaith.

Pobol yn sefyll tu allan i ambell le. Y Coach and Horses ar y gornel. Ond hen le tywyll yn llawn o hen ddynion oedd o, pan sbeciodd i fewn. Roedd golwg mwy addawol ar y Ship. Criw ifanc tu allan yn smocio, a jiwcbocs tu mewn. Arhosodd am eiliad. Oedd ganddo bres? Oedd. Wel ta! Cofiodd pam oedd o yno ar ei ben ei hun heno a dim efo'i ffrindia, a rhoes hynny hyrddiad iddo. Cerddodd i fewn i'r bar a'i ddwylo yn ei boced, a gadael i'r sŵn canu a gweiddi siarad gau amdano.

Mwy o genod, rownd bwrdd wrth y ffenast. Smocio. *Lager and lime, vodka and orange.* Y band Cream oedd yn canu, ia? Tynnodd chweugain allan o'i waled. Mewn dim o beth roedd peint o'i flaen, a'i flas chwerw hyfryd ar ei wefusau. Aros wrth y bar oedd ora. Symudodd i'r ochor i adael i bobol eraill gyrraedd y bar. Fel arfer byddai'n rhy swil i edrych yn uniongyrchol ar gwsmeriaid eraill ond heno, be oedd ots? Roedd eu hanner wedi meddwi'n rhacs beth bynnag.

Ella mai dyna oedd yn gyfrifol. Am be wnaeth ei dad. Ond doedd o ddim am feddwl am y peth.

Wrth i'r peint fynd i lawr dechreuodd deimlo'n well. Roedd hi'n hen bryd iddo arfer mynd allan ei hun. Fydda'r ffrindia yma – Ifan, Bethan, Lisa, Sei – ddim efo fo yn y coleg beth bynnag. I Fangor neu Aberystwyth neu Lerpwl oedd pawb yn mynd. Yr unig un 'blaw fo oedd yn mynd i Loegr oedd Edwyn Vaughan. I Lundain i wneud Ffiseg. Byddai'n gystadleuaeth rhwng Edwyn a fynta ers blynyddoedd i weld pwy fyddai ar dop y fform Dolig ac ar ddiwedd y flwyddyn. Cofiai ddweud mor annheg oedd hi bod Mathemateg yn cyfri fel tri pwnc a Saesneg dim ond fel un, ym Mlwyddyn Dau a Thri. Achos mi wyddai, oddi wrth Anti Megan, mai fo ddylai ennill – roedd Saesneg a Chymraeg yn ddau bwnc yn Lefel O, ond dim ond un oedd Mathemateg.

A rŵan roedd y ddau ohonynt wedi ennill. Un ar ei ffordd i Goleg Imperial a'r llall i Goleg yr Iesu.

"All alone, del?"

"Edrach felly, tydi!"

"O, tempar ddrwg! Isio cwmpeini."

Roedd ei law yn ei boced yn chwilio am fwy o bres, a meddai hithau pan gafodd ei bapur chweugain,

"Vodka and orange, ta, os ti'n gofyn!"

Hogan reit dal, efo gwallt at ei sgwyddau, lot o golur ar wyneb llawn ond del. Gwisgai sgert gwta swêd, ffrinj ar hyd ei gwaelod, a blows wen.

"Wyt titha ar dy ben dy hun?"

"Ffrindia fi tu allan."

Roedd hi'n perthyn i'r grŵp mawr yna o bobol ifanc felly – ond wedi dewis aros yn fama efo fo. Neis. Diolchodd iddo am ei diod a'i yfed yn gyflym. Ond doedd dim golwg wedi meddwi arni. O'u cwmpas bloeddiai'r miwsig o'r jiwcbocs, a'r criw o hogia wrth y bar oedd newydd ddod i mewn (Ffermwyr Ifanc, blwyddyn ne ddwy yn hŷn na fo, a doedd o ddim isio cael ei dynnu i fewn i'w cylch). Daliodd lygaid un ohonynt – Richard Pendalar – a winciodd hwnnw yn ôl arno! Rhoes hynny hwb iddo. Cafwyd diod eto.

"So awn ni, ia?"

I lle? Am be oedd hi'n sôn? Ond roedd hi wedi codi, ac yn barod i fynd, ac ynta hefyd ar ei draed rŵan. Allan â nhw, ei braich hi trwy ei fraich o. Roeddynt bron yr un taldra.

"So, bagged him then Joanne, have you?" meddai un o'r genod eraill wrthi.

Trodd i edrych ar y ferch wrth ei ochor.

"Wnest ti ddim deud dy enw."

"Wnest ti'm gofyn. *So* be di dy enw di ta?"

"Emyr."

"O, enw Cymraeg da!"

Gwatwar oedd hi wrth gwrs. A fasa neb yn ei deulu o, ac eithrio Lowri ella, yn lecio ei henw hitha, am nad oedd o'n enw Cymraeg da.

"Lle dan ni'n mynd? Awn ni am jips ia? Dwi ar lwgu."
"*Chinese*. Rhy hwyr i jips."

Mi oedd hi'n gwybod ei phetha, achos mi basion nhw'r siop jips yn fuan, a dyma lle roedd y bobol wrthi'n llnau'r cowntar a sgubo'r llawr. Ond roedd y lle *Chinese* ar agor, a sawl pâr tu fewn yn disgwyl am eu bwyd. Gwnaethant hwytha 'run fath ar ôl i Joanne benderfynu ar *spring rolls* efo'r jips. Stydiodd y lliain bwrdd plastig efo llunia hen ffasiwn o bobol o China efo hetia mawr yn croesi pont. Wedyn daeth y bwyd yn stemio mewn cwd papur poeth ac i ffwrdd â nhw, ac yna roedd o'n ista o flaen y môr unwaith eto, yn llosgi ei fysedd a'i dafod ar y *spring roll* a'r jips mawr fflat.

"Bendigedig!"
"Bendigedig!"

Gwatwar eto.

"Lyfli o fendigedig," meddai yntau, a chwarddodd Joanne wrth gladdu'r jipsan olaf.
"*So*, be ti'n neud ta?"
"Be dwi'n neud? Ista a sbio ar y môr, efo chdi."

Go brin bod ei theulu hi'n Gymry Cymraeg o ddifri. Fedrai o mo'i gweld ar Faes y Steddfod. Heblaw ei bod hi'n rhan o grŵp dawnsio disgo.

"Ti'n dawnsio disgo?"

Chwerthin eto oedd ei hateb. A mynnu na chafodd ateb i'w chwestiwn hi.

"Dwi'n mynd i'r coleg ar ôl yr ha. I stydio Ffrangeg."
"O'n i ddim yn lecio Ffrensh. Lle ti'n mynd? Bangor?"

"Coleg yr Iesu."

"Iesu! Ti'n siŵr ti ddim yn mynd yn weinidog? Dwi'n mynd i gael secs efo gweinidog?"

Roedd ei ben yn troi a ffrwydro fel arddangosfa tân gwyllt. Roedd hi wedi estyn paced o sigaréts a leitar o'i bag.

"Wyt ti? Ydan ni?"

Roedd hi wedi tanio ffag, a gorweddodd ar ei hyd ar y tywod. Blydi hel, doedd hi rioed yn bwriadu iddynt gael – rhyw – yn fan hyn ar y tywod o flaen ffenestri'r Royal Victoria! Oedd hi o'i cho?

"Gawn ni weld de. Dim brys nac oes, Emyr?"

Ar ôl iddi orffen ei ffag a chladdu'r stwmp yn y tywod, cododd y ddau ohonynt. Mynnodd Joanne fynd i doiledau'r Victoria – dim problem, reit wrth y drws! Neb yn dweud dim. Ar ôl sleifio i mewn ar ei hôl, canfu ei bod yn hollol iawn a cafodd yntau ollyngdod mewn amgylchedd ffug-Fictoriaidd efo sebon persawrus iawn.

Trodd y ddau i gyfeiriad y dref unwaith eto, law yn llaw. Roedd y bwyd wedi gwneud lles, teimlai, er bod ei ben yn llanast. Saethai ambell syniad ar draws ei ffurfafen – ei dad – ei ffrindia – lle, erbyn hyn? – oedd ots? – be ddiawl fasan nhw? – cerdded, efo hi, i gyfeiliant ei sodlau, heibio siopa wedi cau, caffis wedi cau. A dyma stesion, wedi cau. Dim adyn byw. Dim trên adag yma o'r nos. Felly pam oeddan nhw'n mynd i fewn drwy'r drws ochor ma?

"Sdim trena 'ŵan, sti."
"Mm."

Cerdded i ben draw'r stesion. A wedyn, dal i gerdded ar hyd llwybr lludw, eu traed yn crensian wrth fynd. Hi'n mynd ar y blaen ond yn dal i afael yn ei law, eu dwylo'n wyn yng ngola'r lleuad reit uwch eu penna. Hitha'n wincio'n glên ar ddau gariad. Stopio. Mae hi'n troi tuag ato, ei dynnu ati, a'i gusanu.

Er gwaetha'r mwg roedd ganddi geg neis, feddal a gwefusau cyhyrog yn sugno ei dafod. A breichia cynnes o gwmpas ei wddw, i lawr ei gefn. Roedd yntau'n gwthio ei ddwylo i lawr gwddw isel y blows, yn llwyddo i gael gafael ar un o'i bronnau hardd crwn, a'i thynnu allan fel ffrwyth. Roedd wedi breuddwydio cymint am hyn. Roedd yn rhyfedd o lipa dan ei fysedd, nes cafodd afael ar y deth a'i dal rhwng bys a bawd, a wedyn ei chodi i'w wefusau. Ac ochenaid yn rhedeg drwyddi, ac yn gwneud rhyw gysylltiad efo ynta. Ei bysedd yn agor botwm jîns a botyma ei grys.

"O paid!"
"Hei, fi sy fod i ddeud hynna!"

A clepiodd ei cheg yn sownd ar ei geg o wedyn a doedd ganddo ddim gwynt i ddeud dim pan symudodd hi'n ôl yn raddol wysg ei chefn, a taflu ei siaced ar y llawr a gostwng ei hun i orwedd. Mi welai ddur tracia'n sgleinio dan ei choesau llyfn. Nicyrs trôns teits dwylo ymbalfalu gwlithdod griddfan, symud a'r pwysa tu mewn yn orfoledd a'r tir yn crynu blydi crynu ond dim help – dim help – dim help!

Neidiodd ar ei thraed a'i dynnu fo efo hi nes bod y ddau'n syrthio'n ôl ar y gwelltglas a lludw dros ei draed a'r ddau yn bendramwnwgl. Ac yna daeth y trên.

"Ti blydi off dy ben Joanne!"
"Mond trên *freight* odd o, paid mynd o dy go."
"Chdi sy o dy go!"

Hyn wrth dynnu trôns dros goesa gwlyb a jîns a crys rywsut. Hitha wedi twtio'i theits ac ailosod ei blows mewn chwinciad.

"Sorri ta! Do's na ddim trên fel arfar ar ôl *ten to eleven* nos Sadwrn. Trên slo! *Freight.*"

Ond gwyddai ei bod wedi dychryn, rywfaint. Iesu, am hogan! Roeddynt yn cerdded yn eu hola erbyn hyn, y hi ar y blaen eto, ond heb afael yn nwylo'i gilydd y tro ma. Roedd gola coch y trên i'w weld, a swn traed y dreifar ar y platfform, yn cerdded oddi yno.

"Joanne! Dim hynna oedd y tro cynta i chdi."
"Naci'r ffŵl. Ddylat ti fod yn hapus!"

Stopiodd a sbio arno.

"Ond ar y tracs!"

Dal i syllu. Wedyn codi ei hysgwyddau, a throi i fynd.

"Tair gwaith."
"Tair gwaith! Gwranda. Joanne. Paid â deud dim byd. Ocê? Am hyn."

Roedd hi'n ailddechra cerdded. Brysiodd ar ei hôl, ond roedd ei drowsus yn rhwbio'n annifyr yn erbyn ei ddillad isa. Taflodd ei geiria dros ei hysgwydd.

"Cwilydd ia? *Shame?*"
"Na. Dim cwilydd. Jest ddim isio i bobol... Ti'n gwbod. Siarad."

Geiriau anobeithiol. Pam na fedrai o ddod o hyd i rai gwell?

"Ocê. Wna i ddim deud dy enw. Mister Coleg Iesu. Dim y tro ma."

Fyddai yna yr un tro nesa. Rŵan roedd hi'n troi, yn cerdded yn gyflym, yn agor giât.

"Lle ti'n mynd?"
"Adra de."
"Fama ti'n byw?"

Roeddynt yn sefyll o flaen *hotel* tri llawr, cyrtans les ym mhob ffenest fwaog.

"Fama dwi'n gweithio. Byw fewn."
"O. Sut a i adra?"

"Sut ddiawl dw i i fod i wbod? Dwi'm yn gwbod lle ti'n byw."

"Ond mae'r bysus di stopio."

A roedd hi'n cerdded i fyny'r llwybr hir at y drws ffrynt ac yn tynnu goriad allan o'i bag.

"Joanne! Nos dawch!"

Gwên. Gwên fach.

"*So long*. Wela i chdi."

Safodd Emyr ar y palmant wedi iddi ddiflannu i berfeddion tywyll y tŷ. Yna dechreuodd gerdded.

Awst

Roedd Guto yn gwylio'r *forecast* ar ddiwedd y newyddion fel bob bore Sul cyn cinio. Byddai'n gynhaeaf ŷd cynnar 'leni, canol Awst. Haf braf. Dim yn unig iddynt hwy. Ar ddiwedd y *forecast*, ymledodd y map i ddangos Ewrop gyfa, efo gwledydd Prydain wedi eu gwasgu i'r ochor chwith. Haul mawr yn tywynnu ar y cwbwl, hyd yn oed gwledydd y gogledd fel Norwy. Faint o wres oedd yna dros Provence, lle roedd Emyr? Dros naw deg Fahrenheit. Daeth yna lythyr echdoe, yn canmol y croeso yr oedd yn ei gael ar y ffarm. Ond prin bod yr un afal yn aeddfed eto! Mi aeth Emyr ar ryw ras ryfedd, a'u gadael hwythau'n brin o lafur.

"Guto! Cinio'n barod."

Cododd, a mynd i ddiffodd y telifishion. Yn y pasej daeth ogla cig oen wedi ei rostio a grefi melys a finag mint sos i'w gwfwr. Gwledd o ginio, a dyfriodd ei ddannedd. Ond cyn mynd drwodd estynnodd y llythyr o ben y ddesg eto.

"Yr hogan fach, Monique, sy'n fy nallt yn siarad ora, felly mae 'na le i wella!"

Wel, ia siŵr, i gael bod yn fwy rhugl yn yr iaith, dyna pam yr oedd yr hogyn wedi mynd. Mi fyddai mewn coleg efo rhai oedd wedi treulio pob gwylia ar y cyfandir, rhai a'u teuluoedd yn berchenogion ar dai haf yn Ffrainc neu'r Eidal. Roedd yn sefyll i reswm ei fod yntau angen practis, pwy welai fai arno?

Roedd yntau wedi cynnig pres am weithio adra mis Awst yma. Gwersi dreifio, yn ogystal, ac wedi mynd cyn belled ag awgrymu bod gan Now Ffordyn bach del, car bach *champion*, bron yn barod, yn un o fydái Llwyn. Roedd Guto wedi dychmygu am Emyr yn gyrru o gwmpas y wlad yno, sgarff coleg am ei wddw, a ffrind ne gariad wrth ei ochor. Ond dweud – braidd yn sychlyd – nad oedd dim brys arno i ddysgu dreifio wnaeth Emyr.

Dyma'r llythyr eto, "Buasai Mam wrth ei bodd efo'r môr o lafant sy'n tyfu yma" – a "Mae'r farchnad yn llawn o betha tlws a dillad rhad, at dast Mari" – pam na fasa fo wedi dweud "a pob math o gynnyrch ffarm, Dad", y? Mor hawdd fasa gwneud hynna, ond wnaeth o ddim. Wedi cribinio trwy'r llythyr welai o ddim cyfeiriad ato fo'i hun. Roedd Lilian wedi sgwennu'n ôl at Emyr yn syth (gweld ei eisiau), ac wedi gadael lle iddo roi pwt ar y diwedd. Buasai wedi lecio dweud, "Be ddiawl s'arnat ti, paid â bod mor ddiarth, mi fyddi wedi mynd erbyn yr hydref, tyd adra reit handi ac mi anfona i'r pres," ond wrth gwrs ysgwyd ei ben wnaeth o. Neu beth am, "Wyt ti'n mynd yn un o'r bobol fawr rŵan yn barod, holides ar y cyfandir a ballu, pwy uffern wyt ti'n feddwl wyt ti?"? Rywsut roedd y ffaith fod ei fab mewn gwlad arall yn siarad iaith ddiarth yn gwneud pob dim yn waeth.

"Guto! Guto!"

Angen mofyn y mint i wneud mint sos, mae rhaid. Gadawodd y llythyr, beth bynnag. Allan yn yr ardd yr oedd Lil. Aeth i weld be oedd y mater.

"Sbia!"

Sythai tri blodyn tal, coch, oren a gwyn, ym mhen draw'r ardd.

"Y *gladioli*, Guto! Maen nhw wedi dŵad."

Aethant draw efo'i gilydd i gael gwell golwg. Roeddynt yn ddigon o sioe – cleddyf oedd ystyr *gladiolus*, meddai Lilian, 'run bôn gair â *gladiator*, a roedd hynny yn ei blesio. Rhes o gleddyfau yng nghefn yr ardd! Roedd gan y blodau eraill lond y lle o benna hefyd. Roedd y cyfan yn rhoi rhyw bleser dwfn iddo, rhwng eu harddwch a gweld Lilian wrth ei bodd.

A roedd yn haws wedyn mwynhau ei ginio, peidio â mwydro am Emyr, a meddwl y dôi adra cyn bo hir (adeg y canlyniadau Lefel A, hwyrach) i wneud ei baratoadau ar gyfer mynd i'r coleg. Mi gâi yntau fynd â fo yno – i Rydychen! – a caent aros mewn lle iawn, *hotel* efo bar a stafell fwyta. Cael prydau bwyd o safon, stêc a photelaid o win coch (o Ffrainc, ella) a dipyn o sgwrs.

Achos doedd hi ddim yn bosib na fasan nhw ddim yn ffrindia, fo ac Emyr. Doedd yna ddim rheswm, nac oedd, iddyn nhw beidio bod.

Medi

Roedd hi'n ganol mis Medi ar Emyr yn cyrraedd yn ôl o Ffrainc. Tan hynny barodd y cynhaeaf grawnwin yng ngogledd Provence ar lannau afon Roussillon. Ar ei ffordd yn ôl, ar drên a fferi a dwy drên arall, pitïai na fuasai tymor prifysgol Rhydychen yn cychwyn mewn cwta bythefnos, fel pob prifysgol arall. Fel yr oedd roedd ganddo dair wythnos a hanner adre. Mi synnwyd o chydig bach gan ei hapusrwydd wrth weld enwau llefydd Cymraeg, a gweld glesni'r tir ar ôl pridd cochlyd Provence.

Roedd Gerallt yn syrpreis arall – yn dweud "Mam a Dad" a "Mali" a "Lwl" yn glir.

> "Pwy di hwn?" gofynnodd Lwl iddo drosodd a throsodd, ac ateb ei chwestiwn ei hun – "Emyr! Emyr di hwn."
>
> "Myr hwn," meddai'r bychan erbyn y degfed tro, a roedd ei chwaer yn hapus.

Ond ella y byddai wedi anghofio eto ar ôl i Emyr ailddiflannu.

Roedd merch fach y teulu ar y ffarm yn Ffrainc, Monique, wedi ei atgoffa o Lwl. Bu'n tynnu ei choes a dweud ei fod yn enw rhy soffistigedig i beth fach fel hi efo dwylo budur, er mwyn ei gweld yn curo'i thraed.

Aeth Mam i banigs ynghylch ei ddillad. Efallai y byddai Emyr ei hun wedi poeni mwy cyn bod yn Ffrainc, ond wedi gweithio wrth ochor pobol ifanc o sawl gwlad, roedd yn weddol ffyddiog y byddai'n iawn cyn belled â bod ganddo ddau bâr o jîns taclus a rhyw ddau grys. Beth bynnag am hynny, i ffwrdd â Mam i Marks and Spencer a dod adre efo llond ei chôl o ddillad isa a sana a chrysau, a doedd o ddim am wrthod. Erbyn iddynt orffen pacio'r dillad a'r sgidia a petha fel mygia roedd llond dau ges, ac ofer fu cais Emyr am gael teithio i Rydychen ar ei ben ei hun. Roedd pawb yn mynd efo'i rieni, y tro cynta, oedd dadl Mam; ac wrth gwrs, mi *oedd* pawb oedd o'n ei nabod yn gwneud hynny. Mi oeddynt yn gadael, am Fangor, ac Aberystwyth, Lerpwl ac Abertawe, bob yn un.

Doedd hi ei hun ddim yn dŵad i'w ddanfon. Byddai'n ormod o drafferth, efo Gerallt a Lowri.

"Mi fasach yn edrych fel teulu Abram Wood," oedd sylw Anti Megan. "Gneud yr hogyn yn annifyr!"

"Mi ddo i rywbryd eto. Dwi isio gweld y coleg a dy lofft di a bob dim, ydw wir!"

Felly job Dad oedd mynd â fo. Ond roedd Emyr yn benderfynol nad oedd am fynd ar ei ben ei hun efo'i dad. Troes ei berswâd ar Mari, oedd fel arfer yn barod am drip a phryda allan a ballu. Ond doedd hi ddim yn siŵr – roedd ffrind iddi yn dathlu pen blwydd – a bu raid iddo ddadlau dipyn cyn iddo gytuno. Roedd Mam o blaid y syniad, gan feddwl yn siŵr y câi ddisgrifiad llawn o bob dim gan Mari.

A felly fu. Daeth y bore dydd Sadwrn olaf. Dad wnaeth roi pob dim ym mŵt y car. Mi oedd o'n ddigon tawedog, ond roedd Emyr wedi bod yn hollol gwrtais efo fo. Felna oedd hi ora. Roedd gan Mari, oedd yn aros mewn gwesty efo Dad am un noson, ges bron cymaint ag un o rai Emyr, a bu pawb yn ei phryfocio. Hi oedd yn teithio yn y tu blaen efo Dad hefyd. Roedd Emyr am fwrw golwg dros ei lawlyfr Eidaleg newydd yn y cefn. Roedd o'n dechra poeni rŵan y byddai'r stiwdants eraill yn rhugl yn barod a fynta 'mond yn dechra dysgu'r iaith.

Safai Mam a Lwl o flaen y giât fach, fel rhyw ddarlun gan y Pre-Raphaelites. Roedd Gerallt wedi lapio'i hun fel mwnci ar draws corff Mam, ac yn chwarae pi-po efo Lwl. Cafodd Emyr sws anarferol gan y ddwy, a "caru mawr" gan Lwl hefyd.

> "Cofia sgwennu, Emyr," meddai Mam. "Mi fydda i'n disgwl am lythyr."
>
> "Mi wna i."
>
> "Ffwrdd â ni," meddai Mari, a troi i wynebu o'i blaen.

Ond troi yn ôl wnaeth Emyr i edrych ar ei fam a'i frawd a'i chwaer, a Glasynys.

Epilog

Rhagfyr 1975

Eisteddodd Guto ar y gadair galed yn Neuadd y Dre. Setlodd Lil
wrth ei ochor, a dweud ei bod yn braf cael bod allan efo'i gilydd.
Mari oedd yn gwarchod. Wrth bod Mari'n un ar bymtheg, dim
angen gofyn i Megan. Heblaw pan oedd Mari'n mynd allan wrth
gwrs. Ac mi oedd hi. Faint o bartïon oedd wedi bod? Sawl un. Ac
un ffrae.

"Pryd ma nhw'n canu?"

Wyddai ei wraig ddim, ond estynnodd y ddynes yr ochor draw
iddo raglen. Stydiodd Guto hi a gweld bod Criw Clwyd yn
drydydd. Da iawn, wrth bod trên Emyr yn cyrraedd stesion Bae
Colwyn am bum munud wedi naw. Byddai rhaid cael gafael ar
Lwl yn syth bin wedi i'r cyngerdd orffen a gyrru am yno.

Emyr, yn dod adra! Tybed fyddai o wedi newid? Na – sut fydda
fo wedi newid?

A dyma nhw'n dechra, yn ddigon prydlon diolch byth, efo cân
actol.

Taith y Tri Gŵr Doeth oedd y thema, yn croesi anialwch
(stribedyn o dywod), afonydd (defnydd glas) a be arall, wyddai
Guto ddim, achos mi gollodd ddiddordeb yn y stori a dim ond

299

gwrando ar y lleisiau. Ar y gair, dyma nhw, Criw Clwyd, yn eu siwmperi coch a sgerti a throwsusau llwyd. Safai Lwl yn dalog yn y rhes flaen. Gwrandawodd Guto yn astud ar eu trefniant o "Tawel Nos" gan synnu at eu canu pur, cywir – cystal â llawer côr hŷn. Aethant yn eu blaenau i ganu'r darn gwerin enillodd y gystadleuaeth yn Eisteddfod Cricieth eleni iddynt. Cafodd Lwl hitha ail am y gân werin o dan ddeuddeg oed, er mai dim ond naw oedd hi ar y pryd. Trodd Guto i sibrwd gair wrth Lilian, ond rhoes hi ei bys ar ei gwefus a troi ei llygaid at y llwyfan.

A dyma Lwl yn camu yn ei blaen, a'r gyfeilyddes yn sbio arni hi a rhyw edrychiad bach yn pasio rhwng y ddwy ohonynt, a wedyn llifodd cerddoriaeth Haydn drwy'r ystafell.

"Mae Mam am i mi glymu ngwallt ..."